Tausend-Fühler

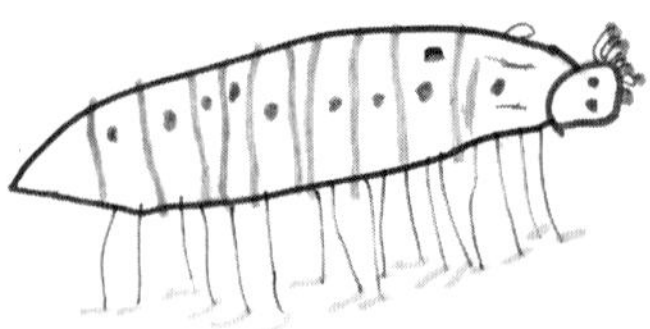

Brigitte Sommer

Tausend-Fühler

Kreativität in Krippe und Kindergarten

2. Auflage

Luchterhand

Die Deutsche Bibliothek – CIP-Einheitsaufnahme

Sommer, Brigitte:
Tausend-Fühler: Kreativität in Krippe und Kindergarten/
Brigitte Sommer. – 2. Aufl. – Neuwied; Berlin; Kriftel: Luchterhand, 1996
ISBN 3-472-02584-0

Einbandgestaltung und Typografie: Torsten Lemme.
Gesamtherstellung: Offizin Andersen Nexö Leipzig GmbH.
Printed in Germany, März 1996

Inhalt

Vorwort

Die Bedeutung der Kreativität in unserem Leben beschäftigt mich seit meiner Erzieherausbildung vor etwa 30 Jahren. Damals entdeckte ich in den praktischen Fächern ganz unvermutet neue Fähigkeiten in mir. Plötzlich konnte ich mit Holz und Ton umgehen, ich konnte malen. Ohne den Anspruch zu haben, eine Künstlerin zu sein, gibt mir gestalterisches Tätigsein bis heute Lebensfreude, inneres Gleichgewicht und innere Freiheit.

Was ich für mich selbst wichtig fand, interessierte mich dann auch in der Arbeit mit Kindern. In all den Jahren habe ich Kinder beim Malen und Gestalten, Ausprobieren und Erfinden beobachten können und viele ihrer Äußerungen gesammelt.

1981 besuchte ich zum ersten Mal die Pädagogen in Reggio Emilia. Uns wurde eine Ausstellung über pädagogische Projekte in Krippen und Kindergärten gezeigt, die mich unglaublich beeindruckte. Meine Vorstellungen von Kreativität und Erziehung wurden bestärkt, sie erweiterten und veränderten sich. Diese Ausstellung kam nach Berlin, Hamburg und Frankfurt und 1991 nach der Öffnung der Grenzen noch einmal nach Berlin unter dem Titel »Hundert Sprachen hat das Kind«.

In alle Richtungen strecken Kinder ihre Antennen, Fühler, Füße aus, um die Welt zu erkunden und begreifen zu lernen. Sie sind »Tausend-Fühler«. Ihre Fähigkeiten sind unerschöpflich, ihre Ansichten für uns oft überraschend und unerwartet. Denn in allen Lebensbereichen sind sie Anfänger. Wir haben mehr Erfahrungen als sie, aber sie leben wahrnehmender, schöpferischer, kreativer als wir.

Kreativität ist immer in Zusammenhang mit künstlerischer Tätigkeit gesehen worden. In den sechziger Jahren hat man diesen Begriff genauer in Bezug zur Lernfähigkeit untersucht. Mein Anliegen ist es, Kreativität und Erziehung in Zusammenhang zu bringen. Das besondere Augenmerk richtet sich dabei auf kindliches Wahrnehmen, Lernen, Spielen und Gestalten und die Frage: wie verbunden mit und wie abhängig von Kreativität sind diese Bereiche? Für mich ist Kreativität die Lebens- und Entwicklungsgrundlage des Menschen und die Basis seines Selbst.

Im Mittelpunkt dieses Buches stehen Kinder und Erzieherinnen in Berliner Krippen und Kindergärten. Mit großem Interesse habe ich Einrichtungen in Ost und West der ehemals geteilten Stadt besucht, den Kindern und Erwachsenen zugeschaut und mit ihnen gesprochen. In Interviews äußern sie sich: die Erwachsenen über ihre Erziehungsvorstellungen und die Bedeutung von Kreativität in ihrem Leben und ihrer Arbeit, die Kinder über ihre Vorstellungen von der Welt, ihre Spiele, ihre Träume.

Dieses Buch enthält viele Praxisbeispiele. Sie sollen die theoretischen Überlegungen ergänzen und sind zur Anregung gedacht, nicht zur Nachahmung. Denn die Grundlage einer Planung ist die jeweilige Lebenssituation einer bestimmten Kindergruppe; die Themen entstehen aus dem, was diese Kinder besonders interessiert.

Während meiner Beratungstätigkeit habe ich einige Jahre mit zwei Kunstpädagoginnen in und für Kindertagesstätten Projekte geplant, dabei beobachtet, experimentiert und ausgewertet. Die Erfahrungen und Gedanken dieser Zeit sind in dieses Buch eingegangen. Den Kindern, den Erzieherinnen und Erziehern aus Krippen und Kindergärten und den Kunstpädagoginnen Gudrun und Susanne – ihnen allen danke ich herzlich für ihre Aufgeschlossenheit gegenüber meiner Arbeit und für ihre anregenden Ideen.

Brigitte Sommer

Mein Verständnis von Kreativität und Erziehung

Würden Sie sich als einen kreativen Menschen bezeichnen? Oder ist Kreativität eine besondere Eigenschaft von Künstlern? Sind wir alle – auf unterschiedliche Weise – kreativ?

Und was denken Sie über die Kreativität der Kinder? Sind sie von Natur aus kreativer als wir Erwachsene?

Was ist überhaupt mit diesem schillernden Begriff gemeint?

Was ist Kreativität?

Der Definition nach bedeutet kreativ sein, schöpferische und phantasievolle Ideen zu haben. Aber das Wort umschreibt auch eine Handlung. In unserer Sprache kennen wir den Begriff »Kreation«, der sich nicht nur auf eine Idee, einen Entwurf bezieht, sondern auf einen Gegenstand, z.B. ein Modellkleid oder einen Hut. Man kann Kreativität als das Zeugen einer neuen Idee und das Gebären eines neuen Werkes beschreiben. Dabei spielt es keine Rolle, ob diese Idee oder dieses Werk einmalig in der Welt ist. Bedeutsam ist die Einmaligkeit für die Person, die diese Erfindung gerade macht. Einen Kuchen ohne Rezept zu backen, eine tolle Frisur zu erfinden, ein Bild zu malen, einen Garten anzulegen, eine Wohnung einzurichten – das alles sind kreative Taten.

Kreativität wird auch verstanden als das Spiel zwischen Chaos und Ordnung. Es bedeutet Aufbruch aus der Routine, das Verlassen alter Ordnungen, das Entdecken neuer Zusammenhänge. Oft gibt es dabei chaotische Phasen, Zeiten der Ratlosigkeit, des Stillstandes. Zur Kreativität gehört das Spielen und Experimentieren, das Zerstören und das Verwandeln, der Versuch und der Irrtum.

Und die Wahrnehmung gehört dazu. Das Zusammenspiel zwischen Erinnerungen und gegenwärtiger Wahrnehmung führt zu Impulsen für neue schöpferische Handlungen. Kreativ sein heißt, sich inspirieren zu lassen vom sinnlichen Wahrnehmen.

Kreativität als Lebens- und Entwicklungsgrundlage

Gedanken, die ganz in uns selbst entstanden sind und Taten, die unsere Prägung tragen, geben uns ein besonderes Glücksgefühl. Wenn wir unsere Vorstellungen in eigene Werke umsetzen, verhilft uns dieser Vorgang zu einer Harmonisierung unserer Persönlichkeit, zum Verarbeiten von Erlebnissen, zur Stabilisierung des inneren Gleichgewichtes.

Die Kreativität steht im Zentrum unserer Individualität. Sie ist die Kraft, die unser Selbst zur Entfaltung bringt. Jeder hat ein kreatives Potential in sich, das aktiviert werden kann zu jedem Lebenszeitpunkt.

Wenn wir der Kreativität in unserem Leben keinen Raum und keine Entwicklungschancen geben, so verschenken wir viel an Genußmöglichkeiten, an Glück, an Veränderungsmöglichkeiten, an Verständnis für uns und andere.

Der englische Psychoanalytiker Winnicott sieht in der Kreativität eine Grundeinstellung des Individuums gegenüber der äußeren Realität. Spiel ist für ihn die wichtigste Voraussetzung für kreatives Handeln. Außerdem sieht er in der Kreativität ein Zeichen seelischer Gesundheit (im Gegensatz dazu die Übergefügigkeit).

> »Mehr als alles andere ist es die kreative Wahrnehmung, die dem Einzelnen das Gefühl gibt, daß das Leben lebenswert ist. Im Gegensatz dazu steht eine Form der Beziehung zur äußeren Realität, die sich als Angepaßtheit bezeichnen läßt; die Welt (und ihre einzelnen Teile) wird dann nur als etwas wahrgenommen, dessen man sich bedienen kann, oder das Anpassung erfordert. Diese Anpassung bringt für den Einzelnen ein Gefühl der Nutzlosigkeit mit sich und ist mit der Vorstellung verbunden, daß alles sinnlos und das Leben nicht lebenswert ist. Viele ... Menschen haben gerade soviel an kreativer Lebensweise erfahren, daß sie zu der quälenden Erkenntnis kommen, die meiste Zeit unschöpferisch zu sein, im Bann der Kreativität eines anderen oder einer Maschine.«

Winnicott, Donald W.: Vom Spiel zur Kreativität. Verlag Klett-Cotta, Stuttgart 1985; Seite 78.

Wieviel Kreativität läßt eine Gesellschaft zu?

Die konform Denkenden werden von der Gesellschaft leicht akzeptiert, die Kreativen werden von ihr oft als Außenseiter angesehen. Mit ihnen ist der Umgang schwieriger als mit angepaßten Menschen. Sie gelten schnell als verrückt. Eine kreative Person verursacht oft Aufregung, ist unbequem, kämpferisch, individualistisch, egozentrisch und nimmt keine Rücksichten auf soziale Umgangsformen.

Wie demokratisch eine Gesellschaft ist, läßt sich daran messen, ob und wieviel Kreativität in ihr aufkommen kann. Für die Entwicklung und für die Kultur

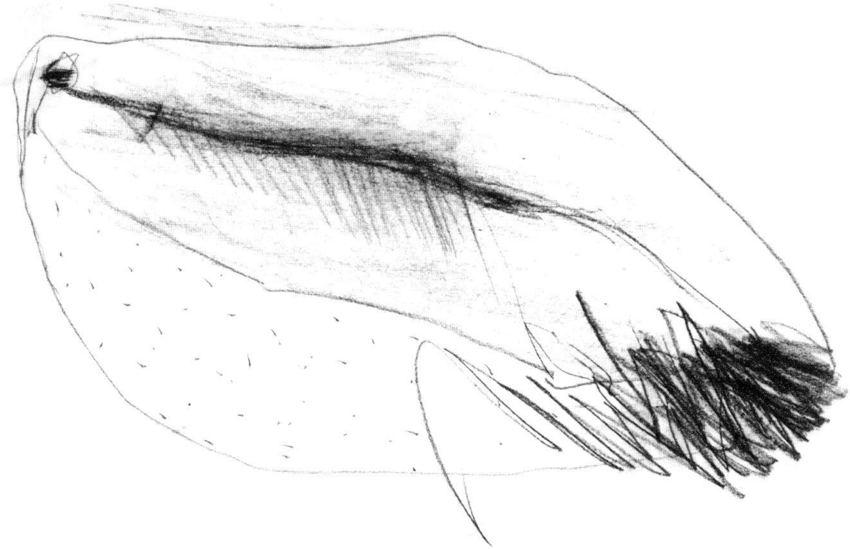

Vera, 3 Jahre

einer Gesellschaft ist die Kreativität ihrer Bürger unerläßlich. Besteht die Gesellschaft auf strikter Anpassung, so breiten sich Starrheit, Apathie, Freudlosigkeit über allem Leben aus.

Kreative Kinder

Hans Saner, Schweizer Pädagoge und Philosoph, sagt:

> »Zwar wird niemand bestreiten, daß die Erwachsenen mehr erfahren, mehr gelernt und mehr hervorgebracht haben; aber ebensowenig ist zu bestreiten, daß die Kinder erfahrender, lernender, spielender und hervorbringender leben: eigentlich humaner.«

Hans Saner: Geburt und Phantasie. Lenos Verlag, Basel 1987, Seite 8.

Kinder leben kreativ, sie werden nicht erst dazu gebracht. Der Welt begegnen sie als Anfänger. Alles, was sie tun, denken oder fühlen ist neu. Mit tausend Fühlern und tausend Füßen erkunden sie die Welt – und mit ungeheurer Tatkraft. Ihre Anschauungen sind nicht festgelegt. Im Gegensatz dazu sind unsere Gedanken, unser Handeln längst in einen Panzer der Normen und Regeln gezwängt. Die Kinder gebrauchen die Dinge nicht nur so, wie wir es gewöhnt sind, sondern beleben und verwandeln sie mit ihrer Phantasie. Sie experimentieren mit allem, was in ihrer Reichweite ist. In ihren Gedanken und Spielen geht ihnen nie die Phantasie aus. Ständig bringen sie Neues hervor, nie dagewesene Spiele, Bilder. Nie wieder sind wir in unserem späteren Leben so erfindungsreich und schöpferisch wie in der frühen Kindheit.

Alle Kinder sind kreativ, solange wir sie lassen. Aber oft haben sie nach einigen Jahren das Fragen eingestellt, das Experimentieren verlernt, den Mut zu schöpferischen Taten verloren. Das, was Kind-Sein ausmacht, ist zerstört. Und das tun wir Erwachsenen, wir zerstören die kreative Lebenshaltung der Kinder sehr bald durch unsere Gebote, Verbote, Belehrungen, um sie an unsere Normen anzupassen – durch unsere Furcht und unsere Macht.
Auch wir sind das Ergebnis solcher Erziehung. Aber wenn es uns gelingt, das Kind in uns nicht völlig auszulöschen, können wir kreativ leben.

Was ist Erziehung?

In jedem von uns sind von Beginn an unendlich viele Fähigkeiten angelegt, die wir in ihrer Fülle nie in unserem Leben ganz ausschöpfen werden. In der Pädagogik stehen wir vor der Aufgabe, das Einzigartige eines Kindes zu erkennen, zu akzeptieren und ihm in seiner kreativen Entwicklung unsere Unterstützung anzubieten.

Damit ein Kind die Normen unserer Gesellschaft erlernt, dazu brauchen wir es nicht zu belehren oder zu zwingen. Die Anpassungsfähigkeit und der Anpassungswille kleiner Kinder an ihre Umwelt ist besonders groß, weil er für das Überleben bedeutungsvoll ist. Kinder bemühen sich mit großer Energie, uns nachzuahmen, zufriedenzustellen, uns Freude zu machen, alles »richtig« zu machen, wie die Großen zu werden. Unsere Art zu leben ist für sie Vorbild – erziehen heißt vorzuleben.

Von dem italienischen Pädagogen Malaguzzi aus Reggio Emilia stammt die Aufforderung, die Quellen der Kinder zu erkennen, und er zeigte dabei auf das Sprudeln in einem Glas Mineralwasser, das vor ihm stand. Und er sagte dann, nicht aus der Erziehung käme das, was das Kind ist und kann. Es sei aus sich selbst heraus schöpferisch und erfindungsreich.

Er definierte die Aufgabe der Pädagogen als einen Versuch, vorauszusehen, was das Kind tun möchte. Als Erzieher müsse man in der Lage sein, Hypothesen vorausschauend aufzustellen und daraus dem Kind Anreize zu geben, damit es in seinen eigenen Erfahrungen weitergehen könne. Die Rolle des Erwachsenen sei es, dem Kind ganz viel Gehör zu geben, auf seine Spontaneität einzugehen und den Rahmen für seine Entdeckungen zu schaffen. Erwachsene und Kinder müßten sich gegenseitig in Neugier versetzen können.

Malaguzzi, Loris: Eröffnungsvortrag der Ausstellung »100 Sprachen hat das Kind« Berlin 1991.

Was Kinder zur Stärkung und Entwicklung ihrer Kreativität brauchen

Beziehung

Eine auf Vertrauen bauende, liebevolle Beziehung zwischen der Erzieherin und dem Kind ist die Grundlage für jede kindliche Aktivität und Kreativität. Es ist unabdingbar, die Eltern als Verbündete zu gewinnen. Jedes Kind registriert genau, ob sich seine Eltern und seine Erzieherin gut verstehen. Wenn die Beziehung voll Vertrauen und Achtung ist, wird sich das Kind in der Krippe oder im Kindergarten eingewöhnen, wohlfühlen und aktiv werden. Alle Verstimmungen beängstigen das Kind in hohem Maße und beeinträchtigen seine Entwicklung.

Freiheit

Kinder brauchen Freiheit, um etwas zu entscheiden, zu erforschen und auszuprobieren. MALAGUZZI meint:

> »Sie müssen wählen können, wo und mit wem sie ihre Neugier, ihre Intelligenz, ihre Emotionen einsetzen: um die unerschöpflichen Möglichkeiten der Hände, der Augen und der Ohren, der Formen, Materialien, Töne und Farben zu erspüren, sich bewußt zu machen, wie der Verstand, das Denken und die Phantasie ständig Verbindungen zwischen einzelnen Dingen herstellen und die Welt in Bewegung und Aufruhr versetzen.«

Malaguzzi, Loris: 16 Thesen zum besseren Verständnis der Ausstellung, FIPP Verlag, Berlin 1984, Seite 5.

Kinder haben, wie wir Erwachsenen, das Recht, Fehler machen zu können und nach neuen Lösungen zu suchen.

Und sie brauchen Bereiche für sich – Spiele, Gespräche, Geheimnisse, Orte – in die sie sich zurückziehen können. Eine dauernde Kontrolle durch die wachsame Erzieherin verhindert Entwicklung und Kreativität.

Oft sind kreative Kinder anstrengend und störend. Kann die Erzieherin kreative Kinder ertragen, an ihnen Freude haben, sie verstehen, von ihnen lernen? Es ist nicht immer leicht, die Initiativen der Kinder zu unterstützen und sich über die Originalität ihrer Einfälle zu freuen.

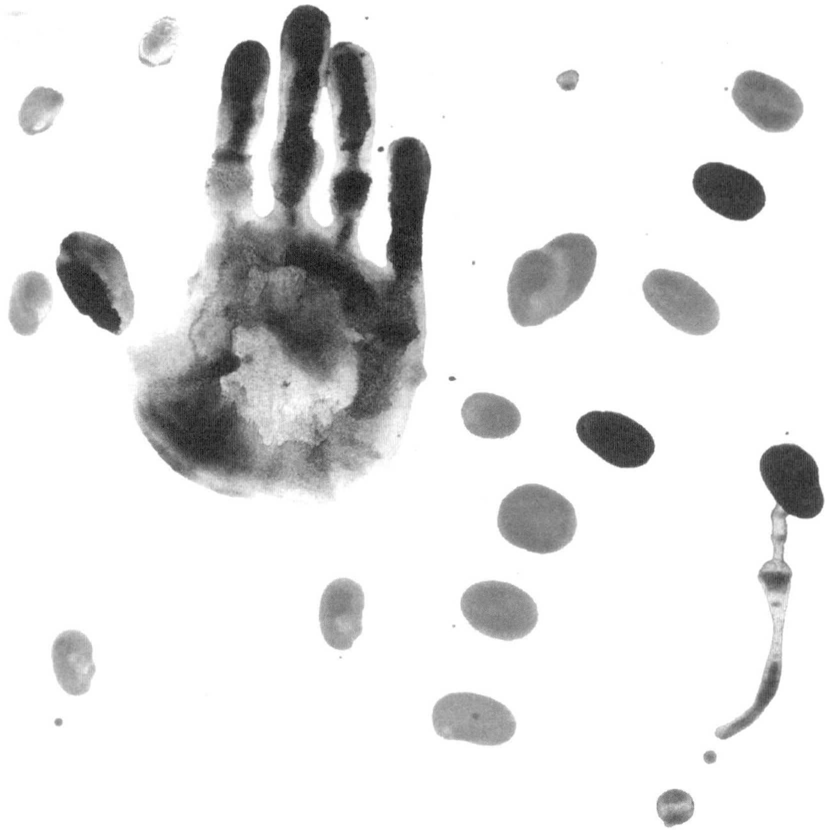

Krippenkind:
Abdruck der eigenen Hand mit Farbe

Gruppe

Jedes Kind braucht für seine Entwicklung das Zusammenleben mit anderen Kindern. Wenn es eine kreative Idee hat, kann dies ein Impuls sein für andere Kinder. Ganze Ketten von Gedanken, Handlungen, Spielen oder Bildern können in der Gruppe entstehen und dann wieder jedes einzelne Kind bereichern.

Zeit

Der Entwicklungsweg eines Kindes muß durch Erziehung nicht beschleunigt werden. In Ruhe und seinem Entwicklungstempo angemessen soll das Kind seine Fähigkeiten ausprobieren, sie stärken und sich ihrer bewußt werden können.

Marleen, 4 Jahre:
Vor dem Spiegel, mit Kreidestaub gepudert

Nele im Kissenbezug, 5 Jahre.
»Gespenst spielen« oder »Mutter und Kind«

Nele im Kissenbezug, 5 Jahre

Leo, 3 Jahre:
Zeltstangen einpflanzen

Hoffnung

Um sich gut entwickeln zu können, brauchen Kinder die Zuversicht und die Hoffnung, daß sich ihre Bemühungen und Anstrengungen lohnen. Sorgen und Trauer bedrücken Kinder ganz elementar, denn ihre Möglichkeiten, Probleme selbst zu lösen, sind noch gering. Ob sich ein Kind in der Krippe oder im Kindergarten wohl fühlt, läßt sich an seinem Lachen erkennen. Spaß und Vergnügen gehören zur Pädagogik, für Kinder und auch für Erwachsene.

Verständnis

Kinder haben ein anderes Weltbild als wir. Dieses Weltbild kennenzulernen, ist die Grundlage für das pädagogische Handeln. Wenn wir lernen, die Kinder differenziert zu beobachten und ihnen Fragen zu stellen, werden wir ihrer Lebenswelt näher kommen. Sie zu verstehen heißt auch, uns selbst besser kennenzulernen.

Sicherheit

Um kreativ leben zu können, müssen Kinder von der Erzieherin und der Gruppe akzeptiert werden. Die Angst, anders zu sein als die Gruppe, verdrängt das Bedürfnis, die Welt selbst zu entdecken. Dann wird nur das gewagt, was maximalen Erfolg garantiert. Konformität ist der größte Feind von Erfindung, Schöpfung, Veränderung, er behindert das individuelle und einzigartige Wachstum jedes Kindes.

Raum

Wohlbefinden, Kommunikation, Selbständigkeit und Selbstbesinnung können in einem Raum wachsen oder verkümmern. Darum muß der Gruppenraum veränderbar sein – sowohl von Erziehern als auch von Kindern – er muß die Sinne anregen, Handlungsspielraum bieten und ein Ort der Identifikation für jeden seiner Bewohner sein. Kindergartenräume sind mehr als Gruppenräume, das ganze Haus und die ganze Freifläche sind gemeint. All dies zu gestalten und immer wieder zu verändern, gehört zu den besonders wichtigen Aufgaben der Erzieherinnen und Erzieher.

Angebote

Kinder müssen nicht beschäftigt werden! Sie beschäftigen sich unentwegt selber. Damit sie ihre Kreativität erweitern können, brauchen sie täglich interessante Angebote, aus denen sie wählen können. Ein wesentlicher Teil der täglichen Erziehungsarbeit ist die Vorbereitung von Erfahrungsfeldern, durch die die Kinder neugierig werden und eigene Ideen entwickeln können. Jedes Angebot sollte darauf geprüft werden, ob es in ausreichendem Maße jedem Kind Entscheidungs- und Entdeckungsraum gibt und zu Experimenten anregt.

Projekte

Zur Entwicklung der Kreativität gehört auch Konzentration und Arbeit. Nicht die Menge der Angebote und Unternehmungen mit den Kindern ist ausschlaggebend, sondern die Qualität, die Möglichkeit zur Vertiefung. Erst wenn man lange mit einer Farbe gemalt hat, wird man das Farberlebnis richtig ausgekostet haben; Farben zu mischen lernt man, wenn nicht alle Farben verfügbar sind. Projekte sind Angebote über eine längere Zeit, in der Themen vertieft werden können, um Fragen zu stellen und sie zu lösen, zu spielen, Zusammenhänge zu erkennen, zu zerstören und wieder aufzubauen.

Planung

Die Lebenssituation der Kinder ist der Ausgangpunkt bei der Planung von Projekten. Im Vordergrund stehen die Themen, die die Kinder besonders kraftvoll an uns herantragen. Der Aufbau eines Projektes muß von dem Wissen der Kinder ausgehen. Planung kann immer nur schrittweise stattfinden. Immer wieder muß man überprüfen, was Kinder zu einem begonnenen Thema weiterhin interessiert und welche Gefühle sie dabei haben. Projekte sind Prozesse, die von Erwachsenen und Kindern gemeinsam durchlebt werden.

Material

Kinder sollen in Krippen und Kindergärten zusätzliche Erfahrungen machen können. Neben dem herkömmlichen Spielzeug, das auch die Familie anbietet, brauchen sie besonders viele Material- und Werkzeugangebote: Material zum Wahrnehmen, Verändern, Gestalten, Experimentieren und Erfinden, zum Herstellen eigener Spielsachen. Dadurch kann sich ihre Kreativität im Tätigsein entfalten.

Kreative Erzieherinnen und Erzieher

Wurzeln

Als Erzieherin oder Erzieher sollte man sich Zeit nehmen, die Wurzeln der eigenen Kreativität zu betrachten. Die Erinnerungen führen einen zurück in die eigene Kindheit. Welches Kind sieht man? Ist es mutig, ängstlich, wild, zappelig, verträumt, traurig, schüchtern? Und welche Bilder tauchen auf, welche Spiele, Phantasien, Unternehmungen? Wo waren die Orte des Spiels oder der Zuflucht? Und welche Personen kommen in diesen Erinnerungen vor?

Irene, 5 Jahre: Schafe und Hirt

Der Faden »Kreativität« durchzieht das ganze Leben – Kindheit, Schulzeit, die Erzieherausbildung, das Berufsleben – auch wenn er manchmal kaum zu sehen ist. Schließlich kommt man beim Heute an. Was ist aus unseren schöpferischen Fähigkeiten geworden und welche Erlebnisse haben sie gestärkt oder behindert?

Wie wir heute mit Kindern arbeiten hängt davon ab, ob wir die Erfahrungen unserer Kreativitätsentwicklung begreifen.

Wiederbelebung

Durch den Umgang mit Kindern haben wir die Chance, Dinge zu tun, die sonst in unserem Erwachsenenleben nicht mehr vorkommen: malen, schaukeln, Schlitten fahren. Damit beleben wir die eigene Kreativität neu. Wenn wir selber noch spielen können, kommt auch unsere Kreativität in Schwung. Wir lernen dabei die Gefühle, Gedanken und Träume der Kinder besser zu verstehen und zu akzeptieren.

Neue Zugänge

Wir leben auf eingefahrenen Wegen. Kinder können uns neue Zugänge zu den Dingen erschließen. Ihr Weltbild, ihre Wahrnehmung, ihre Erfahrungen, ihre Erfindungen, ihre Träume sind noch ganz ursprünglich. Starrheit und

Verfestigung, die uns eingrenzen, lassen sich wieder aufbrechen, wenn wir den Kindern aufgeschlossen und neugierig zusehen, sie befragen, von ihnen lernen wollen. Erziehung ist ein gemeinsamer Prozeß von Erwachsenen und Kindern.

Domteur?

Wenn die Erzieherin stets im Mittelpunkt ihrer Gruppe und aller Aktionen steht, sich täglich eine Beschäftigung für die gesamte Gruppe ausdenkt, Modelle anfertigt und die Ergebnisse der Kinder überprüft und bewertet (richtig/falsch, ordentlich/unordentlich, sauber/unsauber) wird sie zum Dompteur.

Man kann auf diese Art der Kreativität der Kindern nie gerecht werden und strapaziert sich selbst auf unerträgliche Weise. Jedes Kind hat seinen eigenen Rhytmus und seine Vorlieben. Es ist möglich, die Gruppe zu teilen, verschiedene Angebote zu machen, seine besondere Zuwendung einem oder wenigen Kindern zu geben und die anderen im Auge zu haben. Zutrauen in die Fähigkeiten der Kinder und Zurückhaltung im eigenen Agieren sind dafür notwendig.

Zusammenarbeit

Eine gute Zusammenarbeit mit den Kollegen erleichtert die eigene Tätigkeit, macht sie interessanter und meist auch fröhlicher. Die eigene Isolation aufzuheben – eine Erzieherin mit einer Kindergruppe in einem Raum – ist wichtig, denn Austausch und auch Reibung sind für die berufliche Entwicklung notwendig. Toleranz und Respekt voreinander sind die Basis einer guten Zusammenarbeit. In einer Einrichtung, in der sich die Erzieher wohlfühlen, werden sich auch die Kinder gut entwickeln.

Krippe und Kindergarten

Kreativität ist abhängig von Orten

Die Frage, ob Krippen und Kindergärten geeignete Orte sind, an denen sich die Kreativität von Kindern und Erwachsenen entwickeln kann oder ob sie Orte der Stagnation, der Verkümmerung kreativer Ausdrucksformen sind, ist nicht grundsätzlich zu beantworten.

Kinder verbringen einen großen Teil ihrer Zeit in diesen Institutionen, die sie sich nicht aussuchen. Wir Erwachsenen gestalten sie. Es hängt von jedem einzelnen Träger, jeder Einrichtung, jeder Erzieherin ab, ob die Krippe/der Kindergarten zu einem Ort wird, der Wahrnehmung, Phantasie, Kreativität, Selbständigkeit und schöpferisches Handeln zuläßt und anregt.

Krippen und Kindergärten müssen Orte sein, an denen Kinder kreativ leben können, denn viele Kinder haben keine anderen geeigneten Spielorte. Kinder brauchen Gebäude, Räume und Gärten, die Anregungen für die Sinne bieten, die zum Handeln und zur Auseinandersetzung mit anderen Kindern, mit der Umwelt, mit der Natur auffordern, die dem Bedürfnis nach Schutz und Geborgenheit, nach Gemütlichkeit und Vergnügen entsprechen, die Möglichkeiten bieten zum Träumen und anregen zum selbständigen Gestalten.

Kreative Kinder

Die Kreativität ist mit unserem gesamten Leben verbunden. Wenn ich davon spreche, daß Kinder kreativ leben, so heißt das, daß sie mit ihren kreativen Fähigkeiten alle Lebensbereiche durchdringen. Im folgenden habe ich mich auf die Darstellung von fünf Bereichen beschränkt, die mir besonders vertraut sind:

Kreativität und Ich
Kreativität und Wahrnehmung
Kreativität und Lernen
Kreativität und Spiel
Kreativität und Malen.

Kreativität und Ich

Was ist das Ich?

Seit alters her ist darüber viel nachgedacht worden. Das Ego, das Ich, das Selbst war schon immer ein großes Thema der Philosophie, der Psychologie und der Psychoanalyse.

MOLLENHAUER beschreibt in seinem Buch »Vergessene Zusammenhänge – Über Kultur und Erziehung« das Ich als eine Position außerhalb des Körpers und der Seele und er bezieht sich dabei auf den Sozialphilosophen Plessner. Das Ich ist der äußere Blickpunkt, von dem man sowohl seinen Körper, als auch sein Innenleben betrachten und beobachten und auch anderen darüber berichten kann. Das Ich kann sagen: »Ich habe diesen Körper – ich habe diese Seele.« Aber auch ein innerer Blickpunkt ist denkbar, denn wir verstehen unser Ich auch als einen Teil unseres Körpers.

Vgl.: Mollenhauer, Klaus: Vergessene Zusammenhänge – Über Kultur und Erziehung. Juventa-Verlag, München 1983, S. 29 ff.

Die Psychoanalyse beschreibt die drei Begriffe ICH, ES und ÜBER-ICH als innere Instanzen der Seele. Das Ich vermittelt zwischen den Triebwünschen des Es, den moralischen Forderungen des Über-Ich und den verschiedenartigen Erfordernissen der Außenwelt.

Individualität

Jedes Lebewesen ist einmalig. Schon bevor man geboren wird, ist diese Einzigartigkeit da. Ein Bewußtsein von unserer Individualität entwickelt sich im Laufe des Lebens. Unser Leben lang gehen unsere kreativen Bestrebungen dahin, unverwechselbar zu sein, uns von anderen zu unterscheiden, uns auf eigene Weise auszudrücken und darzustellen.

Entfaltung unseres Selbst

In uns sind vom Beginn des Lebens an unendlich viele Fähigkeiten angelegt. Man kann sich sein Ich wie einen Fallschirm vorstellen: vor dem Sprung ist der vollständige Fallschirm zu einem kleinen Päckchen zusammengefaltet, nach dem Sprung (analog zur Geburt) beginnt er sich sofort zu entfalten, immer größer und prächtiger.

Wir brauchen die Kreativität, um unser Ich zu entfalten. Diesen kreativen Prozeß muß jeder alleine bewältigen. Auch jedes Kind vom Beginn seines Lebens an. Voraussetzung dafür ist Freiheit. Erzieher und Eltern können Kinder ermutigen und ihnen Anregungen und Raum schaffen.

In einem Arbeitspapier der italienischen Pädagogen aus Reggio Emilia steht zum Thema »Identität«:

> »Den Prozeß des Findens der eigenen Identität unterstützt eine lange Gewohnheit, sich auszudrücken, sich anzuschauen, die anderen anzuschauen, zu denken, mit allen verfügbaren Ausdrucksmitteln zu erzählen: in Worten, Bildern, Gesten und Mimik.

Man muß beim Kind das Interesse und das Beherrschen seiner eigenen Geschichte, seines Körpers, seiner sprachlichen, kommunikativen und analytischen Fähigkeiten fördern. Man muß es dazu anregen, selbst Forscher und Entdecker ... zu werden.«

Aus dem Arbeitspapier zum Thema »Identität« aus Reggio Emilia, hier in »100 Sprachen hat das Kind«, Hrsg. Senatsverwaltung für Jugend und Familie, Berlin 1992, Seite 168.

Facetten des Ichs

Die Vorstellungen, die wir und die andere von uns haben, sind nicht übereinstimmend. Die Erzieherin, die Eltern oder die Nachbarn machen sich ganz unterschiedliche Bilder von einem Kind. In einer veränderten Umgebung verwandelt jeder Mensch sein Verhalten und spielt unterschiedliche Rollen. Das Ich existiert nicht allein. Es ist immer eingebettet in das Umfeld. Unser Selbstbild besteht aus vielen Einzelbildern.

Einssein

Aus der Sicht des Säuglings gibt es in den ersten Lebenswochen zwischen seinem Körper und der Welt, die ihn umgibt, keine Grenze oder Trennung. Die Empfindungen des Kindes sind mit den Vorgängen in seinem Körperinneren verbunden.

Nach etwa einem Monat beginnt das Hinwenden zu den Vorgängen außerhalb des eigenen Körpers. Aber die Illusion des Einsseins, der Ganzheit mit der Umgebung besteht weiterhin. Es entwickelt sich die Bindung an die Mutter. Mit ihrer Nähe verbindet der Säugling Wohlgefühl und Sicherheit. Er fühlt sich eins mit der Mutter, durch sie erfährt er von der Außenwelt.

Allmählich nimmt die eigene Aktivität zu. Die Bewegungen wechseln zwischen Entspannung und Spannung. Das Versteifen des Körpers zur Abwehr unangenehmer Außenreize ist ein Anzeichen für den Beginn einer Loslösung von der Mutter. Das Kind gestaltet dieses Wechselspiel von Anschmiegen und Fortstoßen, Festhalten und Loslassen. Neben dem Wunsch nach dem Einssein mit der Mutter, dem Aufrechterhalten einer ganzheitlichen Weltsicht, zeigt sich eine starke auf Trennung gerichtete Kraft.

Mensch-Sein

Ab etwa dem 5. Lebensmonat entwickelt das Kind langsam Vorstellungen von einem eigenen Körper-Ich. Durch Begrenzungen und Druck bemerkt das Kind seine Körperkonturen. Es beschäftigt sich mit seinem Körper und erforscht ihn, es kann strampeln und versucht zu greifen. Seine Hände und Füße werden ihm bekannt, solange sie sich im Blickfeld befinden.

Deutlichere Vorstellungen vom eigenen Körper beeinflussen auch die geistige Reifung. Auch ohne im Besitz von Worten, und kaum von Erinnerungen und Zukunftsvorstellungen zu sein, untersucht und ordnet das Kind die Außenwelt. Der Gebrauch der Hände, zuerst zufällig, wird nun zielgerichtet und absichtsvoll. Durch Hände, Mund und durch konzentriertes Betrachten erforscht das Kind seine Umgebung. Es hat an Geräuschen und Sprache Interesse.

Die Kinderpsychologin Louise Kaplan spricht davon, daß das Baby vom 5. Monat an in Ansätzen ein Gefühl von sich selbst hat. »Ganz entschieden ist das fünf Monate alte Kind schon jemand – ein Selbst, das im Inneren über harmonische Rhythmen und Sicherheit verfügt und der neuen Welt mit Wachheit und Abgrenzung begegnet.«

Kaplan, Louise: Die zweite Geburt, Verlag Serie Piper, München und Zürich, 1984, Seite 86.

Willi, 3 Jahre

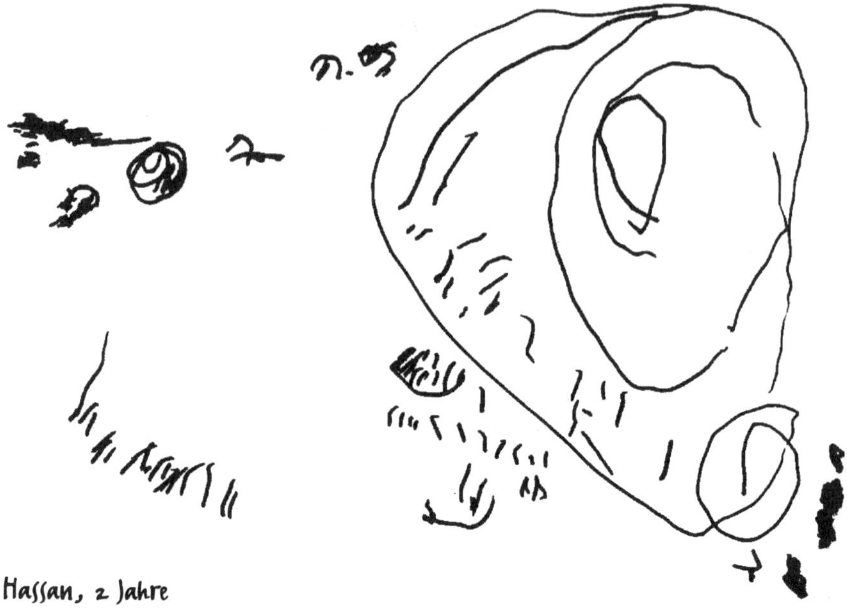

Hassan, 2 Jahre

Kind-Sein

In den darauffolgenden Monaten nehmen die Bestrebungen des Kindes zu, sich von der Mutter zu lösen. Allgemein läßt sich sagen, daß die Energie und Lebhaftigkeit, mit der es in die Welt hinausstrebt, abhängig ist von einer sicheren Bindung an die Mutter. Bei all seinen Eroberungen behält es den »Heimatstützpunkt«, die Mutter, fest im Auge. Es beginnt zu krabbeln und entfernt sich so weit von ihr, daß es jederzeit in ihren sicheren Schutz zurückkehren kann, um sich bei ihr wieder neu mit Zuversicht aufzutanken, und dann erneut die Umgebung zu erkunden. Um sich ins Unbekannte zu wagen, braucht es die Sicherheit des Vertrauten.

Im 2. Lebensjahr erlebt das Kind eine Zeit voller Hochstimmung, Spannung und Aufregung. Von großer Energie getrieben will es die Welt erobern. Es hat Selbstvertrauen und Mut und die Vorstellung, durch seinen Willen die Umwelt unter Kontrolle zu haben. Es lernt stehen und dann laufen. Nun erprobt es unermüdlich und mit großer Begeisterung die Fähigkeiten seines Körpers, während sein Geist sich unablässig mit neuen Entdeckungen auseinandersetzt.

Diese Welt des eigenen Willens und des eigenen aktiven Körpers gerät aber oft in Widerstreit mit der übrigen Welt, in der es Personen mit eigenen Absichten und Situationen mit eigenen Regeln gibt, die sich dem Einfluß des Kindes entziehen.

Krippenkind-Sein

Mit der Aufnahme in eine Institution wird vom Kind eine große Umstellung erwartet: auf neue Erwachsene und viele Kinder, auf andere Räume, Gerüche, Geräusche und einen anderen Tagesrhythmus. Damit das Kind diese Umstellung besser ertragen kann, braucht es in den ersten Tagen Sicherheit durch die Anwesenheit der Mutter oder einer anderen vertrauten Person. In Gesellschaft der Mutter lernt es die Erzieherin kennen. Wenn es sieht, daß die Mutter ihr vertraut, faßt auch das Kind zu ihr Zutrauen. Wenn diese Beziehung stabil genug ist, wird dann die Erzieherin der Zufluchtsort des Kindes. Es hat sich einen weiteren Stützpunkt aufgebaut. Nun ist es bereit, die neue Umgebung zu akzeptieren und den Weggang der Mutter für einige Stunden hinzunehmen. Die Basis seiner Sicherheit bleiben aber weiterhin die Eltern.

Für den Prozeß der Trennung ist es gut, wenn das Kind einen besonderen Gegenstand liebt, der es an die Mutter erinnert, an das Zuhause. Meist sind diese Gegenstände weich und kuschelig. Kinder wählen z.B. eine Decke, ein Tuch, ein Schmusetier, aber auch den Nuckel. Eine Kuscheldecke gibt Wärme, Weichheit, Geborgenheit (wie die Mutter), vielleicht auch Mutter-Baby-Gerüche. Das Kind schätzt es nicht, wenn die Decke gewaschen wird. Bei Aufregungen hilft sie dem Kind, sich wieder zu entspannen. Überall kann das Kind sie dabei haben. Die Wahl eines solchen Übergangsobjektes ist eine kreative Tat des Kindes, um die Gefühle der Verlassenheit zu bewältigen. Eltern und Erzieherinnen sollten diese Gegenstände akzeptieren.

Ich-Sein

Wenn ein Kind sich zum erstenmal mit »Ich« bezeichnet, dann ist das ein besonderer Moment. Dieses Aussprechen des Wortes »Ich« ist der Höhepunkt einer in kleinen Schritten vollzogenen Entwicklung.

In dieser Zeit, also meist im 3. Lebensjahr, ist ein besonders starkes Autonomiestreben des Kindes zu beobachten. Oft wird auch vom Trotzalter gesprochen. Immer ausgeprägter erlebt sich das Kind als ein selbständiges Ich. Immer realer werden seine Vorstellungen von sich selbst und der Welt. Es erkennt: Erwachsene sind stärker als mein Wille; Objekte sind größer oder schwerer als meine Kraft; hinter jedem Raum, den ich entdecke, gibt es eine unüberschaubare Zahl neuer Räume; die Mutter ist nicht mehr ein Teil meines Selbst, sondern eine eigene Person. Sein vor kurzem noch unbegrenztes Selbstvertrauen wird erschüttert durch die Erkenntnis seiner Hilflosigkeit und Kleinheit. In der Furcht vor dem Alleinsein sucht es Trost bei der Mutter. Doch die Nähe erträgt es nur kurz. Mit ungestümer Kraft und Zornausbrüchen will es alle Bindungen abwerfen und alleine die Welt erobern. Der Wechsel von größ-

Irene, 4 Jahre

tem Zärtlichkeitsbedürfnis zu stärkster Wut ist äußerst anstrengend für das Kind und seine Umgebung.

Mädchen- oder Junge-Sein

Weiblich oder männlich zu sein ist ein entscheidender Anteil der Vorstellungen vom eigenen Ich. Das Männer-Bild, das sich Jungen machen und dem sie nacheifern, ist vom Vater geprägt. Mädchen streben einem Frauen-Bild nach, das ihrer Mutter gleicht. Von Beginn an reagieren Eltern unterschiedlich auf ein weibliches oder ein männliches Baby, und mit Zunahme des Ich-Bewußtseins verhalten sich dann auch Mädchen und Jungen verschieden.

Kinder entdecken ihre Genitalien meist dann, wenn sie lernen, sich aufzurichten. Für Jungen ist es einfach, den Penis zu sehen und als Körperteil zu begreifen. Mädchen entdecken eher im Liegen die Schamlippen und die Körperöffnung und registrieren ihre Beschaffenheit. Die Kinder verbinden mit dem Berühren der Genitalien angenehme Empfindungen, die später zu einer gezielten, lustsuchenden Aktivität führen, wenn die Erwachsenen sie lassen.

Kindergartenkind-Sein

Das Kind hat im 4. Lebensjahr ein großes Maß an Vorstellungen über sein Ich erlangt. Es verfügt über eine größere Unabhängigkeit und Selbständigkeit. Es

Ulrich, 5 Jahre:
Selbstbildnis mit Narbe auf dem Bauch

kann seine Fähigkeiten besser einschätzen und kennt Strategien, die Grenzen seines Ich zu schützen. Sein Selbstvertrauen ist relativ gut; es hängt nicht mehr von der Gegenwart der Eltern ab, jedoch von der Billigung und Anerkennung, die ihm Eltern oder Erzieher geben. Der Kontakt zu anderen Kindern, ihre Anerkennung und Anteilnahme, spielen jetzt eine große Rolle für das Selbstwertgefühl des Kindes. Der Spracherwerb erleichtert die Kommunikation. Jetzt können Gefühle, Beobachtungen und Erlebnisse mitgeteilt werden. Die Gruppe ist der Ort des sozialen Lernens.

Spiel mit dem Ich
Indem das Kind Verwandlungen und Abgrenzungen ausprobiert, lernt es sein Ich besser kennen. Je stärker sein Selbstvertrauen ist, umso mehr kann es sich in andere Rollen hineinbegeben. Aber immer wieder genießt es auch, sich selbst zu spüren, sich zu betrachten, sich mit anderen zu vergleichen, eigene Objekte und Plätze zu besitzen. Die Kommunikation mit den anderen Kindern ist von großer Bedeutung. Spielobjekte läßt das Kind nach eigenem Belieben lebendig werden, verzaubert sie, beherrscht und bemuttert sie. Und dabei lebt es Wunsch- und Angstgefühle oder Machtphantasien aus.

Praxis-Beispiele

Abbilder vom Ich

Selbstbildnisse
Kleine Kinder malen sich sehr gerne und sehr oft. Dabei haben sie von sich eine innere Vorstellung, die sie zu Papier bringen. (Selbstbildnisse älterer Kinder zeigen überwiegend das Bild, das die malende Person über die Augen wahrgenommen hat, also Ähnlichkeits-Merkmale.) Ersten Kreisformen gibt das kleine Kind meist seinen Namen und drückt damit die Erkenntnis von einem abgegrenzten Ich aus. Später fügt es einzelne Körperteile hinzu, langsam entwickelt sich die ganze Gestalt, die später ausgeschmückt und allmählich mit Zutaten versehen wird, die dem Kind wichtig sind. Und dann fangen die Ich-Bilder an zu handeln oder zu anderen Personen in Beziehung zu treten. Den Kindern sollten immer Stifte und Farben zugänglich sein, damit sie sich jederzeit in Bildern ausdrücken können. Durch das Malen mit flüssigen Farben lassen sich Gefühle und Stimmungen besser verarbeiten, beim Zeichnen mit Stiften kann man besser erzählen und Beobachtungen darstellen. Kinder kleben auch gerne kleine Dinge in diese Bilder hinein. Es eignen sich z.B. Perlen, Glasstückchen, Federn, kleine Pelzreste, Knöpfe, Fäden, Körner oder Bonbonpapiere. Zu Selbstbildnissen haben die meisten Kinder eine sehr nahe, gefühlsmäßige Beziehung. Darum brauchen die Bilder besondere Anteilnahme und Anerkennung durch den Erwachsenen. Wenn man die Bilder im Gruppenraum aufhängen kann, stärken sie das Gefühl des Kindes, sich diesen Raum anzueignen.

Spiegel

In jeden Gruppenraum von Krippe und Kindergarten gehört ein großer Spiegel, denn er ist eine Hilfe bei der Vorstellung, die Kinder von ihrem Ich entwickeln. Um ihn richtig zu nutzen, müssen sich die Kinder in ihrer ganzen Gestalt sehen können. Spiegel sind keine Gefahr, wenn sie wirklich gut befestigt werden; in meiner langen Praxiszeit habe ich niemals von einem Kinderunfall durch Spiegel gehört.

Schon mit einigen Monaten sind Babys fasziniert von Spiegeln. Wenn sie zufällig hineinsehen, entdecken sie Gesichter, Bewegungen und farbige Objekte, die verschwinden und wieder erscheinen. Auf dem Arm der Erzieherin erlebt dann das Kind Körperwärme und Geborgenheit und sieht ihr Bild – und das eigene, noch nicht als »Ich« erkannte – im Spiegel. Langsam stabilisieren sich dann die Vorstellungen vom Selbst-Bild. Gegen Mitte des 2. Lebensjahres erkennen sich viele Kinder selber im Spiegel, lange, bevor sie das Wort »Ich« für sich verwenden.

> »Kinder im Alter von 5 und 8 Monaten zeigen Interesse am Spiegelbild, berühren es oder lächeln es an. Die Reaktionen auf das eigene Bild unterscheiden sich jedoch nicht von den Reaktionen auf die Präsentation anderer Kinder. Im letzten Quartal des ersten Lebensjahres finden sich Anzeichen dafür, daß sich das Kind als aktiv Handelnder erlebt. Es erkennt Ursache-Effekt-Beziehungen zwischen den eigenen Körperbewegungen und dem sich bewegenden visuellen Bild und kann so Objekte, die mit dem eigenen Körper verbunden sind, im Raum lokalisieren. Ab etwa einem Jahr können die Kinder den Spiegel benutzen, um Personen und Objekte im Raum zu lokalisieren. Sie wenden sich den Personen und Objekten zu, nicht deren Bild und demonstrieren damit eine Selbst-Andere-Unterscheidung hinsichtlich der Verursachung. Sie erkennen sich als eine unabhängig von anderen wirksame Kraft, die die eigenen Bewegungen im Raum verursacht. In der zweiten Hälfte des 2. Lebensjahres wird das Selbst zum Objekt des eigenen Wissens. Die Kinder erkennen sich selbst aufgrund äußerer Merkmale, ... und reagieren unterschiedlich auf Darstellungen des eigenen Bildes und der anderer Kinder.«
>
> *Keller, Heidi: Handbuch der Kleinkindforschung. Springer Verlag 1989, zitiert nach Harter S. 498.*

Die Anziehungskraft des Spiegels ist in den folgenden Jahren weiterhin groß. Sich mit dem eigenen Bild zu beschäftigen, damit zu spielen (Grimassen, Körperhaltungen, Verkleidungen, Schminken), sich mit anderen zu vergleichen, bringt Vergnügen, Verwunderung und neue Erkenntnisse.

Körperumrisse und Abdrücke

Die Vorstellungen, die man vom Volumen und der tatsächlichen Größe seines Körpers hat, sind oft sehr ungenau. Den Raum, den unser Körper immer einnimmt, bemerken wir erst, wenn uns etwas einengt, z.B. wenn wir Erwachsenen uns auf ein Kinderstühlchen mit Lehnen setzen wollen.

Die Kinder können deutlichere Vorstellungen von ihrer Größe und ihrem Körpervolumen gewinnen, wenn sie ihre Gestalt ummalen und ausschneiden oder durch Abdrücke. Hebt man solche Dinge einige Jahre auf, wird Kindern ihr Wachstum sehr anschaulich klar.

»Mein Zwilling« entsteht: Packpapier wird auf dem Boden ausgebreitet. Ein Kind legt sich darauf, die anderen zeichnen seine Umrisse auf das Papier. Um die großen Flächen auszumalen, braucht man große Pinsel. Der Kopf gerät manchmal etwas klein, man kann ihn durch mehr Haar betonen. Dann wird die Figur ausgeschnitten.

In meiner Kindheit haben wir uns gerne in den Schnee oder am Strand in den Sand gelegt und einen Abdruck von uns gemacht; wenn man die Arme auf und ab bewegte, entstand ein Flügelwesen, ein Adler. Kinder mögen eigene Spuren auf weichem Boden, im Neuschnee oder auf Packpapier mit Farbe. Kußspuren kann man herstellen, die Hände, die nackten Füßen oder den Po abdrucken. In Ton oder Gips lassen sich Abgüsse von Händen und Füßen machen.

Körperschatten

Kinder interessieren sich für ihren Schatten und spielen gerne damit. Sie können ihren eigenen Schatten im 2. Lebensjahr erkennen, wenn sie vorher schon ihr eigenes Spiegelbild erkennen konnten. Sie erleben ihn als etwas Lebendiges, zu dem sie eine Gefühlsbeziehung entwickeln.

Die italienischen Pädagogen in Reggio Emilia haben sich ausführlich mit diesem Thema in ihren Krippen und Kindergärten befaßt. Sie haben Fragen für Erzieherinnen zusammengestellt, um Kinder anzuregen und zu beobachten. Es sollen immer nur einzelne Fragen und Versuche angeboten werden, um den Kindern Raum für eigene Überlegungen und Experimente zu lassen.

Hier sind einige dieser Fragen:

Was ist dieses Dunkle, das sich vor dir auf der Erde bewegt?
Hat alles Schatten?
Woher kommt der Schatten?
Wo geht der Schatten hin, wenn man ihn nicht sieht?
Gefällt es dir, einen Schatten zu haben?
Woraus ist er gemacht? Kann man ihn anfassen? Hat er einen Geruch? Macht er Geräusche? Schläft er?

Sind die Schatten immer auf der Erde?
Kann man einen Freund erkennen, wenn man nur seinen Schatten sieht? (Und dann: Wie hast du das erraten? Woran hast du gesehen, daß er es war?)
Wenn ihr den Tisch jetzt wegtragt, auf dem mein Schatten ist, was passiert dann?
Kann man sich von seinem eigenen Schatten trennen?
Was macht der Schatten, wenn du dir die Schuhe ausziehst? Folgt er dir dann noch, oder bleibt er fest an den Schuhen?
Kann man den Schatten mit einer Decke zudecken?

Je mehr Erfahrungen Kinder mit dem Schatten sammeln, desto genauer erkennen sie ihn als Teil ihres Selbst. Der eigene Schatten kann ein Objekt für viele kreative Spiele sein.

Schattenspiele im dunklen Raum
Als Lichtquelle eignen sich Kerze, Taschenlampe, Diaprojektor, eine starke Glühbirne. Schon im Krabbelalter sind kleine Kinder von Schatten fasziniert und versuchen sie zu erreichen. Ab 2 Jahren kann man einfache Schattenspiele mit den Kindern machen, z.B., daß sie sich gegenseitig erraten. Ein Beispiel aus der Krippe: die Erzieherin versteckte sich hinter der Schattenleinwand unter einer Decke und streckte dann ganz langsam eine Hand, den Arm, das Bein, den Kopf aus der Decke heraus und schließlich kam sie selbst ganz und gar zum Vorschein. Danach wollten die Kinder auch selber spielen. Je mehr die Kinder vertraut sind mit dem Schattenspiel, desto häufiger nutzen sie es für Verkleide- und Rollenspiele.

Verwandlungen des Ichs

Sich verkleiden
Für fast alle Kinder ist es ein großes Vergnügen, sich zu verkleiden. Man verwandelt sich dadurch in eine Person, die man sonst nicht sein könnte. Der Status, den ein kleines Kind hat, ist meist unbedeutend und abhängig von Erwachsenen. Darum sind solche Rollen anziehend, bei denen es größer, mächtiger, wichtiger ist. Und es hat Spaß an Rollen, bei denen man sich so zeigen kann, wie man sich sonst nicht verhalten darf.

Verkleiden in der Krippe
Der Spaß beginnt mit nur wenigen Gegenständen. Da die Veränderung bei kleinen Kindern auch Angst auslösen kann, genügen hier Hut oder Tuch, also Dinge, die das Kind leicht wieder abstreifen kann, bevor ihm unheimlich wird.

In diesem Alter hat das Kind noch keine sichere Vorstellung von seinem Ich, deshalb werden Wechsel in andere Rollen vorsichtig und zögernd ausprobiert. Mit der Zunahme an Selbstsicherheit nimmt auch die Menge der fremden Rollen und der Spaß an diesen Spielen zu. Besonders gut kann man in altersgemischten Gruppen diese Vergleiche anstellen. Wichtig ist, daß das Kind zu jedem Zeitpunkt selbst bestimmt, ob es sich verkleiden will. Es darf ihm nichts übergestülpt werden. Und es braucht freien Zugang zum Material.

In einer Krippe in Reggio Emilia habe ich kleine Masken gesehen, die die Kinder sich vor das Gesicht halten und dabei den Abstand zum Gesicht, den Grad der Verfremdung selber bestimmen konnten. Masken, die aufgesetzt werden, die ganz nah am Gesicht anliegen, beängstigen auch deshalb leicht, weil sie ein Gefühl der Dunkelheit und Abgeschlossenheit vermitteln können.

Aber bei älteren Krippenkindern kann das Angebot von Verkleidungsutensilien dann schon größer sein. Es eignen sich Stoffe, Tücher oder Decken aus verschiedenen Materialien: Flauschiges, Wolliges, Durchsichtiges, Pelziges, Netzstoffe, kräftige Farben und Muster. Dazu Kopfbedeckungen, Schmuck, Bänder, Taschen. Schuhe werden gerne ausprobiert, aber eher als Bewegungs-Experiment; daher die Begeisterung für Absatzschuhe. Körbe, die man umherträgt, in die man auch selbst kriechen kann, auch andere kleine Verkriech- und Kuschelplätze brauchen die Kinder für ihre Rollenspiele. Das Verkleiden ist noch wenig auf Rollen bezogen, häufiger hat es den Charakter von Veränderungsspiel, Versteckspiel, Materialspiel.

Gerne haben die Kinder einen ihnen gehörenden Verkleidegegenstand aus der Familie bei sich, z.B. ein T-shirt vom Vater oder ein Tuch der Mutter.

Natürlich ist ein großer Spiegel unabdingbar, um alle diese Verwandlungen an sich selbst beobachten und kontrollieren zu können.

Verkleiden im Kindergarten

Das Verkleiden nimmt in diesem Alter einen großen Raum bei den Aktivitäten der Kinder ein. Deshalb muß man hierfür Platz schaffen und ein großzügiges, manchmal wechselndes Angebot bereitstellen. Zu den Tüchern und Umhängen werden Bekleidungsstücke aller Art gebraucht. Sie müssen groß genug zum Überziehen sein und dürfen keine schwierigen Verschlüsse haben. Gürtel, Bänder oder von der Erzieherin nachträglich angebrachte Gummizüge oder Klettverschlüsse sind geeignet. Schmuck spielt eine große Rolle, ebenso Haarspangen, Lockenwickler, Schleifen und Kämme. Wunderbar wäre jetzt ein dreiteiliger Frisierkommoden-Spiegel, weil man sich darin von allen Seiten sehen kann.

Meist ist das Angebot der Verkleidungsgegenstände ein überwiegend weib-

Adele, 4 Jahre: Katze und Clown

liches aus dem Fundus der Mütter und der Erzieherin. Wenn die Jungen der Gruppe sich selten verkleiden, sollte man darüber nachdenken und sie fragen, welche Dinge sie für ihre Rollen brauchen könnten. Vielleicht einen Batman-Umhang oder eine Löwen-Maske? Und Bärte? Natürlich sind Cowboyhüte und Indianerkleidung wie eh und jeh beliebt.

Sich schminken und bemalen

In der Regel kennen Kinder das Schminken von ihren Müttern als Verschönerung des Gesichtes. Lippenstift, Puder, Lidschatten usw. verändern das Gesicht, aber es bleibt erkennbar. Der eigene Gesichtsausdruck sorgt dafür, daß man sich trotz der Verfremdung als Ich wahrnimmt.

Im Gegensatz dazu wird beim Bemalen mit Theaterschminke das Gesicht und sein Ausdruck stark verfremdet. Wie eine Paste liegt die Farbe auf der Haut. Höhen und Tiefen des Gesichtes erscheinen flach. Mund und Augenbrauen geben keine Orientierung mehr. Die Augen wirken z.B. in einem weiß geschminkten Gesicht ganz dunkel. Die Farbe fühlt sich auf der Haut trocken an und klebt sie gewissermaßen zu, d.h., die Mimik wird spürbar. Das Auftragen der Farbe bei sich selbst ist ein besonderes Tasterlebnis. Wenn Kinder von anderen bemalt werden, dann sollten sie unbedingt der Veränderung im Spiegel zuschauen können, um einzugreifen, wenn ihnen unbehaglich wird. Die Bemalung des

Gesichtes ist ein großer Angriff auf das Selbstbild; wenn sich Kinder ihres Ichs sicher genug sind, genießen sie jedoch den starken Reiz dieser Aktion.

Körper

Viele Fragen beschäftigen die Kinder im Zusammenhang mit dem eigenen Körper: Warum klopft das Herz? Sind wir alle mit Blut gefüllt? Wo verschwindet das Essen und was wird daraus? Woher kommen die Babys?

Die Beschäftigung mit dem eigenen Körper bringt die Kinder auch in intensiven Körperkontakt untereinander. Um die eigenen Körpervorgänge besser zu verstehen, ist es hilfreich, ein anderes Kind genau zu betrachten, zu befühlen, an ihm zu horchen, es abzumessen usw. Die Gewißheit, daß die Dinge und Vorgänge bei uns allen ähnlich sind, gibt Selbstvertrauen und stärkt die Freundschaft untereinander. Das Kind lernt, liebevoll mit sich zu sein und überträgt es auf andere. Es kann angenehm sein, ein anderes Kind zu berühren und zu erkunden, aber auch, von anderen berührt zu werden.

Finger- und Körperspiele

Zwicke zwacke in die Backe
Zwicke zwase in die Nase
Zwicke zwarm in den Arm
Zwicke zwo in den Po
Zwicke zwauch ...
Zwicke zwohr ... .

Diesen Vers kann man mit kleinen Kindern auf viele vergnügliche Arten spielen und dabei alle Körperpartien einbeziehen.

Die Geschichten vom Daumen mit den Pflaumen, von der Spitzmaus im Rathaus, von Himpelchen und Pimpelchen oder den zehn kleinen Zappelmännern begeistern seit Generationen und noch immer alle Kinder im Krippenalter. Erzieherinnen kennen viele Verse, Lieder oder Kniereiterspiele. Die Erzieherin kann sich auch kurze Geschichten, die die Kinder witzig finden, dazu angenehme Körperberührungen und Bewegung, Sprachrhythmus oder eine Melodie selbst ausdenken.

Das Gesicht

Die Kinder betrachten ihr eigenes Gesicht im Spiegel und die Gesichter der anderen. Sie berühren ihre Gesichter.
Mit geschlossenen Augen ertasten und erraten sie andere Gesichter.
Sie vergleichen ihr Aussehen. Sie denken darüber nach, wem sie ähnlich sehen.

Melaní, 5 Jahre: Ich als Elfe

Sie malen sich. Sie bemalen sich.
Sie schneiden Grimassen und erraten dazu die Gedanken.
Sie setzen Masken auf.

Die Haare

Die Kinder befühlen ihre Haare.
Sie streicheln und kraulen sich gegenseitig den Kopf, betrachten einzelne Haare unter der Lupe, vergleichen Haarfarben. Wie ist Baby-Haar und das der Großeltern? Und das Fell von Katze oder Hund?
Sie erfinden Frisuren: kämmen, bürsten, flechten, Locken machen, Schleifen binden, Pferdeschwänzchen; auch schneiden?
Sie besuchen einen Friseur.
Sie machen sich Hüte, Perrücken, Haarschmuck.

Die Augen

Die Kinder sehen sich gegenseitig in die Augen, dann betrachten sie gegenseitig ihre Augen mit der Lupe.
Wie sehen fröhliche Augen oder traurige Augen aus?
Die Kinder sprechen über das Weinen.
Und darüber, was es zu sehen gibt:

Licht und Dunkelheit.
Farben, Schatten, Durchsichtigkeit.
Weite und Nähe.

Groß und Klein.
Formen von allen Seiten.
Ist nur das da, was ich sehe?
Was sieht ein Auge?
Warum muß ich eine Brille tragen? Alle dürfen durch eine Brille schauen. Die Kinder basteln sich farbige Brillen.
Sie probieren Lupe, Fernrohr, Kaleidoskop, Fotoapparat aus.

Der Mund

Der Mund kann lachen, mit der Zunge schnalzen, mit den Zähnen klappern, mit den Lippen küssen, weit spucken, Seifenblasen machen, sprechen und singen, schreien und schimpfen, pusten und pfeifen, kosten und kauen.
Der Weg der Nahrung

Was essen wir gerne? Warum essen wir? Wie ist hungrig sein und satt? Wo bleibt die zerkaute Nahrung? Was macht der Bauch? Der Magen kann knurren, manchmal tut er auch weh. Was wird aus dem Essen im Bauch? Der Darm ist eine Transportstraße. Und der Po? Alle Menschen gehen auf das Klo und machen Kot und Urin. Und manchmal muß man pupsen.

Den Weg der Nahrung kann man malen, auch nur den Bauch von innen und außen.

Die Nase

Was passiert, wenn wir die Nase zuhalten?

Mit der Nase können wir atmen, ein und aus, oder die Luft anhalten. Die Kinder fühlen, wie ein anderes Kind ein- und ausatmet. Wo bleibt die Luft? Was ist Luft?

Die Kinder blasen Luftballons auf.

Geruch

Wie riecht es im Schrank, auf dem Boden, im Papierkorb? Wir machen eine Riechwanderung durch das ganze Haus und den Garten oder spielen Riech-Ratespiele mit verbundenen Augen. Riechkino: In einen leeren Karton kommen wechselnd Blumen, Kosmetika, Harzer Käse, Gewürze, aufgeschnittenes Obst oder Gemüse, auch fauliges; im Karton ist ein kleines Loch, in das man seine Nase stecken kann.

Aussehen

Die Kinder basteln sich Clowns-Nasen und andere Nasen, sie bemalen ihre eigenen Nasen. Und kleben sich Nasen aus Lindenblüten auf.

Katharina, 5 Jahre: Ohr, auf das Klänge treffen

Die Ohren

Die Sozialpädagogin Maria berichtet aus ihrer Gruppe:

Die Kinder haben sich ihre Ohren gegenseitig betrachtet und befühlt, sich Transparentpapier auf die Ohren gelegt und sie mit Farbe und Pinsel nachgemalt, sich also mit dem Aussehen der Ohren beschäftigt. Dann haben sie Töne ausprobiert von laut bis leise, von tief bis hoch, das Flüstern, Kreischen, und das Spiel »Ohren spitzen« gespielt: woher kommen die Geräusche? Wer macht sie? Die Geräusche, die auf ihre Ohren treffen, haben sie gemalt und im Rollenspiel dargestellt: in der Mitte eines Kreises saß ein Kind mit geschlossenen Augen, das »Ohr«, die anderen Kinder waren die Schallwellen, die zu dem Ohr-Kind geschwommen kamen.

Nicht nur mit der Stimme können die Kinder Geräusche selber herstellen, auch mit dem Tonbandgerät kann man sich viele Spiele ausdenken oder

telefonieren, Telefone und Flüstertüten bauen,
Musikinstrumente bauen, mit den Orff-Instrumenten experimentieren,
draußen ein Echo suchen, zu zweit Echo spielen,
Ohrringe basteln, die man sich über die Ohren hängt.

Hände und Arme

Wir lernen unsere Hände kennen durch

Rechts-Links-Spiele;
beidhändiges Malen mit 2 Stiften oder 2 Pinseln;
werfen, schleudern, fangen;
klettern, an den Händen baumeln, Handstand versuchen, Tauziehen, Kämpfe zu zweit;
gegenseitiges Ertasten mit geschlossenen Augen;
Kuchenteig kneten oder Modderpampe.
Die Kinder spüren und untersuchen die Beweglichkeit der Gelenke.
Sie machen Handabdrücke im Sand, in Ton, in Gips, mit Farbe.
Sie erfinden Geschichten: »Wenn wir mit unseren Armen fliegen könnten ...« Sie bauen sich Flügel.

Füße und Beine

Die Kinder trampeln, tanzen, hüpfen, klettern, springen, machen Weitsprung, Wettlauf;
sie balancieren, laufen auf Stöckelschuhen.
Sie probieren aus: Was wäre, wenn wir nur ein Bein hätten?
Sie überlegen: wie lernen Babys laufen?
Kann man mit den Füßen ein Tuch aufheben und weitergeben? Ein Bild malen? Auch streicheln?
Sie untersuchen die Zehen. Ein Fuß unterhält sich mit dem anderen. Worüber?
Zu Musik malen die Kinder ein Stampfbild.
Und außerdem können sie Hampelmänner bauen, sich Büchsenstelzen machen, wie die Tiere laufen.

Die Knochen

Was wissen die Kinder über die Knochen?

Jedes Kind befühlt bei sich und bei den anderen harte und weiche Körperpartien.
Die Kinder bauen aus Ästen oder Metallabfällen Knochen-Menschen. Wenn die Teile mit Garn aneinandergebunden werden, kann sich der Knochenmensch bewegen und klappern. Die Knochenmenschen können auch als Schattenspiel-Figuren benutzt werden.

Herz, Blut und Adern

Die Kinder hören sich gegenseitig ihren Herzschlag an.

Gespräche: Warum klopft das Herz? Sind wir ganz und gar mit Blut gefüllt? Was ist leben und nicht leben.
Die Kinder malen Bilder von sich, von innen und außen mit Herz und Blut.

Die Genitalien

Gespräche:

Sehen Mädchen und Jungen gleich aus? Und Erwachsene und Kinder?
Kennen die Kinder die Namen der Genitalien?
Darf man sich gegenseitig ansehen und berühren?
Woher kommen die Babys? Im Bauch der Mutter. Geburt.

Die Kinder können Bilder malen über die Familie, vom Schlafen, in der Badewanne, wen sie lieb haben. Und auch über erwünschte oder unerwünschte Zärtlichkeiten.
Gespräche vom Nein-Sagen:

Wer nicht schmusen will, wer nicht berührt werden will, kann sagen: Nein! Auch zu Erwachsenen. Der Körper ist Eigentum jedes Menschen; kein Kind gehört jemandem.

Die Haut

Die Kinder befühlen die eigene Haut und die der anderen an verschiedenen Körperstellen. Sich mit geschlossenen und mit geöffneten Augen betasten.
Was fühlt die Haut? Kühle und Wärme. Weiches und Hartes. Feuchtes und Trockenes. Zärtlichkeit. Kneifen, Boxen und Prügel.
Gemeinsam können die Kinder duschen, ins Schwimmbad gehen, im Garten planschen, sich sonnen, mit dem Schlauch bespritzen, sich mit Modderpampe panieren, sich auf der Wiese kugeln, unter dem Rasensprenger durchlaufen, sich bemalen, sich selbst und andere einseifen und waschen, kräftig abrubbeln, eincremen, in eine warme Decke wickeln.

Bewegung

Die Bewegungsentwicklung ist mit der Entfaltung unseres Ichs und mit unserem Selbstbild eng verknüpft. Jeder Mensch hat seine individuelle Art der Körpersprache. Jede Bewegung ist ein Ausgreifen in den uns umgebenden Raum, eine Kommunikation mit der Welt. Unser Körper wird uns bewußt durch Bewegung. Wennn wir unsere Kraft und Geschicklichkeit spüren, wächst das Vertrauen in uns selbst und der Mut zur Erkundung und Auseinandersetzung. Bewegungen erweitern die Wahrnehmung, das Lernen und die Kontaktaufnahme zu anderen Menschen.

Die Qualität einer Bewegung zeichnet sich durch Ganzheitlichkeit, Vielseitigkeit und Leichtigkeit aus. Je älter wir werden, um so mehr neigen wir dazu, unsere Bewegungvielfalt einzuengen, starrer zu werden. Durch angespannte Muskeln und eingegrenzte Bewegungsabläufe kommt es zu Verschleißerscheinungen und Schmerzen.

Hat die Kreativität eines Menschen Einfluß auf seine Bewegungen? Ich meine ja. Wenn wir einem kleinen Kind zuschauen, das versucht, eine Treppe herunter oder eine Leiter hinauf zu klettern, so wird uns der Erfindungsreichtum erstaunen, mit dem es Schwierigkeiten zu überwinden versucht. Unsere Kreativität hilft uns, Bewegungsaufgaben lösen zu können. In der Kindheit beschäftigen wir uns am meisten damit. Erinnern Sie sich noch daran, wie es war, zum ersten Mal richtig schwimmen zu können oder Rad zu fahren? Auch Erwachsene probieren ständig neue Bewegungsformen aus beim Erlernen von bisher unbekannten Sportarten, bei Körperbehinderungen, nach Krankheiten oder im Alter, wenn wir lernen müssen, mit einem Stock zu gehen.

Kinder erproben Bewegungen mit Freude und ungeheurer Energie. Aber häufig werden sie durch Erwachsene dabei gestört, die ungeduldig oder ängstlich sind. Die ungarische Kinderärztin und Pädagogin Emmi Pikler beschreibt dieses Verhalten:

> »Warum lassen wir den Säugling sich nicht seinen eigenen Gesetzen gemäß entwickeln? Ist es nicht sonderbar, daß er ständig etwas anderes tun muß, als was ihm behagt? Übt er Bewegungen in Rückenlage, so drehen wir ihn auf den Bauch, bewegt er sich auf dem Bauch, setzen oder stellen wir ihn auf. Steht er, so führen wir ihn bei den Händen, damit er gehen lernt.«
>
> *Pikler, Emmi: Friedliche Babys – zufriedene Mütter. Herder-Verlag, Freiburg 1987.*

Sie plädiert dafür, jedem Kind sein eigenes Zeitmaß zuzugestehen. Es muß sein Gleichgewicht so lange ausprobieren, bis es sich etwas Neues zutraut. Stufenweise wächst seine Selbständigkeit. Am besten lernt es durch freies Üben aus eigener Initiative.

Die Aufgabe der Erzieherin besteht darin, die Bewegungsentwicklung der Kinder differenziert wahrzunehmen, um die Umgebung so zu gestalten, daß sich die Kinder spontan, abwechslungsreich und selbständig bewegen können. Und sie sollte so selten wie möglich eingreifen. Kinder wissen, wie viel sie sich zutrauen können.

Dorothea, 5 Jahre: Tänzerin auf einer Bühne

Ausflüge

Am schönsten ist Bewegung im Freien. Luft und Licht aktivieren den Körper, ein unbegrenzter Raum weckt Tatendrang und Unternehmungsgeist. Über Wiesen zu rennen oder sich darin zu kugeln, durch Gebüsch zu kriechen, im Wasser zu toben – solche Bewegungserlebnisse steigern die Lebenslust. Einen Baum zu erklettern ist ein viel sinnlicheres und vielfältigeres Erlebnis, als das Beklettern von Bewegungsgeräten. Die Kinder kosten gerne ihre Kraft und Stärke aus, indem sie schwere Äste oder Steine umherschleppen. Auf Holzstapeln und umgeschlagenen Baumstämmen üben sie Gleichgewicht und Balance.

Wasser ist ein ideales Bewegungselement, das man so oft wie möglich den Kindern gönnen sollte. Beim Matschen, Waten, Planschen, Toben, Schwimmen ist der ganze Körper beteiligt und genießt.

Bei Ausflügen in der Stadt sollte man Ausschau halten nach Mauern oder Bänken, die die Kinder zum Klettern, Balancieren oder Springen gerne nutzen. Man kann Rolltreppen mit ihnen ausprobieren und Treppen, Podeste oder Türme besteigen.

Freigelände

Erzieherinnen und Eltern können Einfluß nehmen auf die Gestaltung des Freigeländes ihrer Einrichtung. Auch mit geringen Mitteln lasssen sich Möglichkeiten schaffen zum Balancieren, Schaukeln, Klettern oder Springen.

Es empfiehlt sich sehr, einen Hügel mit Hilfe von Eltern und Kindern anzulegen. Hügel eignen sich zum Rutschen und Fahren (auf Plastiktüten, Rollbrettern, Schlitten, Ski, Schneebrettern), zum Herunterkugeln, zum Auf- und Abrennen. Schon Kinder im Krabbelalter werden von so einem kleinen Berg angelockt und üben Gleichgewicht und Balance.

Bewegungsgeräte für drinnen und draußen:

- Bälle. Bälle aus Zeitungspapier oder Socken selbstgemacht. Wurfkissen: kleine Sandsäckchen, Kisssenbezüge mit zerkleinerten Styroporabfällen. Wurfringe, Wurfscheiben aus Gummi, Federbälle.
- Ein Bettbezug dicht gefüllt mit aufgeblasenen Luftballons dient zum sich Darauflegen und Balancieren und ist haltbar genug, selbst für einen Erwachsenen.
- Reifen und Räder, Fässer, Tonnen, Kabeltrommeln, Gegenstände zum Hinterherziehen, Roller, Fahrräder, Wagen, Kisten und Bretter auf Rollen, Büchsenstelzen, Stöckelschuhe.
- Kriechtunnel aus Stoff oder Kartons ohne Boden, Balancierbrücken, Wackelbrett.
- Springseile, Schwungtuch, Schaukeln, Hängematten, Hängekörbe, Hängenetze, Kletternetze, Strickleitern, Kletterseile, Trampolin, Sprungmatrazen.

- Kartons, Bettgestelle, Röhren und Reifenschläuche, Lattenrost.
- Rutschbahnen. Zum Rutschen eignen sich auch Kunststoffolien, die man mit Wasser befeuchtet.

Bewegungsspiele

Bewegung soll spielerisch sein. Es geht nicht um ein Muskeltraining einzelner Körperpartien. Die Erzieherin sollte anstiften zu Bewegngsspielen, bei denen der ganze Körper in Bewegung ist. Ihr Augenmerk muß sich vor allem auf Kinder richten, die sich ungern bewegen.

- Hopse- und Ballspiele.
- Lieder und Kreisspiele, bei denen die Kinder eigene Bewegungen erfinden .
- Kraft: Möbel, Steine, Äste schleppen, sich gegenseitig tragen, Tauziehen.
- Geschicklichkeit: veränderbare Hindernis-, Balancier- und Kletterstraßen anlegen aus Möbeln, Kartons, Matrazen ... Jonglieren mit Bällen, Dosen, Schachteln ...
- Kämpfe: die Kinder suchen sich ihren Partner selbst aus und machen mit ihm im Kreis der anderen einen kurzen Ringkampf. Die Erzieherin ist Schiedsrichterin, achtet auf Fairneß und Einhaltung der Regeln. Regeln: ringen, nicht boxen oder schlagen, ein bis zwei Minuten Dauer, die Kämpfer versuchen sich gegenseitig auf den Boden zu drücken, gelingt dies nicht in kurzer Zeit, ist der Kampf unentschieden.
- Kommunikation: die Kinder denken sich zu zweit eine Pantomime aus: eine Handlung, ein Gespräch, eine Geschichte, ein Tier, ein Denkmal, ein Gefühl... und stellen sie dar, die anderen Kinder erraten die Bewegungen.
- Bewegungsphantasien: auf merkwürdige Art gehen, springen, tanzen .... .

Musik

Kleine Kinder singen viel und gern. Sie summen oder singen den ganzen Tag vor sich hin, wenn sie sich wohl fühlen. Singen ist ein Ausdruck der Lebensfreude, es ist dem Lachen sehr nahe. Durch die besondere Atemführung gibt uns das Singen viel Befreiendes und Beglückendes. In der Musik können wir Sender sein, aber auch Empfänger. Schallwellen treffen nicht nur auf unsere Ohren, sondern berühren alle Wahrnehmungssysteme unseres Körpers. Musik, die von außen kommt, kann in uns Freude, Bewegung, Schwung, besondere Stimmungen erzeugen.

Die Fähigkeit, sich selber musikalisch auszudrücken verkümmert bei den meisten Erwachsenen mit zunehmendem Alter. Was vielen Menschen bleibt, ist die Freude am Zuhören oder am Tanzen. Um mit Kindern Musik zu machen, kann man durchaus ein »Brummer« sein. Der eigene musikalische Schwung ist wichtig, die innere Musik. Dann gibt es viele Gelegenheit, die natürliche Musikalität der Kinder zu unterstützen.

Höreindrücke

Im Haus und auf Spaziergängen außerhalb der Einrichtung können die Kinder Klänge und Geräusche suchen, raten, ordnen. Aus Geräuschen entwickeln sich leicht Melodien und Rhythmen.

Klänge lassen sich mit dem eigenen Körper, mit alltäglichen Gebrauchsgegenständen oder Material erzeugen:

- Klatschen, stampfen, schmatzen, kratzen, pfeifen ...
- Papier reißen, knautschen, Alufolie knittern, Tüten aufblasen und platzen lassen, über Wellpappe reiben.
- Wassser tröpfeln lassen in verschiedene Gefäße, den Geräuschen des Rasensprengers, der Toilettenspülung, des Regens zuhören.
- Gläser, Flaschen, Blechdosen, Kartons, Stöcke, Steine, Kochtöpfe, Geschirr, Metallsiebe, Besteck benutzen zum Klappern, Klingeln, Trommeln, Schaben und Rasseln.

Lieder

Zu allen Kinderliedern lassen sich Bewegungen oder Tänze erfinden. Die Kinder können Worte, Namen, Sätze, oder Sprüche mit einer Melodie oder einem Rhythmus versehen.

Musikalische Erlebnisse – Konzerte, Liedertexte, Tänze, Melodien, Klänge, Rhythmen – eignen sich zum Malen. Jedes Kind kann sich ein eigenes Musikheft anlegen oder es entsteht ein gemeinsames Liederbuch für die Gruppe.

Klangspielzeug

Viele Klang- und Rhythmusinstrumente können sich die Kinder selber bauen:

Glockenspiele aus Tonblumentöpfen, die aufgehängt werden und verschiedene Stöcke oder Perlen als Klöppel bekommen.

Klangtuch: klingelnde und klappernde Kleinteile werden in ein großes Tuch gelegt, viele Kinder fassen das Tuch am Rand an und bewegen es so, daß es klingt.

Klangmobile: Kleinteile (Kronenkorken, Büroklammern, Schrauben, usw.) werden so aufgehängt, daß sie sich durch den Wind oder durch Berührungen anstoßen und so zum Klingen kommen.

Klingelbahn: nach dem Prinzip der Murmelbahn werden in einen Tunnel oder über eine Bahn Klangeber gehängt (Löffel, Spiralen, Blechdeckel, Metallknöpfe, Glöckchen, Bambusstäbe), die zum Klingen kommen, wenn ein Ball, eine Kugel oder eine Murmel durch die Bahn kullert.

Philipp, 5 Jahre.
Schellentrommel – Musik

Klappergerippe: aus einem Besenstiel und zwei Querleisten kann ein Gerippe entstehen, das man mit klappernden, rasselnden, knatternden Dingen ausstaffiert.

Ratter-Knatter-Maschine: in die Räder eines alten Fahrrades, daß man auf den Sattel stellt, wird Klimperkram gehängt. Dreht man nun die Pedale, beginnt das Rad zu klingen.

Rhythmusinstrumente:

Klappern und Rasseln: Plastikflaschen und -dosen mit Erbsen, Bohnen Kieselsteinen ... füllen und sehr fest verschließen. Löffelklapper.

Trommeln: Waschmittelbehälter mit Stoff, Folie oder Pergamentpapier bespannen.

Kastagnetten aus Kokosnußschalen, Walnußschalen, Kronenkorken.

Ratschen: auf Haushaltssieben, Kämmen, Gemüsereiben mit einer Blechgabel kratzen.

Instrumente

Zusätzlich zum Orff- Instrumentarium sollten Kinder auch früh die Möglichkeit haben, »richtige« Instrumente auszuprobieren und musizierende Menschen kennenzulernen. Vielleicht spielen Eltern oder ältere Geschwister Instrumente und sind bereit, sie den Kindern zu zeigen. Man könnte auch in einer benachbarten Schule, bei der Feuerwehr oder Polizei eine Orchesterprobe besuchen, Kontakte zu Musiklehrern herstellen oder eine Verabredung mit einer Kirchenkantorei zum Kennenlernen der Orgel oder des Posaunenchores treffen. Kindergartenkinder sehen auch gerne eine Balettaufführung.

Tanzen

Wenn kleine Kinder Musik hören, beginnen sie unweigerlich zu wippen, zu stampfen, zu hopsen, mit dem Kopf zu wackeln. Sie lieben es, auf dem Arm oder dem Rücken des Erwachsenen zu schaukeln und mit ihm zu tanzen. Offenbar ist es ein Urbedürfnis, sich zu Musik zu bewegen. Darum sollten alle Kinder viele Gelegenheiten zum Tanzen haben. Wenn das Kind alleine tanzt, kann es sich der Musik ganz hingeben, seine Empfindungen ausdrücken, Bewegungsformen erfinden und den ganzen Körper ausagieren. Das Tanzen mit anderen ist wie ein Gespräch, man muß auf den Partner eingehen, Regeln einhalten und die eigenen Bewegungen steuern. Aber auch in der Gruppe können die Kinder immer wieder mit der Bewegung, dem Raum, dem Zeitmaß experimentieren. Gut ist es, einen großen Spiegel im Raum zu haben, um sich beim Tanzen zu sehen.

Einzel-Improvisationen:

Geeignet ist stark rhythmische oder meditative Musik oder musikalisches Improvisieren des Erwachsenen auf einem Instrument. Ein Teil der Kinder kann Musik machen, während andere Kinder tanzen; nach einiger Zeit wechseln die Gruppen.

Paar-Tänze:

Jeweils zwei Kinder fassen sich an den Händen oder haken sich unter und versuchen, sich gemeinsam rhythmisch zu bewegen: hopsen, drehen, trippeln, humpeln ... Ein Kind denkt sich Tanzbewegungen aus, der Partner muß sie nachmachen. Wenn der Rhythmus oder die Melodie abbricht, sucht sich jeder einen neuen Partner.

Tanz-Schlange:

Viele Kinder fassen sich an, das erste Kind denkt sich zur Musik einen Schritt oder ein Tempo aus, die Schlange macht alles nach.

Promenade:

Paarweise bilden die Kinder eine Straße, das erste Paar bestimmt zur Musik den Weg, den alle gehen müssen: über Hindernisse, durch das ganze Haus.

Kreis-Tänze:
viele Kinder greifen den Rand eines Tuches oder Seiles und tanzen zusammen nach einer Melodie oder einem geschlagenen Rhythmus.
Trampeltier-Tanz: mehrere Kinder sind das Tier, unter einem großen Tuch halten sie sich aneinander fest. Zuerst trabt das Tier wild herum, dann wird es gezähmt und lernt tanzen. Schließlich darf es im Zirkus auftreten.
Tanzkleider:
Schleier, Bänder und Tücher. Masken.
Gürtel, Arm- und Fußbänder mit Glöckchen.
Klapperhüte, Klimpermützen, an denen Drähte mit Metallteilen, Glocken, Kronenkorken ... befestigt sind.
Holzschuhe, mit Nägeln beschlagene Schuhe, Stiefel.
Rasselsäckchen zum Umbinden.
Trommelrucksack aus einer Waschmitteltonne.
Hosen und Röcke mit Perlenfransen.
Kopftücher und Stirnbänder mit Pailletten.

Kreativität und Sinne

Unsere Sinne binden uns an die Welt. Was wären wir ohne Empfindungen? Wären wir noch lebendig oder schon tot, wenn wir nichts mehr sehen oder hören könnten, keinen Geschmack oder Geruch wahrnehmen würden und unsere Haut gefühllos wäre?

»Die Sinne sind fünf Drähte, die uns mit der Wirklichkeit verbinden. Fünf Drähte, die uns glauben machen, daß die Welt existiert, und die unseren Fingern die Kraft geben, sich an ihr festzuklammern. Reißen diese Schnüre, dann finden wir uns im Dunkel und in der Schwerelosigkeit wieder, irren wie Astronauten durchs Leere.«

Jean-Paul Dubois: Das Geheimnis der Sinne. In: »DIE ZEIT«. Nr. 31, Juli 1991.

Die Fähigkeit, mit allen Sinnen vielfältig und differenziert wahrzunehmen, ist die Grundlage unserer Kreativität.

Unsere Sinne

Wir verfügen über verschiedene Sinnesorgane.

Gesichts-Sinn: Das Auge ist empfindlich für Lichtwellen. Sehschärfe ist abhängig von der Trennung verschiedener Lichtreize; Farbe sehen wir durch das Empfinden verschiedener Wellenlängen.

Gehör-Sinn: Akustische Empfindungen sind Luftdruckschwankungen am Trommelfell; die Tonhöhe ist abhängig von der Frequenz, die Lautstärke von der Amplitude der Schallwelle.

Geruchs-Sinn, Geschmacks-Sinn: Chemische Substanzen lösen Reize aus.

Tast-Sinn: Das Sinnesorgan Haut ist für Druck-, Temperatur- und Schmerzempfindungen, für Beruhigung und Erregung zuständig.

Gleichgewicht (statischer Sinn): Hierfür befinden sich im inneren Ohr Stabilisatoren, die unseren Körper in jeder Position ins Gleichgewicht bringen. Durch diesen Sinn nehmen wir die Lage unseres Körpers im Raum wahr.

Muskel-Sinn, auch kinästhetischer Sinn genannt: Er befähigt uns, Lage und Bewegungsrichtung von Körperteilen zueinander und in bezug zur Umwelt zu kontrollieren und zu steuern. Diese Sinnesorgane befinden sich in unseren Gelenken und sprechen auf Veränderungen zwischen den Winkeln zweier Knochen an.

Ständig fließt ein Strom von Wahrnehmungen in unser Gehirn. Jeder Teil unseres Körpers ist daran beteiligt, durch Berührungen und Bewegungen, durch das Sehen, Hören, Riechen und durch das Erlebnis der Schwerkraft.

Im Gehirn werden die Wahrnehmungen gespeichert und strukturiert, also zu Bildern, Formen, Figuren, Vergleichen usw. aufgebaut. Auf diese Art baut sich jeder Mensch sein eigenes Weltbild auf. Die verschiedenen Reizbereiche bilden sich immer feiner aus im Laufe unseres Lebens. Je älter wir werden, desto weniger Bedeutung hat die direkte Wahrnehmung. Die Informationsmenge unserer Sinne bleibt im Erwachsenenalter mehr oder weniger konstant; was sich ändert, ist die Art, wie wir die Wahrnehmungen interpretieren.

Gegenüber uns Erwachsenen mit einem großen Erfahrungsreservoir und mit unseren Vorstellungen von Vergangenheit und Zukunft ist dagegen das Neugeborene fast erfahrungslos und in allem ein Anfänger. Erwachsene können sich in andere Welten versetzen durch Vermittlung, sie können sich Dinge vorstellen, die sie im Augenblick gar nicht wahrnehmen oder auch niemals wahrgenommen haben. Babys und Kleinkinder leben im Gegensatz zu uns fast außschließlich in der Gegenwart.

Die Wahrnehmungswelt von Babys

Neugeborene haben ein hochentwickeltes sensorisches und motorisches Reaktionssystem. Gleichgewichtssinn, Tastsinn und Geruchssinn sind am frühesten entwickelt. Sie reagieren z.B. auf Geschmackseindrücke: Süßes mögen sie sehr, noch lieber als Muttermilch. Sie bevorzugen bestimmte Gerüche, und andere mögen sie gar nicht. Bereits am 4. Lebenstag erkennen die meisten Babys ihre Mutter am Geruch. Babys reagieren auch auf Geräusche. An der Bewegung ihrer Augen in Richtung auf die Schallquelle läßt sich feststellen, daß sie erwarten, daß es in der Nähe des Geräusches etwas Interessantes zu sehen gibt. Dies spricht für eine frühe Koordinierung zwischen Sehen und Hören. Auch das räumliche Sehen ist schon früh ausgebildet, denn jedes Baby versucht, Dinge abzuwehren, die zu nah in sein Gesichtsfeld kommen.

Besondere Fähigkeiten entwickeln Babys bei der Wahrnehmung anderer Menschen. Sie versuchen schon sehr früh, den Gesichtsausdruck einer vertrauten Person zu imitieren. Dies ist ein sehr komplizierter Vorgang aus verschiedenen Sinneswahrnehmungen. Ebenso komplex ist der Vorgang der Bewegungsinteraktion: wenn mit dem Neugeborenen gesprochen wird, begleitet es den Sprachfluß der anderen Person mit seinen Körperbewegungen.

Von vorrangiger Bedeutung sind Tastsinn und Körperkontakt. Durch körperliche Berührungen entstehen Gefühle der Bindung und des Vertrauens. Die taktilen Berührungen – das Streicheln, Tragen, Baden, Eincremen und Wickeln – geben dem Kind die Gewißheit, daß es gegenwärtig nicht allein auf der Welt ist. Seine emotionale Stabilität und sein Lebenswille bauen auf dieser Erfahrung. Der Tastsinn ist auch die Basis des Realitätsgefühls, denn im Kern glauben wir nichts, was wir nicht auch berühren können.

Wahrnehmen und Lernen

Zu Beginn ihres Lebens sind Kinder den Wahrnehmungen vollkommen ausgesetzt: wenn ein Anreiz geboten wird, müssen sie reagieren. Wenn also etwas Greifbares ins Gesichtsfeld des Babys gerät, wird es auf jeden Fall versuchen, danach zu greifen.

Nach einigen Monaten tritt ein Wandel ein. Die Babys beginnen, manche Anreize zu ignorieren, sie wenden sich ab. Sie lassen sich nicht mehr so schnell ablenken durch neue Reize.

Dieses Verhalten hat mit Gewöhnung zu tun. Beim Verarbeiten sich wiederholender Reize entsteht ein Schema, es bleibt eine Erfahrung zurück, so beginnt das Lernen. Aus dem Reizangebot wählt das Kind den Reiz aus, den es noch nicht kennt. Mit zunehmendem Alter nimmt auch die Menge der Reize zu, die aufgenommen und verarbeitet werden können. Die Entwicklung führt vom Ausgeliefertsein an die Sinne zum Auswählen aus dem Angebot.

Greifen und Begreifen

Kinder eignen sich ihre Umwelt ganz entscheidend durch das Greifen an. Je mehr Greiferfahrungen sie machen können, desto differenzierter werden ihre Vorstellungen. Neben dem Zupacken mit beiden Händen (oder auch beiden Füßen) spielt auch das »Auskosten« mit dem Mund eine große Rolle. Beidhändig kommt es zu besonders intensiven Wahrnehmungserlebnissen. Zwei Hände – das sind auch zwei Nervensysteme, die Reize gleichzeitig aufnehmen und verarbeiten. Formen und Räume lassen sich mit beiden Händen klarer erschließen, beidhändiges Malen bringt besonders schwungvolle und phantasiereiche Zeichnungen in Gang. Ein Mangel an Tasterlebnissen in der frühen Kindheit oder ein zu schnelles Training der rechten Hand stört das Begreifen von Form, Körper und Raum. Und das läßt sich nie wieder nachholen.

Objektpermanenz

Dinge existieren auch dann, wenn wir sie nicht sehen können. Unsere Vorstellungen von der Welt sind weitgehend losgelöst von den Objekten direkter Wahrnehmung. Aber zu Anfang unseres Lebens war nur das vorstellbar, was uns die Sinne tatsächlich über die Dinge mitteilten. Ein Beispiel:

Das Kind spielt mit einem Ball. Er rollt davon und ist nicht mehr zu sehen. Die Sinne melden dem Kind: der Ball ist nicht mehr vorhanden.

Gegen Ende des 1. Lebensjahres hat das Kind eine Menge Wissen gesammelt und beginnt, sich Gegenstände vorstellen zu können, die im Augenblick nicht sichtbar sind. Es beginnt nach dem Ball zu suchen. Das Versteckspiel macht dem Kind in diesem Alter ganz besonderen Spaß: es genießt die große Überraschung, eine Person oder einen Gegenstand wieder auftauchen zu sehen.

Je älter man wird, desto weniger vertraut man direkten Wahrnehmungen und desto mehr seinem Wissen. So entwachsen wir allmählich der Welt der Wahrnehmung.

Schema

Viele Wahrnehmungsereignisse in unserem Leben werden durch einen Ersatz der Wirklichkeit hervorgerufen, z.B. durch Abbildungen, Beschreibungen, Medien. Wie erkennt ein Kleinkind nun, daß die Abbildung einer Katze nicht die Katze selber ist? Und wie kann das Kind an dem Katzenbild Vergnügen finden?

Bei der Verarbeitung von Reizen bauen wir Strukturen auf durch Unterscheidungsmerkmale wie »das runde Ding mit etwas länglichem dran, mit kleinem Gesicht ...«. Wahrnehmung hat also nichts mit Kopien der Außenwelt-Reize zu tun, sondern mit Unterscheiden und Sortieren. Ein Kleinkind, das eine reale Katze kennt und auch das Wort dafür, kann ein Bild dann identifizieren, wenn eine Reihe von Merkmalen mit der Realität übereinstimmen. Und die Freude am Bild wird ausgelöst durch das Wiedererkennen und von emotionalen Vorstellung: vom weichen Fell, vom Gedanken »ein kleines Ich« zu sehen usw.

Norman, 3 Jahre: Katze

Das Bilderbuch vom vergeßlichen Kater Mog z. B. wird von Ein- bis Zweijährigen anders betrachtet, als von älteren Kindern.

Die Kleinen beschreiben:
Auf der ersten Seite sehe ich eine Katze und Menschen.
Auf der zweiten Seite sehe ich eine andere Katze, die frißt.
Auf der dritten Seite sehe ich wieder eine andere Katze, die putzt sich.
Die folgenden Seiten: eine 4. Katze klettert auf den Baum usw ...

Auf jeder Seite ist der Kater Mog in einer anderen Haltung dargestellt. Die jüngeren Kinder unterscheiden also ein Katzenbild vom anderen anhand verschiedener Merkmale: Katze rund (schlafend), Katze auf Beinen, Katze mit erhobener Pfote = das sind also 3 Katzen.

Erst Ältere begreifen den roten Faden der Geschichte, die eben nur den Kater Mog in verschiedenen Situationen beschreibt.

Sinnlichkeit

Lebensfreude und Genuß gehören zum Kindsein.

Verbieten wir alles, was Spaß macht? Das Planschen mit Wasser, das genüßliche Essen und Trinken, die Gemütlichkeit im Bett, den entspannten Umgang mit der Zeit, das Träumen, das Toben? Können wir die Sinnlichkeit der Kinder nicht ertragen? Wie oft ermahnen wir:

Mach dich nicht naß!
Bekleckere dich nicht!
Hör auf zu spritzen!
Träumst du schon wieder?
Hör auf zu zappeln!
Flätz dich nicht so hin!
Mit dem Essen spielt man nicht!
Steh endlich auf!
Laß das Geschmiere!
Wie lange sitzt du denn noch auf dem Klo?
Hör auf zu schlürfen!
Faß das nicht an!
Sowas steckt man doch nicht in den Mund!
Trödle nicht so rum!

Kinder lernen mit den Sinnen, ein körpernahes, lustvolles Lernen, das für uns weit zurückliegt. Erinnern Sie sich an die Vergnügungen Ihrer Kindheit? Es sind nicht nur die Bilder, sondern oft auch die Gerüche, die aus der Erinnerung wieder auftauchen:

Frisch gebackenen Kuchen riechen.
Sich auf einer Wiese kugeln.
Kissenschlacht.
Barfuß durch Pfützen laufen.
Regen im Sommer.
Schaukeln, schuckeln, wippen, kippeln.
Verrückte Wörter erfinden.

Schreien, kreischen, quietschen.
Tanzen, sich im Kreis drehen.
Kuscheln, knuddeln, kitzeln.
Auf den Baum klettern.
Eierpampe machen.
Mit Töpfen klappern.
Im Rhythmus stampfen und klopfen.
Aus Kartoffelbrei einen Teich für die Soße machen.
Im warmen Badewasser planschen und plätschern.

Sinnliche Erlebnisse werden mit Freude, Genuß, Vergnügen verbunden, manchmal können sie aber auch besonders schrecklich, schmerzvoll oder scheußlich sein. Glückliche Sinneserfahrungen stärken das Lebens-Bewußtsein und die Lebenskraft, sie vertiefen die Beziehung zum eigenen Körper.

Erfahrungsfeld Kindergarten

Kinder brauchen eine Umgebung, die ihre Sinne anregt, die ihnen Lebenslust und Genuß ermöglicht. Spaß, Freude und Vergnügen sind kein Selbstzweck, sondern die Grundlage aller Lebenskraft. Darum brauchen sie eine sinnenfrohe Umgebung, bei der Gefühle entstehen können.

Ist der Gruppenraum ein solcher Ort? Bietet die ganze Einrichtung ein Erfahrungsfeld für die Sinne der Kinder? Genuß braucht Verschwendung, also ein üppiges Materialangebot.

Praxis-Beispiele

Ton

Kleine Kinder mögen alles, was sich matschig und pampig anfühlt. Also auch Ton. Leider wird in Krippen und Kindergärten sehr wenig mit Ton gearbeitet. Ein Argument der Erzieherinnen heißt: Ton muß gebrannt werden. Dieser Gedanke baut große Barrieren auf: Anschaffung eines Brennofens, spezielle Kenntnisse, viel zusätzliche Arbeit.

Aber ich meine, Ton muß nicht gebrannt werden. Es geht doch nicht darum, daß die Kinder Gebrauchsgegenstände herstellen, Vasen und Aschenbecher für die Familie, die jahrelang benutzt und vorgezeigt werden sollen. Ton ist Erde, ein natürliches Element. Mit ihm zu spielen, es zu gestalten und immer wieder zu verändern, das ist das Schöne an diesem Material.

Eigenschaften

Das besondere eines Tonklumpens ist seine Verformbarkeit. Er verträgt alles –

Zorn und Zärtlichkeit. Man kann ihn drücken, kneten, knautschen, ziehen, schlagen, reißen, durchbohren, kneifen, boxen.

Ton ist Dreck, Matsch, Pampe. Mit Wasser verrührt kann man damit kleckern und schmieren. Manche Kinder sind so zur Sauberkeit erzogen, daß sie sich anfangs nicht trauen, diese bräunliche Pampe zu berühren. Und andere genießen es, zum Ton vernehmlich »Kacke« zu sagen und darin herumzuwühlen. Ton wirkt auch wie Seife und läßt sich mühelos überall entfernen. Er ist ungiftig und frei von chemischen Substanzen.

Erwartungen der Erwachsenen

Über einen langen Zeitraum sollten Kinder spielend Ton ausprobieren können. Erwachsene wollen oft, daß etwas Erkennbares und Benennbares entsteht, fragen oder geben Anleitungen für Schnecken und Körbchen. Aber so wird die Phantasie des Kindes nur eingeengt, es wagt gar nicht zu spielen, sondern versucht, die Erwartungen des Erwachsenen zu befriedigen. Das Gestalten mit Ton ist vergleichbar mit dem Prozeß des Malens. Jedes Kind hat seine eigene innere Welt, nach der es gestaltet. Seine Ausdrucksfähigkeit ist gebunden an seine Wahrnehmungen und Vorstellungen. Und das sind andere als unsere.

Frühe Materialerfahrungen

Aus anfänglicher Materialerkundung – knautschen, zwischen den Fingern zerdrücken, belecken, mit Wasser zu Brei rühren – entwickeln sich wiederholende Tätigkeiten, z.B. das Abpflücken kleiner Klümpchen und das Aufreihen dieser Tonklößchen. Krippenkindern zwischen 1 1/2 und 3 Jahren wurde ein Tonkloß (10 Kilo) in die Mitte des Tisches gelegt und sie begannen, sich Stücke abzupflücken. Jedes Kind spielte dann auf seiner eigenen Platte mit dem Ton und etwas Wasser. Es gab Kinder, die sich damit bis zu einer Stunde beschäftigten.

Die Kunstpädagogin Susanne Wilhelm berichtet aus der Krippe:

»Zuerst sind die Kinder etwas ängstlich, dann immer selbstbewußter. Wasser kommt hinzu – eine schön glitschige Tonlandschaft entsteht auf der Platte. Sie befühlen den Ton, seine Weichheit und Knetbarkeit. Sie lassen Tonklumpen ins Wasser platschen, versuchen, sie tastend aufzuspießen und herauszuholen aus ihrer kleinen Schüssel und rühren in der ›Suppe‹. Sie betrachten und befühlen ihre tonigen Hände, an denen der Ton trocknet und eine körnige Kruste bildet.«

Mit Ton spielen

Nach einiger Zeit entdecken die Kinder in der zufälligen Form des Tonklumpens Ähnlichkeiten, z.B. mit einem Auto oder mit einem Hund, und nun beginnt das Spiel mit dem Auto oder dem Hund. Nach einer Weile knautscht sich das Klößchen zusammen und wird etwas Neues. Aus einer Pizza entstehen zwei Telefonhörer, das Kind telefoniert mit der Erzieherin. Eine Tonrolle wird zum Brot, von dem man Scheiben abschneiden kann. Ein Kind wickelt seinen Tonkloß in Folie und gibt ihn als Geschenk an ein anderes Kind weiter. Eine Idee gefällt mehreren Kindern, ein gemeinsames Spiel beginnt.

Ton schlagen

An einem Tonkloß kann man seine Kräfte austoben. Damit der Ton geschmeidig wird und seine Lufteinschlüsse verschwinden, muß er geschlagen werden. Das ist für Kinder ein großes Vergnügen, wenn sie ihren Tonkloß auf die Platte klatschen oder auf den Boden schmettern können. Je mehr der Ton geschlagen wird, desto besser läßt sich mit ihm arbeiten. Und desto gelöster und entspannter werden die Kinder. Im Spiel mit Ton können auf handfeste Art Gefühle ausgedrückt und abreagiert werden. Ohne böse Folgen kann man die Tongebilde schlagen, zerreißen, durchbohren. Gefährliche Wesen haut man wieder zum Kloß zusammen. Und auf diesem Kloß kann man dann mit nackten Füßen herumtrampeln.

Themen

Wenn die Kinder mit dem Material vertraut sind, entwickeln sie im Spiel unentwegt neue Ideen. Meistens sind sie phantasievoller und witziger, als die Vorstellungen der Erwachsenen. Die Ideen einzelner Kinder kann die Erzieherin aber manchmal zu Gemeinschaftsspielen ausweiten, zu Spielszenen, die genügend Raum für die Kreativität des Einzelnen lassen.

Beispiele:

Häuser: ein Haus von innen (wie eine Puppenstube) – Dorf – Stadt – Kindergarten – Fahrzeuge – Straßen – Menschen – Gärten ...

Tiere: im Urwald – Behausungen für Tiere – Futter für Tiere – Tierfamilien – Drachen/Saurier – Bauernhof ...

See: Inseln – Boote – Fische – Wellen – Brücken – Taucher – Hafen ...

Tonplatten: Teppich – Pizza – Garten – Landschaft – Rouladen – Bilder.

Aus einem großen Tonkloß können mehrere Kinder ein Monster oder einen Berg mit Höhlen und Tunneln machen.

Erzieherinnen haben bei einer Fortbildung aus einem großen Berg Ton ein Wahrnehmungs-Wesen gestaltet, viel-ohrig und mehr-äugig, groß-mäulig und mit einer Haut, die durch ihre wunderbare Struktur zum Berühren herausforderte. Am Ende der Fortbildung wurde daraus wieder ein großer Kloß, den man zerteilte. Jede Erzieherin nahm davon ein Stück mit in ihre Einrichtung.

Werkzeug

Das beste Werkzeug sind die Hände. Mit beiden Händen wird der Ton gepackt und geformt. Die Handflächen stehen miteinander in Kontakt; sie »informieren« sich gegenseitig. So wird das Tasten und das Formgefühl intensiviert. Die Kraft der Hände und ihre Differenzierung bilden sich aus. Von der großen zupackenden Bewegung bis zu zartesten Tastempfindungen werden die Hände trainiert. Beidhändige Tasterlebnisse prägen sich besonders intensiv im Gedächtnis ein und prägen das Formgefühl für unser ganzes Leben.

Weiteres Werkzeug: Angelschnur, zur Kordel gedreht, an jedem Ende ein Hölzchen, um den Ton zu schneiden. Alte Messer und Gabeln, Schrauben, Stökke, Holzlöffel, Muscheln, Kämme, Wirsingkohlblätter u.a., um den Ton zu verzieren und Muster hineinzudrücken. Wassernäpfe zum Befeuchten der Finger und des Tonstückes. Folien zum Abdecken von Tisch und Boden. Direktes Arbeiten auf der Folie kann sehr glitschig werden, darum ist es gut, wenn jedes Kind eine Arbeitsplatte aus Preßspan oder Hartfaser hat. Malkittel oder Schürzen für die Kinder.

Materialbeschaffung, Verarbeitung

Ton, das preiswerteste aller Knetmaterialien für den Kindergarten, ist erhältlich in Hobby-Geschäften, abgepackt in 10-Kilo-Quadern. Preiswerter bekommt man einfache Ton- oder Lehmsorten in Ziegeleien, eventuell in Töpfereien.

Ton, den man nicht brennt, kann man mit anderen Materialien verarbeiten, z.B. mit Steinen, Ästen, Blättern, Bast, Streichhölzern, Nägeln, Federn, Korken, Schnüren, Draht.

Arbeitsplätze

Jede Kindertagesstätte hat geeignete Plätze für das Arbeiten mit Ton, es muß kein spezieller Werkraum vorhanden sein. Kleckse, Tropfen, Spritzer lassen sich mit Wasser leicht beseitigen, trocknen Ton kann man auffegen oder aus der Kleidung bürsten.

In einer Krippe haben wir im Waschraum an einem Tisch mit einigen Kindern gearbeitet, die anderen spielten im Gruppenraum. Man kann auch auf einer Folie mit den Kindern am Boden sitzen. Am Tisch arbeiten die Kinder gerne im Stehen. Sie haben dann mehr Kraft; Arme und Schultern, und schließlich der ganze Körper sind in Aktion. Am schönsten sind Ton-Aktionen im Freien, z.B. auf einer Terrasse. Auf den Platten braucht man keine Unterlage. Wenn es warm ist, können die Kinder hier die Matscherei auch mit dem ganzen Körper auskosten und sich mit Tonbrei beschmieren. Ist das Spiel beendet, werden sie mit dem Schlauch abgeduscht und die Terrassenplatten auch.

Wasser

Vom Wasser sind Kinder von klein auf begeistert. Freiwillig hören sie nicht auf zu planschen. Das Verbot »Mach dich nicht naß« ist illusorisch, denn der Reiz des Wassers ist größer. Welche Möglichkeiten hat die Erzieherin nun, den Kindern dieses Vergnügen zu verschaffen?

Wasserhahn

Wenn Kinder es schaffen, allein den Wasserhahn zu öffnen, sind sie sehr beglückt. Je größer der Wasserstrahl fließt, desto stolzer sind sie, und die Arbeit, die sie der Erzieherin mit nasser Kleidung machen, kümmert sie nicht. Sie beobachten das Fließen, Tropfen, Spritzen und das Verschwinden des Wassers. Sie fühlen, wie das Wasser durch ihre Hände rinnt und sich nicht festhalten läßt und freuen sich, wenn das Wasser gluckert. Man kann das Wasser trinken, am nassen Waschlappen saugen, die Seife glitschig machen und verschmieren, und schließlich beim Aufwischen helfen.

Eine Schüssel voll Wasser

Mit einer großen Schüssel Wasser und einem Sortiment kleiner Flaschen, Kannen, Korken, Siebe, Dosen, Schachteln, Becher, Löffel, Holz, Styropor, Papier, Steine, Muscheln usw. haben ein- bis dreijährigen Krippenkinder lange gespielt und viel erfahren:

Wie kann man Wasser greifen?
Welche Dinge gehen unter?
Was schwimmt auf dem Wasser?
Eine Flasche füllt sich und sinkt.
Ein Schwamm saugt sich voll.
Papier löst sich auf.
Der Korken wird ins Wasser gedrückt; läßt man ihn los, springt er hoch.
Mit dem Löffel kann man schöpfen, nicht mit dem Sieb.
Umrühren kann man die »Suppe« am besten mit den Händen oder einem breiten Holzstück.

Sie konnten lernen, einzugießen, auszugießen, umzugießen in große, kleine, hohe und flache Gefäße und in Röhren.

Wasser wurde in eine Plastiktüte gefüllt, die sich nun knautschen und drücken ließ; ein Loch wurde in die Tüte gepiekt, das Wasser rann langsam heraus und die Tüte wurde immer leichter.

Die Kinder lernten, sauberes Wasser mit Strohhalmen zu trinken und darin zu blubbern ihr Geschirr selber abzuwaschen und Puppenkleider zu waschen.

Badewonne in der Wanne

Welch wohliges Körpergefühl ist es, in einer Badewanne voll warmem Wasser mit duftendem Badeschaum zu plätschern!

Für das gemeinsame Badefest der Kinder eignet sich ein Planschbecken aus Kunststoff sowohl für drinnen als auch draußen. Handtücher, die Kleidung der Kinder, einige warme Decken und Wischlappen und Eimer sollten vorher zurechtgelegt werden.

Die Kinder erfinden ohne Anleitung genügend eigene Spiele im Wasser. Sie planschen und spritzen, befühlen den Badeschaum und legen ihn sich auf den Körper oder betupfen andere Kinder damit. Sie putzen und waschen sich gegenseitig mit Lappen und Bürsten. Der ganze Körper genießt das Element Wasser. Und durch die anderen Kinder erlebt man Körpernähe und Gefühle wie: sich breit machen, bedrängt werden, sich berühren, sich aus dem Wege gehen, sich anstoßen, zärtliche Berührungen.

Die Schüchternen muß die Erzieherin ermutigen. Es gibt Kinder, die sich vor kaltem Wasser fürchten. Beängstigen kann auch die Wildheit der anderen Kinder, ihr Spritzen und Schreien. Wasserspielzeug braucht man nicht zu kaufen. Geeignetes Material z.B. Schwämme, Korken, Flaschen, Holzstücke, Kunststoffverpackung, Siebe, Löffel und Kellen, Papierschiffe, Schachteln, Schläuche, Röhren läßt sich sehr schnell sammeln oder herstellen.

Schlauch und Sprenger

An heißen Tagen können sich die Kinder im Garten unter dem Rasensprenger vergnügen. Ganz vorsichtig kann man sich dem Wasser nähern und immer mutiger werden. Das kalte Wasser prickelt auf der Haut, schließlich wagt man sich bis ins Zentrum des Wasserstrahls. Mit dem Schlauch spielen Kinder auch sehr gern, selbst wenn er nur tröpfelt. Sie gießen gerne die Pflanzen und machen sich Modderteiche in der Sandkiste.

Am Bach, am See

Eine große Wasserfläche in der Natur bringt den Kindern neue Spielmöglichkeiten und erfreut alle Sinne: die Licht- und Schattenreflexe, der Duft, die Geräusche des Wassers und die Vogelstimmen, Wärme und Kühle, die Strömung des Wassers, Wind, kleine Tiere, Erde. Mit dem Brei aus Erde und Sand spielen die Kinder unermüdlich. Ältere Kinder legen sich Gräben an, bauen Burgen und Staudämme mit Brücken und Wasserfällen. Stöcke, Blätter, Rindenstücke werden zu Booten oder Fischen.

Regen und Pfützen

Als Kind war ich so gerne im Regen draußen, ohne Schirm und Regenkleidung.

Gummistiefel für Kinder gab es auch noch nicht. Heute ist es für Kinder, die täglich im Kindergarten sind, nicht so einfach, sich durch und durch naß regnen zu lassen. Meist dürfen sie nur dann ins Freie, wenn sie wetterfest angezogen sind.

Auch das kann ein großes Vergnügen sein: der Regen rinnt über das Gesicht und an der Regenkleidung herab, er trommelt auf den Schirm und auf die Autos. Die ganze Welt ist feucht und glänzt. Die Luft ist frisch und die Gerüche sind kräftiger. Das Wasser läuft durch die Straßen. Im Rinnstein bilden sich Bäche, die sich in den Gulli stürzen. Die Leute rennen, um sich unterzustellen.

Pfützen entstehen, in denen sich alles spiegelt. Man kann darin herumspazieren, erst vorsichtig am Rand, dannn immer mutiger, schließlich durchwatet man die ganze Pfütze und prüft die Tiefe. Der Untergrund ist glitschig. Man kann mit Stöcken darin herumwühlen, Löcher, Kanäle und Staudämme bauen. Wenn man Steine hineinwirft, spritzt und gluckert es und die Spiegelungen verwackeln. Auf der Oberfläche schwimmen Stöcke, Blätter, kleine Tiere und Papierstücke. Man kann Schiffe bauen und sie von Ufer zu Ufer schicken, Wind und Wellen selber machen.

Neben der sinnlichen Erkundung lassen sich bei diesem Spiel auch viele physikalische und naturwissenschaftliche Gesetzmäßigkeiten beobachten.

Aus den Kindergärten in Reggio Emilia wurden in Berlin 1991 anläßlich einer Ausstellung die Projekte »Die Stadt und der Regen« und »Die Welt der Pfütze« vorgestellt. Zusätzlich zu den sinnlichen, kognitiven und kommunikativen Erfahrungen der Kinder führten diese Projekte in neue phantastische Welten hinein, Realität und Phantasie wurden verwoben und durchdacht. Ausgangspunkt hierfür war die Beobachtung der Kinder, daß sich im Wasser alles spiegelt, die Menschen, der Himmel, die Bäume, der ganze Kosmos. Dabei stehen die Dinge auf dem Kopf. Sie sagten:

»Wenn man in die Pfütze schaut, spiegelt sich der ganze Himmel, die Bäume und ich, alles ganz umgekehrt.«

»Man kann sich vorstellen, auf dem Kopf zu stehen.«

»Als ob man in ein anderes Land kommt.«

Sie stellten sich vor, die ganze Stadt wäre eine riesige Pfütze, das Wasser flösse überall umher und brächte alles durcheinander. Alles stünde auf dem Kopf, Menschen und Dinge, aber auch Gedanken und Gefühle. Je mehr sich die Kinder mit dieser umgekehrten Welt beschäftigten, in der die gewohnten Regeln nicht mehr gültig waren, desto größer wurde ihr Bedürfnis nach Halt und Kontakt: Griffe, Seile und Netze wurden erfunden, um in diesem Chaos zu überleben. Und schließlich kam durch eine große Rettungsaktion das Leben in Reggio wieder in den Zustand, wie vordem.

Wassergärten

Für kreative Erzieherinnen und Eltern kann die Planung und das Anlegen eines Wassergartens auf dem Freigelände der Kindertagesstätte eine sehr reizvolle Aufgabe sein. Ein kleineres »Wasserwerk« aus Röhren, kleinen Wasserfällen aus stufenförmig aufgebauten Schüsseln, einer selbstkonstruierten Mühle usw. läßt sich auch mit wenig Geld verwirklichen. Weitere Ideen in der Zeitschrift »**klein und groß**«, Heft 10/1991, Luchterhand Verlag, Berlin.

Nahrung

Kindern wird oft gesagt: »Mit Essen spielt man nicht!« Warum eigentlich nicht? Essen ist nicht nur ein Füllen unseres Körpers mit Nährstoffen, damit er funktioniert. Essen ist vom Beginn unseres Lebens an auch eine sinnliche Angelegenheit für Mund, Augen, Nase und für die Hände; wer Essen zubereitet, weiß, wieviel uns unsere Hände über die Nahrung sagen können. Durch das Berühren der Nahrung öffnen sich unsere Sinne noch stärker für den Genuß.

Ernährung in Krippe und Kindergarten

Wie gerne essen kleine Kinder! Sie klopfen erwartungsvoll mit dem Löffel auf den Tisch, schauen zur Tür, durch die das Essen gebracht wird, begrüßen diesen Moment mit großem Geschrei. Hoffentlich schmeckt das Fertigessen oder die Tiefkühlkost so gut, wie sie es sich vorgestellt haben.

Für Kinder, die täglich viele Stunden in Krippe oder Kindergarten leben, ist der sinnliche Umgang mit Nahrung sehr eingeschränkt, denn sie erleben nicht den Einkauf und die Zubereitung der Nahrung. Die Essenssituation im Gruppenraum ist manchmal auch nicht verlockend. Manche Erzieherinnen denken schon vor dem Essen an den Mittagsschlaf, und dann sitzen die Kinder halb ausgezogen am Tisch und die Erzieherin bereitet schon die Betten vor. Die große Arbeitsbelastung in der Mittagszeit ist für jede Erzieherin schwierig, aber öfter wird der Zeitdruck von den Kolleginnen gegenseitig erzeugt.

Gemütlich ist es meist in der Frühstückszeit. In vielen Einrichtungen gibt es Frühstückstage, an denen die Kinder mit der Erzieherin einkaufen gehen und bei den Vorbereitungen der Mahlzeit helfen:

Apfel, Melone, Paprikaschote zerlegen,
Quark anrühren,
Obstsalat schnippeln,
Eier kochen,
Apfel raspeln, Bananen zu Mus rühren,
Orangensaft auspressen,

Brot rösten,

Müsli mischen ... .

So können die Kinder die Dinge anfassen, kosten und über das Essen und seine Zubereitung sprechen. Die Kinder müssen bei jeder Mahlzeit selbst entscheiden können, wieviel sie essen wollen. Sie sollten an einen hübsch gedeckten Tisch gewöhnt werden, an Porzellangeschirr und Tischtücher oder Sets. Durch einen appetitlichen Anblick wächst der Appetit und man lernt dabei, manierlich zu essen.

Süßigkeiten

Süßes ist ungesund, das wissen wir alle. Aber auch so verlockend!

Für süße Nahrung haben fast alle Menschen von der Geburt an eine Vorliebe. Die Verlockung von Süßigkeiten wird gesteigert durch ihre meist fabelhafte Verpackung und Präsentation in der Werbung. Kinder erhalten Süßigkeiten zu besonderen Ereignissen, als Belohnung oder zum Trost. Sobald sie selbst über etwas Geld verfügen, können sie sich endlich Süßigkeiten selbst beschaffen und nutzen es reichlich.

Im Kindergarten muß dieses Bedürfnis auch berücksichtigt werden. Aber Fabrikzucker ist sehr ungesund.

Einige gesunde Beispiele: Milch- und Obstnachspeisen, mäßig gesüßt; schön serviertes Obst; Körner; Nüsse, die die Kinder selbst knacken können; Trockenobst; Reiswaffeln.

Spiel mit Nahrung

Denken Sie an ein kaltes Buffett, an die Butterröschen, Radieschenblumen, Papiermanschetten an den Hühnerbeinen, die Zitronenscheibe im Maul der Forellen, den geschmückten Schweinekopf am Spanferkelbraten. Das sind die Spiele der Erwachsenen mit der Nahrung.

Zum Befühlen, Ein- und Umfüllen eignen sich für Kinder verschiedenfarbige Bohnen, Linsen, Erbsen, Reis, verschiedene Nudelsorten. Alles ist preiswert und ungiftig. Mit großer Geduld füllen manche Kinder Korn für Korn in eine kleine Plastikflasche. Wenn sie dann fest zugeschraubt ist, freuen sie sich am Klappern. Vorsicht in der Krippe: die Kinder stecken sich eventuell kleine Gegenstände in Nase oder Ohr, manche Dinge quellen bei Feuchtigkeit, verursachen starke Ohrenschmerzen und sind ganz schwer zu entfernen.

Etwas ältere Kinder spielen mit diesen Materialien gerne in der Puppenküche oder im Kaufladen. Gewürze wie Nelken, Sternanis, Pfefferkörner, Lorbeerblätter, getrocknete Kräuter und Gemüseblätter eignen sich auch, um sie in Bilder einzukleben, die dann wunderbar duften.

Natürliche Farben

Die Kunstpädagogin Gudrun Ebert hat mit Kindern aus Roter Bete, Möhren, eingeweichten Zwiebelschalen und Äpfeln Farben hergestellt, sie berichtet:

»Eine halbe Rote Rübe ins Tuch eingewickelt – wie kommt's, daß da ein roter Fleck ist? Die Kinder erkennen, daß die Rübe färben kann. Ich erzähle, wie die Kunstmaler früher ihre Farben selbst herstellten. Jedes Kind reißt sich einen Leintuchfetzen selbst ab, reibt auf verschiedenen Reiben verschiedene Gemüsesorten, preßt mit größter Kraft aus, mischt Geriebenes untereinander. Es mischt die Säfte miteinander, verdünnt sie mit Wasser, füllt nacheinander die Glasschalen mit Saft. Die Farben werden nach ihrer Intensität sortiert ... 16 verschiedene Farbnuancen sind entstanden. Die Kinder kosten den Saft; dann tupfen sie die Farbe mit dem Pinsel auf das stark saugende Papier und beobachten, wie die Farbe einsickert.«

Holz

Bausteine

Holzbausteine sind seit Fröbel Teil des Spielmaterials für Krippen- und Kindergartenkinder. Und das aus guten Gründen. Im Gegensatz zu allen Plastikbausteinen haben sie für das Bauen das richtige Gewicht, keine Steckverbindungen und keine Farbe. Nur damit lassen sich elementare Erfahrungen machen mit der Statik, der Form, dem Raum, dem Ornament.

Wie das Malen, so ist das Bauen eine Ausdrucksform des kindlichen Erlebens und seiner Erfahrungen, hier seiner Raumerfahrungen. Der Kunstpädagoge Günther Regel schreibt:

> »Raum ist für das Kleinkind, was vor, hinter, neben und über ihm ist, was sich von ihm aus in verschiedene Richtungen ausdehnt und ausbreitet, ist die durch die Gegenstände begrenzte und gegliederte Umgebung, in der sich etwas abspielt. Wo nichts ist, wo nichts geschieht, da ist für das Kind auch kein Raum. Der wird aber erfahrbar und belebbar, wenn es selbst Raum schafft, indem es ihn durch seine Bauwerke begrenzt und ihn benutzt, ihn mit Leben erfüllt, sich in ihm bewegt, ihn dabei von innen erfaßt, ihn ertastet, ihn durchkriecht, ihn als zu klein oder groß genug, als niedrig oder hoch, als offen oder geschlossen, als hell oder dunkel, als sich durch das hereinfallende Licht für das Auge verwandelnd erfährt, das Drinnen und Draußen auch hörend wahrnimmt.«

Regel, Günther: Bildnerische Erziehung.
In: Lehrbuch für die medizinische Fachschulausbildung, Hsg. Schmidt-Kolmer, Verlag VEB Volk und Gesundheit 1989, Seite 196.

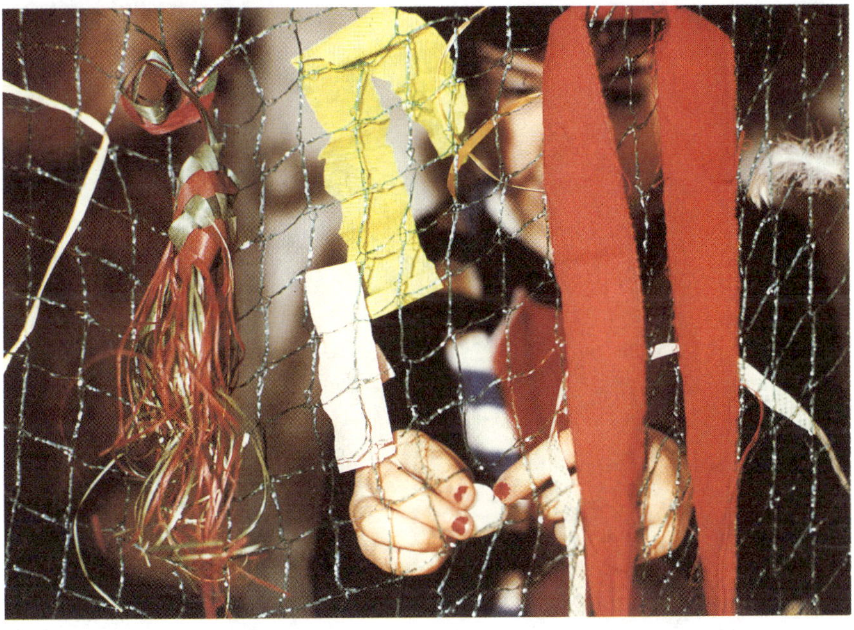

»Netzpalast«
Lena, 3 Jahre: Beim Einflechten von Material in das Netz

»Netzpalast«, Lena untersucht Material

»Netzpalast«, Tüley und Erzieherin untersuchen Material

Seifenblasen im Netzpalast

Krippenkinder untersuchen Eigenschaften des Wassers

Bei jedem Kind entfaltet sich die Fähigkeit zu bauen in ganz bestimmten Entwicklungsstufen, ähnlich wie das Malen. Das Spiel mit den Bauklötzen wird lustvoll erlebt, die Bedeutung des Bauwerkes ist für das Kind in den ersten Jahren nicht wichtig; man sollte es auch nicht suggestiv beeinflussen und nach Namen und Realitätstreue forschen. Oft denken sich Kinder während des Bauens phantastische Geschichten aus, gezielte Planung von Bauten setzt erst später ein.

Je mehr Holzbausteine vorhanden sind, desto besser. Nur mit viel Material kann man auch Räume um sich herum entstehen lassen. Wer sich Bausteine beim Tischler zuschneiden läßt, braucht hierfür sehr hartes Holz, z.B. Esche oder Buche. Glattschleifen kann man die Klötze aus Kostengründen zusammen mit den Eltern. 200 – 300 Stück sind nicht zuviel für eine Gruppe. Das Maß sollte einem traditionellen Ziegelstein entsprechen, bei dem die Breite die doppelte Höhe und die Länge die doppelte Breite hat.

Naturholz

ist ein Material, das unsere Sinne in besonderer Weise anspricht: das Lebendige des Baumes, seine zerfurchte Rinde, seine biegsamen Äste, das dichte Dach. Dicke Wurzeln und riesige Stämme. Der Holzduft und der Geruch nach Fäulnis oder Harz. Die geschlagenen Stämme, auf denen man balancieren kann, das glatte Holz, das unter der Rinde hervorkommt und innen ganz hell ist. Schwere Äste, an denen man seine Kräfte messen kann, wenn man sie hinter sich herzieht. Baumscheiben mit Jahresringen, frisches, verschiedenfarbiges Holz mit unterschiedlicher Struktur.

Vom Ausflug in den Wald können sich die Kinder Wurzeln, Äste und Rindenstücke mitbringen. Sie können sich besondere Stücke suchen, in denen sie Ähnlichkeiten zu Figuren oder Tieren entdecken. Mit diesen Holzstücken kann man dann im Kindergarten weiter spielen und gestalten:

- Waldgeschichten ausdenken und Wurzeln und Äste als Figuren benutzen,
- Holz- und Wurzelstücke bemalen (Kinder malen sehr gerne eine Form an; das Faszinierende für Kinder ist dabei der Prozeß der Veränderung, durch Farbe verkleidet, versteckt sich sozusagen der Gegenstand.),
- Schattenspiele ausprobieren,
- Bilder legen und auf Karton oder Packpapier kleben,
- Zweige und Wurzeln mit Ton verbinden.

Größere Äste und Baumscheiben eignen sich für das Spielen im Garten. Wenn man eine Ecke mit Naturhölzern einrichten will, die über Jahre liegen bleiben sollen, so kann man über die örtlichen Gartenbauämter meist kostenlos geeignete Baumstämme bekommen.

Das Indianer-Zelt

Bei meinem Besuch im Kinderladen bei dem Erzieher Steffen haben sich die Kinder ein Zelt gebaut. Auf Steffens Bitte hin hatte ein Vater, der Waldarbeiter ist, lange glatte Äste von ca. 2 Meter Länge mitgebracht. Die Kinder wollten draußen ihr Zelt bauen und schleppten wie die »Sieben Schwaben« das Bündel Äste in die Sandkiste.

Jedes Kind griff sich nun einen Ast und versuchte, ihn im Sand aufzustellen, unabhängig von den anderen Kindern. Manche gruben erst ein kleines Loch für ihren Ast, manche häufelten Sand um das untere Ende. Wir Erwachsenen sollten die jeweilige Stange festhalten. Nur einem Mädchen gelang es, die Stange zum Stehen zu bringen.

Wie sollte aber aus all den einzeln in der Sandkiste aufgerichteten Stangen ein Zelt werden? Steffen fragte die Kinder mehrfach danach. Schließlich kam ein Kind auf die Idee, die Stangen aneinander zu lehnen. Sie brachten ihre Äste zu ihm, der sie am oberen Ende zusammenfaßte. Auf die unteren Enden häufelten die Kinder wieder Sand. Das Gerüst wolle er aber nicht den ganzen Tag festhalten, sagte Steffen dann. Und weil aus seiner Hosentasche eine lange Schnur heraushing, kamen die Kinder darauf, das Bündel Stäbe oben zusammenzubinden.

Die Konstruktion stand, Decken und Papierbahnen waren vorhanden, die Kinder umwickelten das Zeltgerüst im oberen Teil damit, innen legten sie das Zelt mit einer Decke aus, fertig! Zwei Kinder legten sich sofort hinein. Martin fand einen alten Grasstrunk, das war das Lagerfeuer. Er baute einen Platz für das Feuer. Weitere Stöcke aus dem Garten, ein Brett – die »Fahne« – wurden angeschleppt, ein Stuhl, ein Tisch herbeigeschafft, auch wenn die Dinge im Zelt keinen Platz hatten, gehörten sie doch dazu. Aus einer übriggebliebenen Stange baute sich ein Kind eine Schranke und wollte bestätigt haben, daß dies auch zu einem Indianerspiel gehören würde.

Als ich am Nachmittag in den Gruppenraum kam, war das Zeltgerüst im Gruppenraum aufgestellt, die Kinder hatten es mit anderen Tüchern behängt und mit Kissen ausgepolstert und spielten noch immer damit.

Holzbearbeitung

Warum lernen Kindergartenkinder so selten, Holz mit Werkzeug zu bearbeiten? Sind Erzieherinnen im Umgang mit Werkzeug selber zu unerfahren oder gehemmt? Ist Werkzeug zu gefährlich? Oder immer noch Männersache? Ist es die Erwartung der Erwachsenen an ein nützliches, schönes Produkt, die sich natürlich nicht erfüllen läßt? Ich plädiere dafür, Holz und Werkzeug schon im Kindergarten auszuprobieren. Holz spricht alle Sinne an und ist darum besonders geeignet für dieses Wahrnehmungsalter. Werkzeug übt auf Kinder eine große Anziehungskraft aus. Kinder, die gelernt haben, Besteck, Scheren oder Pinsel zu handhaben, lernen auch gerne, einen Hammer, eine Juniorsäge, Schmirgelpapier, eine Raspel, eine Handkurbel oder einen Bohrer zu benutzen. Körperliche Arbeit, beidhändiges Hantieren sind in diesem Alter besonders wichtige motorische Erlebnisse, sie erleichtern das Begreifen. Selbständigkeit und Selbstvertrauen werden in ganz besonderem Maße durch handwerkliche Arbeiten gestärkt.

Es geht nicht darum, daß die Kinder etwas produzieren, sondern etwas ausprobieren und kennenlernen.

Für die Holzbearbeitung muß das Holzstück fest eingespannt sein, damit das Kind mit beiden Händen arbeiten kann. Es arbeitet sich besser im Stehen, denn so hat man mehr Kraft, als im Sitzen. Das Ausprobieren der eigenen Kraft ist überhaupt ein ganz wichtiger Aspekt bei der Holzbearbeitung, den Kinder sehr genießen. Werkzeug verstärkt ja die eigene Kraft. Nun können die Kinder

- Rinde abraspeln.
- Holz schmirgeln.
- Spuren sägen.
- Nägel einschlagen.
- eine Obstkiste vom Markt auseinander nehmen.
- Löcher bohren.
- Schrauben eindrehen.
- Holzstücke zusammenleimen ... .

Von einem »Bastelstuhl« habe ich gelesen, einem alten Möbelstück, an dem die Kinder alle ihre handwerklichen Experimente machen konnten.

Kinder können den Umgang mit Werkzeug nur in kleinen Gruppen lernen, jedes Kind braucht einen großen Arbeitsplatz, um andere nicht zu behindern oder zu gefährden. Kinder sollen schrittweise und unter Aufsicht das Hantieren mit »gefährlichen Dingen« erlernen. So kann man sie am besten vor Unfällen schützen.

Bei jedem Tischler kann man sich preiswert Abfallholz besorgen, weiche Holzarten, wie Kiefer oder Linde, sind leichter zu bearbeiten.

Kreativität und Lernen

Kinder in Schwung

Lernen ist die Fähigkeit, Wahrgenommenes zu verstehen, zu ordnen und in Beziehungen zu setzen. Immer wieder bin ich begeistert von dem Schwung, der Kraft, der Beharrlichkeit, mit der kleine Kinder ihre Ziele verfolgen. Diese ungeheure Lebensenergie, der Antrieb, die Neugier, die Welt kennenzulernen, ist die Grundlage für alles Lernen. Die Anstrengungen der Kinder sind nicht nur auf die Befriedigung von Bedürfnissen wie Zuneigung, Nahrung gerichtet, sondern auch darauf, zu experimentieren, nachzuahmen, Funktionen zu ergründen, eigene Werke herzustellen, also kreativ zu leben. Wer viel ausprobiert, erhöht seine Kompetenz. Und mehr Kompetenz ermutigt zu neuen Bemühungen und Aktionen.

Leistung

Emotionen wie Freude und Stolz oder Ärger und Scham inbezug auf eigene Handlungen oder Leistungen treten etwa ab 2 1/2 Jahren auf. In diesem Alter hat ein Kind schon eigene Vorstellungen darüber, was schwierig und einfach ist. Diese persönliche Beurteilungsskala eines Kindes richtet sich nach Sachmaßstäben – z.B. muß ein Turm aus Klötzchen stehen können – und nach Vergleichen der eigenen Leistung mit früheren Leistungen. Die individuell entwickelten Leistungsmaßstäbe stehen in enger Verbindung mit dem Selbstwertgefühl eines Kindes. Kinder in der Krippe und häufig auch noch im Kindergartenalter sind wenig interessiert an Leistungs- und Wettbewerbsaufgaben, mit denen die Erwachsenen sie bedrängen. Der Einfluß und die Macht von Erzieherinnen und Eltern auf kindliche Leistungen ist groß. Lob, Tadel, Bestrafung aufgrund unserer Anforderungen kann das kindliche Bewertungsschema zerstören. Dann werden die Folgen von Leistungen verhaltensbestimmend (etwas leisten für Geschenke, aus Angst, für Zuneigung), aber die inneren Impulse, die Motivation zum Handeln nimmt ab. Und leider auch das Selbstwertgefühl.

Je älter Kinder werden, desto abhängiger werden sie von den Leistungsbewertungen der Erwachsenen. Unser Schulsystem befaßt sich noch immer weitgehend mit Leistungskontrollen und weniger damit, wie Kinder lernen; der Schwung und die Freude am Lernen verfliegen nach kurzer Schulzeit bei fast allen Kindern.

Handeln

Schon im Säuglingsalter haben Kinder eine Vorstellung von der Beziehung zwischen eigenen Handlungen und den Reaktionen anderer Personen. Mit zunehmendem Alter nehmen die Kinder die eigene Aktivität immer mehr wahr und sind bei ihren Handlungen überwiegend gut gelaunt.

Mit etwa 1 1/2 Jahren beginnt das Interesse am eigenen Werk, der Stolz auf ein gebautes Türmchen, der Kummer, wenn es umfällt. Alles »alleiiiine« machen zu wollen zeigt den Anspruch auf die eigene Tätigkeit. Besonders deutlich wird dies gezeigt beim letzten Handlungsabschnitt, bevor ein eigenes Werk vollendet ist. Da gibt es lautstarke Proteste, wenn es der Erzieherin zu lange dauert, bis das Kind mit seiner Sache zu Ende gekommen ist.

Ab etwa 2 1/2 Jahren, mit dem stärkeren Bewußtwerden des eigenen Ich, erlebt sich das Kind als Initiator und Verursacher von Handlungen und als Urheber eigener Werke. Aus der Vorstellung »ich handele« tritt jetzt der Gedanke »was ich alles kann« in den Vordergrund. Die Entwicklung des Selbst ist eng verbunden mit der Möglichkeit, aktiv zu handeln.

Umwelt

Die Umwelt ist entscheidend für die Ausbildung der Fähigkeiten des Kindes. Nirgends gibt es eine Umwelt, die es dem Kind ermöglichen würde, alle seine einzigartigen Fähigkeiten auszubilden.

Aus dem großen Feld der angebotenen Reize wählt es ständig aus und bringt diese Informationen untereinander in Zusammenhänge. Intensive Wahrnehmungen wandeln sich so in Reichtum des Bewußtseins. In einer reizlosen, oder in einer vom Kind nicht zu erschließenden Umwelt (z.B. durch Verbote) wird es erfahrungsarm bleiben, seine Lern- und Denkfähigkeiten bleiben unentwickelt. Wir können also eine Umwelt schaffen, durch die Kinder klug werden können.

Sicherheit

Untersuchungen zur Eingewöhnung in Krippe oder Kindergarten haben gezeigt, daß die Kinder erst dann beginnen, ihre Umgebung neugierig zu erforschen und zu spielen, wenn die Beziehung zur Erzieherin aufgebaut ist und sie sich dadurch sicher fühlen. Sowohl Raum als auch Situation müssen einigermaßen vertraut sein, die Trennung von der Familie für eine gewisse Zeit akzeptiert werden, bevor sich die Kinder eigenen Unternehmungen mit ihrer ganzen Aufmerksamkeit zuwenden. Ohne diese Sicherheit werden sie nicht aktiv, können also auch nicht lernen. Erzieher- oder Gruppenwechsel unterbrechen die Entwicklungsmöglichkeiten eines Kindes in jedem Fall. Erzieherinnen sollten ihre Gruppe über viele Jahre begleiten, der Kinder wegen, und auch, um ihre eigene Arbeit nicht zu annullieren.

Selbständigkeit

Eine gelungene Selbständigkeitserziehung beeinflußt die kindliche Motivation zum Lernen. Wenn die Autonomie und Unabhängigkeit der Kinder gefördert, ihre Entscheidungen respektiert und ihnen viele Handlungsmöglichkeiten bereitgestellt werden, so können sie sich als aktive Lerner entfalten.

Ach, all die unnützen Bastelangebote, bei denen Kinder nur das ausmalen, aufkleben, abschneiden dürfen, was sich die Erzieherin ausgedacht hat! All die Schablonen von Osterhasen, Weihnachtsengeln, Sternen oder Marienkäfern!

Ohne eigenes Erfinden und Handeln können Kinder nicht die schönen Erfahrungen von Kompetenz und Selbstbehauptung machen. Ihnen entgeht die Freude, etwas Eigenes zu schaffen.

Ermutigung

Häufig werden Kinder im Lernen eingeschränkt, um sie vor Gefahren zu behüten. Aber wir können sie nicht behüten. Die Auseinandersetzung mit Umweltherausforderungen müssen Kinder üben, um reale Gefahren einschätzen zu lernen. Wenn wir ihren Erfahrungsraum unnötig einengen (und Kindergärten sind eine enge künstliche Welt), werden sie hilf- und kraftlos. Je höher der Anregungsgehalt ihrer Umwelt ist und je mehr Handlungsmöglichkeiten sie haben, umso besser können sie lernen und Mut und Selbstvertrauen entwikkeln.

Belehrende Erziehung

Jeden Tag geben wir jedem Kind viele Belehrungen. Aber wieviele Fragen stellen wir täglich nach seinen Theorien? Wir glauben zu wissen, was richtig und falsch ist und lassen den Kindern keine Zeit für eigene Überlegungen, für Experimente, für Fehler und ihre selbständige Korrektur.

Der Schweizer Psychologe PIAGET sagt:

»Alles, was wir einem Kind beibringen, kann es nicht selber entdecken.«

Piaget, Jean: Nachahmung, Spiel und Traum – Die Entwicklung der Symbolfunktion beim Kinde. Verlag Klett-Cotta, Stuttgart 1990.

Was wissen Kinder?

In Piaget's Buch »Das Weltbild des Kindes« werden Kinder in verschiedenen Stadien ihrer Entwicklung über ihre Vorstellungen zum Wesen des Denkens, der Namen, der Träume, der Gestirne, metereologischer Erscheinungen, zum Ursprung von Gewässern, Pflanzen und Erde befragt. Hier ein Beispiel:

Der Ursprung der Namen

(Alter des Kindes: 5,6 Jahre)

»Hast du einen Namen?
Ja, André ...
Warum hast du einen Namen?
Damit ich weiß, wie ich heiße...

Lorenz, 5 Jahre: Flugzeug und Hubschrauber

Wie hat der Name der Sonne begonnen?
Ich weiß nicht.
Was meinst du?
Weil es die Sonne ist, die den Namen macht, hat die Sonne mit ihm begonnen, denn die Sonne hat geschienen, dann ist es die Sonne, die Sonne heißt ... «

Piaget, Jean: Das Weltbild des Kindes,
Verlag dtv/Klett-Cotta, München 1992, Seite 69.

Piagets Schlußfolgerung hierzu ist, daß Kinder in diesem Alter den Namen als eine Eigenschaft des Gegenstandes betrachten, der direkt von ihm herrührt.

Wir müssen lernen, die Kinder richtig zu fragen. Erst wenn sie uns sagen, was sie vom Schatten oder vom Regen wissen, können wir Materialien, Räume und Exkursionen vorbereiten, die sie zum Forschen verleiten.

In der italienischen Ausstellung »Die hundert Sprachen der Kinder« dokumentieren die Pädagogen aus Reggio Emilia, wie sie durch wohlüberlegte Fragen die Theorien der Kinder erfahren. Darauf bauen sie dann ihre Planung auf, um neue Erlebnisfelder für die Kinder zu schaffen. Hier ein Beispiel:

Was ist das, eine Stadt?
Hat diese Stadt einen Namen? (Was bedeutet es, einen Namen zu haben?)
Gab es unsere Stadt schon immer?
Wird es unsere Stadt immer geben?
Wem gehört diese Stadt?
Wovor hast du Angst in dieser Stadt?

Vgl.: Hermann/Riedel/Schock/Sommer: Das Auge schläft, bis es der Geist mit einer Frage weckt. Fipp Verlag, Berlin 1993.

Diese und weitere Fragen wurden am Beginn eines Projektes und während des Verlaufes den Kindern gestellt. Und aus ihren Antworten entwickelten sich verschiedene Arbeitsschwerpunkte:

Das Kennenlernen der Stadt
Die Beschäftigung mit den steinernen Löwen auf dem Marktplatz, die die Wahrzeichen der Stadt sind.

Praxis-Beispiele

Wachstum

Menschliches Wachstum

Nie wieder finden körperliche Veränderungen in solchem Ausmaß und in solcher Geschwindigkeit statt, wie in den ersten sechs Lebensjahren. Heiß ersehnt wird das Größerwerden. Denn größer zu werden heißt, mehr Autonomie und Stärke zu erreichen. Eines Tages erlebt das Kind diese Glückseligkeit, daß es auf den Tisch schauen kann und seine Arme bis zur Kaffeekanne reichen, es kann jede Tür aufklinken und über den Balkonrand nach unten blicken. Viele Erwachsene erinnern sich an riesige Räume aus Kindertagen, die man jetzt klein findet. Mit Ungeduld erwarten Kinder den jeweils nächsten Lebensabschnitt: Kindergartenkind zu sein, Vorschulkind zu werden, Milchzähne zu verlieren, in die Schule zu kommen.

Beobachtung des eigenen Wachstums
Jedes Kind sollte sich über sein Größerwerden vergewissern können. Dazu gehört, daß die Erzieherin schon in der Krippe Daten und Fotos sammelt, die Maße, Gewicht und Aussehen dokumentieren. Etwas ältere Kinder können diese Sammlungen dann selber weiterführen, mit späteren Maßen, mit Gewichtsangaben und Fotos vergleichen und kommentieren. Mit Kleidungsstücken aus ihrer Baby- und Kleinkindzeit spielen die Kinder gerne. Besonders wundern sie sich über Schuhe aus früheren Tagen und darüber, wie klein ihre Füße einmal waren. Man kann Gipsabdrücke der Hände herstellen und für die Kinder aufbewahren, auch abgeschnittenes Haar und ausgefallene Milchzähne. Eltern können am Elternabend Meßlatten für ihre Kinder einrichten, über Jahre hin kann dann am Geburtstag des Kindes seine jeweilige Größe vermerkt werden. Wichtig ist, daß die Kinder Zugang zu dieser Dokumentation haben und damit spielen dürfen.

Älterwerden
Eltern waren Kinder, Großeltern waren jung. Die Kontinuität von Kindheit und Erwachsenenwelt kann deutlich werden durch das Betrachten von Familienfotos und Erzählungen der Eltern. Elementare Auffassungen darüber, was für uns Geschichte bedeutet, können hier angebahnt werden. Das Thema läßt sich ausweiten auf die Erforschung der Lebensbedingungen in früheren Zeiten. Dazu finden sich in jedem Haushalt alte Gegenstände und Möbel. Trödelmärkte und Museen aller Art kann man mit den Kindern besuchen.

Geburt
Zum Wachstum gehören Geburt und Tod, denn sie eröffnen und begrenzen das Leben. Der Geburtstag ist ein bedeutender Tag für jedes Kind. Erzieherinnen gestalten die Geburtstagsfeier oft sehr schön und feiern mit allen Kindern. Dieser Tag könnte auch Anlaß dazu sein, die Vorstellungen der Kinder über die Geburt kennenzulernen und sie zu ermuntern, ihre Eltern über den Tag ihrer Geburt zu befragen. Über die körperliche Verbindung mit der Mutter, den Bauchnabel; über die Bedeutung des Vaters haben die Kinder ihre eigenen Theorien und Phantasien.

Tod
Manche Kinder erleben sehr früh Tod und Trauer in ihrer Familie. Das betroffene Kind braucht dann in besonderer Weise Aufmerksamkeit und Zärtlichkeit durch die Erzieherin. Wichtig ist außerdem, daß dieses Kind nicht verstummt, sondern Möglichkeiten des Ausdrucks findet: der Sprache, der Bilder und des Spiels. Vielleicht regen besonders schöne Malmaterialien das Kind an, sich zu äußern. Vielleicht kann die Erzieherin ungewöhnliche Rollenspielsituationen

mit Kleinmaterial vorbereiten, Spiele und Spielräume erfinden, die körperliche Nähe mit den anderen Kindern und Geborgenheit vermitteln (Höhlen, Nester, Familien- oder Märchenspiele).

Bericht von einem Friedhofsbesuch:
Beim Erkunden der Umgebung des Kinderladens hat eine Gruppe auch den Eingang zum Friedhof gefunden und einen langen Spaziergang über den Friedhof gemacht.

Sigrid, Kunstpädagogin im Kinderladen, erzählt davon:

»Vor dem Friedhofsbesuch gab es Disskussionen zwischen uns Kolleginnen über unsere unterschiedlichen Vorstellungen von dem, was nach dem Tod kommt. Zwei von uns sind christlich gebunden, die gehen mit dem Thema ganz anders um, als wir zwei anderen, die atheistisch sind. Und eine Kollegin sagte: ›Ich gehe auf keinen Fall auf den Friedhof, ich habe selber Angst davor.‹ Für Christen ist es einfacher, den Tod zu erklären. Die Sache mit dem Himmel ist für Kinder sehr schön, mit den Engeln und so weiter. Eine Kollegin hatte in ihrem früheren Kindergarten einen Todesfall unter den Kindern. Sie hat es den anderen Kindern so erklärt: ›Er ist zwar nicht mehr bei uns. Aber er kann in unseren Gedanken sein. Wenn ihr an ihn denkt, dann ist er uns ganz nah.‹

Hier ist ein Spielplatz, den wir oft besuchen, und da ist auch der Friedhof. Die Großen wußten: Da liegen die Toten. Und wir haben dann gesagt, den sehen wir uns jetzt mal an. Ein Junge wußte, daß sein Opa auf dem Friedhof liegt. Eine von uns hat gefragt: ›Schläft der da in dem Grab? Legt ihr Blumen auf sein Grab?‹ Aber das Kind sagte: ›Nein. Der schläft nicht. Da ist nur noch sein Körper. Er ist im Himmel.‹

Sie haben viele Dinge zum Thema Grab gefragt und erzählt, daß man auf den Friedhof kommt, wenn man alt ist, daß die Verwandten die Gräber schmükken und das Grab schön aussehen soll. Sie wollten die Namen auf den Grabsteinen wissen, und wir sollten den Text vorlesen. Sie befühlten die verschiedenen Steine, sie betrachteten die Pflanzen, die Plasteblumen. Über das Sterben haben sie nicht gesprochen, ich habe an ihnen auch keine negativen, also angstvollen Gefühle bemerkt. Ich weiß, daß ich als Kind sehr viel Angst vorm Tod hatte. Es gab bei uns auch keine Erklärung dazu, nur, daß man weg ist, daß Schluß ist. Davor hatte ich große Angst.

Die Kinder waren dann sehr still, irgendwie andächtig. Meine Kolleginnen haben dann gesagt: ›Wir können uns jetzt ja mal auf eine Bank setzen und an die Toten denken.‹ So haben wir es dann gemacht. Nachher rannten sie auch wieder, dann war es vorbei, das Thema.

Zwei Tage später auf dem Spielplatz haben sich einige Kinder Gräber aus Sand gemacht und sie geschmückt und damit gespielt.«

Irene, 5 Jahre: Pferdemutter mit Kindern

Wachstum der Tiere

Der Lebenskreislauf von Geburt, Wachstum und Tod läßt sich an Tieren gut beobachten und und wird von Erwachsenen offener besprochen, als der menschliche Entwicklungsablauf. Das besondere Interesse, das Kinder an Tieren haben, liegt an deren Beweglichkeit und Aussehen, das analog zum Menschen gesehen wird, also: dieses Wesen ist lebendig wie ich, es frißt und rennt, es kann sprechen. »Können Fische weinen?«, »Können Fische essen?« waren Fragen des dreijährigen Sanusi, als er mit beiden Händen ein großes blaues Wasser malte.

Amseln, Spatzen, Tauben, Mäuse, Frösche, Ameisen, Raupen, Käfer, Spinnen, Schmetterlinge, Bienen, Mücken, Fliegen – Kinder haben mit vielen Tieren Kontakt, selbst im Kindergarten. Welche Tiere lassen sich in Kindergarten oder Krippe halten? Fische, Vögel und Kaninchenhaltung habe ich in Kindergärten gesehen; in Ferienzeiten wurden die Kaninchen von Nachbarn versorgt oder von Gruppenkindern in ihrer Familie. In der Einrichtung »Diana« in Reggio Emilia wurden im Innenhof Fasanen gehalten, auch Schildkröten; während der Ferien versorgten Nachbarn die Tiere.

Falls es in der Umgebung des Kindergartens Bäume gibt, so können die Kinder Vögel beobachten, die sich in Revieren bewegen und deshalb zu wiederkehrenden Zeiten an gleichbleibenden Plätzen (manchmal jahrelang) zu finden sind, sie können Futterplätze anlegen.

Einige Kinder leben mit Haustieren zusammen, die sie vielleicht zu einem Besuch in den Kindergarten mitbringen können.

Fast alle Menschen haben in ihrer Kindheit tote Tiere gesehen, angefaßt, begraben, aus Neugier getötet und zerlegt, vielleicht auch den Übergang vom lebendigen warmen Körper zu Starre und Verwesung gespürt.

Wir essen tote Tiere, geschlachtetes Geflügel und Fische sehen die Kinder häufig. Fressen und Gefressenwerden als Teil des Kreislaufs wird von Kindern mit Spannung und Neugier beobachtet: Während meine kleine Tochter unbedingt beim Schweineschlachten dabeisein wollte, suchte ich das Weite.

Pflanzenwachstum

Kinderbeete? Pflanzen im Gruppenraum? Ist so was nur ein großer Aufwand, Arbeit für die Erzieherin ohne eigentliches Interesse bei den Kindern?

Die meisten Stadtkinder können in ihrer Wohnumgebung keine eigenen Erfahrungen mit Pflanzen machen, in der Schule werden später nur theoretische Kenntnisse über Pflanzen vermittelt. Aber der Kindergarten hat ein Freigelände, das sich als Garten nutzen läßt. Die Gruppenräume haben meist große Fenster und breite Fensterbretter, die für Pflanzen geeignet sind.

Auch schon kleineren Kindern macht es Spaß, Gras, Blätter, Blumen, Früchte zu untersuchen. Dann lernen sie das Gießen und das Pflücken von Obst und Blumen.

Pflanzenwachstum läßt sich nur in größeren Zeitabschnitten entdecken, Kinder wünschen sich oft den schnelleren Erfolg; aber die Verschiedenartigkeit der Pflanzen ist für sie reizvoll: Pflanzen vermehren sich durch Zwiebeln, Samen, durch Teilung und kleine Ableger, sie haben die unterschiedlichsten Blüten, Früchte und Samen, sie sterben ab und kommen neu aus der Erde hervor. Pflanzen sprechen alle Sinne an durch ihren Duft, Geschmack, ihre Form und Struktur, sie fühlen sich alle verschiedenartig an.

Eßbares pflanzen

Großen Eindruck machen Sprossen und Keime, im Reformhaus gekauft, die in wenigen Tagen so wachsen, daß man sie essen kann. Man braucht ein Weckglas, ein Gummiband und etwas Kunststoffgaze. Die vorgeweichten Samen werden im Weckglas feucht gehalten und wachsen wie in einem kleinen Treibhaus. Nach mehreren Stunden sieht man schon die ersten Veränderungen, nach 2 bis 4 Tagen kann man sie essen.

Kartoffeln, Tomaten, Kürbis, Salat, Radieschen können im Topf oder im Garten gezogen werden.

Einen Baum pflanzen

Wenn man mit den Kindern einen Baum pflanzen kann, sollte das ein großes Fest sein. Obstbäume eignen sich am besten, weil viele Kinder ernten und kosten können; ist der Baum groß, kann man die Ernte auch mit den Eltern teilen. Obststräucher sind weniger aufwendig zu pflanzen und viele, viele Jahre ertragreich.

Blumen aus Samen
Geeignet sind Sommerblumen aus Samen – Vergißmeinnicht, Tagetes, Sonnenblumen – die robust sind. Die Samen sind reichlich und können für das nächste Jahr gesammelt werden.

Blumen aus Zwiebeln
Kunststoffschalen, in denen Obst oder Gemüse verkauft wurde, füllen sich die Kinder mit Blumenerde und etwas Sand, so hat jedes Kind ein eigenes Mini-Beet. Kleine Blumenzwiebeln – Krokusse, Traubenhyazinthen, Scilla, kleine Narzissen, kleine botanische Tulpen – werden im November gepflanzt, etwas feucht an einem kühlen Platz gehalten (auch draußen in einer geschützten Ecke, feucht und ohne Frost), wenn sich erste Triebe zeigen, werden sie ins Warme gestellt.

Ein Mini-Wald
In ein großes Glasgefäß, z.B. ein altes Aquarium, pflanzen die Kinder Pflänzchen, die sie bei einem Spaziergang mit Wurzeln ausgegraben haben (geschützte Pflanzen beachten!). In das Gefäß kommen zuerst kleine Steine, an einer Ecke zu einem Hügel erhöht. Darauf kommt die Walderde, vielleicht einige Moos- oder Rindenstücke. Man kann kleine Farne oder Baumsämlinge einpflanzen und vielleicht einen Stein dazulegen, der mit Flechten bewachsen ist. Alles wird angefeuchtet, dann kommt ein durchlöcherter Deckel aus harter Klarsichtfolie auf das Gefäß; durch Sprühen wird der Wald feucht gehalten.

Rank-Pflanzen
An einem Fenster wird ein Blumenkasten mit rankenden Pflanzen-Feuerbohnen, Wicken, Kapuzinerkresse – beflanzt; zum Ranken spannt man ein Gartennetz wie eine Scheibengardine über das Fenster.

Pflanzenkinder
Zimmerpflanzen, die viele kleine Ableger, also Pflanzenkinder bekommen, sind vor allem die Grünlilie, der Hängende Steinbrech oder Echeverien (Rosettenpflanzen). Die Pflanzenkinder können in kleine Töpfe umgesetzt werden.

Pflanzenhaus
Im Garten baut man im Frühling ein Gerüst wie eine Gartenlaube aus großen Ästen und Zweigen. Um dieses Gerüst säen die Kinder die verschiedensten Rank-Pflanzen, die sich daran empor ziehen und den Ort schattig und duftend machen.

Zeit

Zeitvorstellungen sind sehr individuell. Je nachdem, was wir erleben, erscheint uns ein Zeitabschnitt lang oder kurz. Wir wissen sehr wenig davon, wie sich die Zeitvorstellungen des Kleinkindes verändern und entwickeln. Der Augenblick ist dem Kind wichtig, Vorstellungen von gestern und morgen rücken durch besondere Ereignisse allmählich ins Bewußtsein.

Zukunftsvorstellungen stehen in Zusammenhang mit Wünschen, Vergangenheitsvorstellungen mit Geschichten.

Die Uhr

In Krippe und Kindergarten sind die Tageszeiten an bestimmte Rituale gebunden, an die sich die Kinder gewöhnen: die Zeit vor dem Mittagsschlaf, die Zeit nach dem Schlaf. So sind einfache Zeitvorstellungen aus wiederkehrenden Handlungen abzuleiten.

Der Anreiz, die Uhr kennenzulernen, hat mit den Wünschen der Kinder zu tun und der Bedeutung, die die Erwachsenen der Zeit geben: um 10 Uhr gehen wir schwimmen, um 3 Uhr holt mich die Mutter ab. Ulrike stellt beide Zeigefinger aufeinander und sagt: »... und dann ist Sesamstraße!« (also um 6 Uhr). Eine Uhr mit deutlichen Zahlen, kräftigen Zeigern, lautem Ticken, Kuckkucksruf oder Gong oder einem einstellbaren Wecker haben alle Kinder gerne im Gruppenraum. Uhren brauchen Kinder nicht erst dann, wenn sie kurz vor der Einschulung stehen.

Die Nacht

Welche Theorien haben Kinder über die Nacht? Adele, fast 5 Jahre alt, sagt:

»Wenn Nacht ist, da ist es dunkel. Dann sind die Sterne und der Mond da. Und da kann man schlafen und träumen. Über den Wolken ist die Nacht. Und wenn die Wolken wegziehen, dann kommen schwarze Wolken und Regenwolken, da kommt dann so ein schwarzer Himmel – und das ist dann die Nacht. Die Wolken kommen aus anderen Ländern und dann ziehen sie auch wieder zurück in andere Länder, weil der Wind die pustet.

Aber die Sterne sind immer da, auch morgens und am Tag. Da kann man sie aber nicht sehen, nur nachts. Die Sterne sind aus kleinen Steinen gemacht. Der Mond, der ist manchmal so rund und manchmal so hoch. Vielleicht zieht der Mond auch in andere Länder und wieder her, und wieder zurück. Der Mond, der kann so fliegen, so ganz langsam. Die Sterne können sich auch bewegen, aber nicht so schnell, wie die Wolken. Nachts sind auch die Katzen unterwegs, die gehen immer rum und suchen nach Mäusen.«

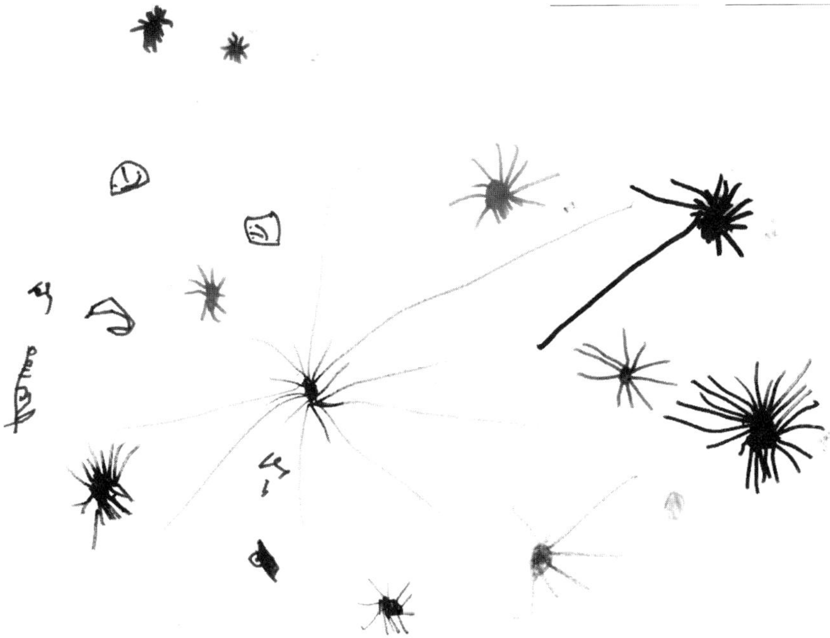

Ulrich, 4 Jahre: Sylvester-Raketen

Nachtbilder malen

Es ist nicht einfach, die Dunkelheit in einem Bild darzustellen, aber ich kenne viele Kinder, die es versuchen. Manchmal übermalen sie ein Bild und in ihrer Vorstellung ist die darunter liegende Zeichnung noch vorhanden. Oder sie versuchen, eine Zeichnung mit dunkler Farbe zu ummalen. Dieses Verfahren ist sehr mühsam und schwierig.

Kinder malen gerne auch mal auf schwarzem Papier; der Untergrund ist die Nacht, alle Handlungen und Dinge sind nur schwer zu erkennen, wie in Wirklichkeit.

Auf ein gefaltetes Zeichenblatt können die Kinder auf eine Seite das Tagbild, auf die zweite Seite das Nachtbild nebeneinander setzen und dadurch die Unterschiede der Zeiten ausdrücken.

Es läßt sich auch über ein gemaltes Bild ein zweiter Bogen legen, der als »die Nacht« bemalt und über dem ersten Bild teilweise befestigt wird. Vielleicht mögen die Kinder in das Deckblatt noch Gucklöcher einschneiden (Prinzip »Adventskalender«). Bei Stern- und Himmelsbilder malen Kinder sehr gerne mit etwas Goldfarbe.

Nachtspaziergang

Mit Eltern und Kindern kann man einen Abendspaziergang außerhalb der Stadt verabreden, um den Nachthimmel zu betrachten: Mond, Sterne, einfache Sternbilder, die Milchstraße, Satelliten. In der frühen Dunkelheit des Winters werden oft Laternenumzüge gemacht, das ist schon für sehr kleine Kinder, die noch im Kinderwagen sitzen, ein großes Erlebnis.

Hier in Berlin bietet sich auch der Besuch eines Planetariums an; für Kinder gibt es manchmal besondere Programme.

Geeignete Nachtgeschichten sind: »Sterntaler«, »In der Nachtküche«, »Peterchens Mondfahrt«, »Der kleine Häwwelmann«.

Träume

Was sind Träume?

Adele sagt:

»Traum ist so ähnlich wie ein Film, bloß das träumt man, wenn man schläft. Dann sieht man so kleine Trickfiguren oder so gruselige Sachen. Und dann kann man aufwachen, und dann kann man kurz sich was angucken, und dann wieder die Augen zumachen und weiterschlafen. Dann kann man wieder was träumen.

Der Traum kommt aus dem Kopf. Da denkt man sich die Sachen aus und dann träumt man die. Der Traum ist in mir drin. Den kann kein anderer sehen.«

Die Sozialpädagogin Maria fragte die fünf- bis sechsjährigen Kinder ihrer Gruppe danach, was Träume sind und was sie geträumt haben und sammelte die Antworten:

Im Traum verschwindet alles.
Wenn man wach wird, verschwindet alles.
Beim Träumen ist alles verschwommen.
Alles ist ganz schön bunt.
Im Traum sieht man sich selbst.
Der Traum sieht so aus, wie ich selber aussehe.
Beim Traum denkt man in Pünktchen.
Ich träume vom Nachthimmel.
Ich träume, daß meine Katze ein Mensch wird.
Ich träume, durch den Schornstein zu fliegen.
Ich träume, daß mein Hund ein Mensch wird.
Ich träume von meinem Bruder.

Die Kinder malten und dachten sich Träume aus und überlegten, ob alles schläft, wenn sie schlafen.

Ulrich, 6 Jahre: Zelt mit Lagerfeuer; es ist Nacht geworden
(Zuerst war das Feuer im Zelt wichtig, später kam der Gedanke der »Nacht«
und das Zelt wurde schwarz bemalt)

In manchen zoologischen Gärten, z.B. in Berlin, gibt es ein Nachttierhaus, das einen Besuch lohnt.

Dunkelheit und Angst

Fast alle Kinder fürchten sich vor der Dunkelheit und dem Moment des Alleinseins in ihrem Bett. Oft sprechen sie von bedrohlichen Wesen, die sie nicht abwehren können.

Adele erzählt drei Träume:

1. Traum:

»Ich hab mal geträumt, da war ich auf so einem Platz mit Heike, auf so einem Bahnhof. Und da gabs viele tote Menschen. Und da hab ich dann noch gesehen: da kommt so ein Mann mit einem Schießgewehr und wollte versuchen, uns zu töten. Da haben wir uns aber unter der Eisenbahn versteckt. Und da sind wir dann so hochgegangen – und da hat der Mann so ein Dings da und wollte mich mit dem Giftzeug bespritzen. Und da hat Heike gesagt: ›Ach, nicht getroffen. Jetzt sind wir ja da‹. «

(Im vorigen Jahr sah Adele auf der Urlaubsreise durch Jugoslawien bewaffnete Männer.)

2. Traum:

»Ich war mal an so einem Platz mit Mama. Da war ein Mann, der hat sich in einen Elefant verwandelt, und wieder in einen Menschen und wieder in einen Elefanten, in einen guten Elefanten.«

3. Traum:

»Ich war mit Mama und Carsten an einem See. Da war mal 'ne Katze hier hinter mir und hat so dagelegen. Und da stehe ich so, und da steht die Katze so auf – die war aber gar nicht richtig – und beißt mir so in den Fuß. Hat Mama mir ein Pflaster rum gemacht. Fährt da so ein Schiff vorbei – wumm – und kommt so ein Krokodil und will mich fressen. Geh ich so auf Mamas Arm, und das versucht mich so runterzuziehen. Und ist aber so schlapp und fällt wieder ins Wasser.

Und dann seh ich da so auf einem Berg einen Mann mit einer Schlange. Und da macht die Schlange immer so, weil der Mann mit dem Korb, der hat so ne Tute. Der tutet damit immer, da macht die Schlange immer so.«

(Beim Erzählen ist Adele aufgestanden und hat den ganzen Traum vorgespielt.)

Wie kann man sich wehren?

Wenn Adele abends in ihrem Bett liegt und es dunkel ist, fürchtet sie sich etwas, aber sie guckt sich dann Bücher an. Und wenn das Licht aus ist, »dann nehme ich meinen Löwen, der ist lieb, und dann kuschel ich mit ihm und sprech noch mit ihm und mach Spiele mit ihm. Und dann mach ich immer die Tür auf so 'n bißchen.«

Nähe mit vertrauten Gegenständen und Personen, Gespräch und Licht helfen gegen Ängste; in Gesprächen mit den Eltern müssen individuelle Hilfen erarbeitet werden.

Zusätzliche Ideen für den Kindergarten:

Böse Bilder malen, um Geister und Verbrecher zu bannen.

Wilde Masken herstellen, Gespenster spielen.

Bilderbuch »Wo die wilden Kerle wohnen« von Maurice Sendak, Diogenes-Verlag. Diese Geschichte eignet sich auch für Rollen- und Schattenspiele und zum Malen.

Kalender

Advents- und Geburtstagskalender gibt es fast in jeder Gruppe. Sie sind meist von der Erzieherin angefertigt. Ich denke an Kalender, die die Kinder herstellen. Durch Bilder und Symbole, die die Kinder in vorbereitete Abteilungen eines Wochenkalenders einfügen, werden Zeitabschnitte klarer. Mit solchen Wochenkalendern kann man mit den Kindern Unternehmungen planen, also die Zukunft zeitlich erfassen. Wenn die Kinder sich Tagebücher einrichten, in die sie malen, Fundstücke einkleben, Fotos kleben, dokumentieren sie zurückliegende Zeiten, ihre Geschichte.

Schatten und Licht

Die Kinder in Reggio Emilia wurden zu Beginn eines längeren Projektes über ihre Vorstellungen zum Schatten befragt. Hier sind ihre Ansichten:

Der Schatten ist wie ein Kind, das uns nachmacht.

Er ist aus dunkler Luft und Himmel gemacht.

Er ist aus Erde gemacht oder aus Zement, oder, wenn er im Gras ist, aus Gras. Wenn du ihn berührst, berührst du gar nichts.

Man kann den Schatten nicht abtrennen, niemals.

Nein, wenn du springst, dann fliegt er.

Auch wenn du einen dicken Stein auf ihn legst, wird er nicht zerquetscht.

Und wenn du Wasser drauf schüttest, ertrinkt er nicht.

Die Schatten sterben, wenn keine Sonne mehr da ist.

Ohne Licht gibt es keinen Schatten.

Der Schatten entsteht aus allen Sachen, die es gibt.

Auch die kleinen Steine machen Schatten, die großen machen aber bessere.

Wenn man ihn nicht mehr sieht, dann ist er im Dunkeln verschwunden.

Oder wir sind auf einen anderen Schatten gegangen.

Vielleicht kommt er in uns hinein und dann wieder zu den Füßen heraus.

Figuren-Schattenspiele

Hier soll von Figuren, die die Kinder herstellen, die Rede sein. Die Kinder brauchen auf Dauer im Gruppenraum einen geeigneten Arbeitsplatz, an dem sie selbständig Figuren herstellen und spielen können. Dazu gehören eine Lampe, eine kleine Bühne, ein Tisch zum Werkeln und ein Aufbewahrungsort für Figuren und Zubehör. Eine Tischbühne läßt sich einfach herstellen: in einen dreiteiligen Spielschirm aus fester Pappe setzt man in den mittleren Teil ein pergament- oder stoffbespanntes Bühnenfenster. Spielhäuser, Raumteiler, Wandschirme o.ä. lassen sich in Schattenbühnen umwandeln, wenn man eine Öffnung mit Stoff (Nessel) bespannt.

Spielfiguren: Für Krippenkinder sind ganz einfache Formen am besten. Diese Figuren kann die Erzieherin aus Pappe oder Sperrholz anfertigen, z.B. ein Hase, ein Kind. Mit solchen Figuren spielen die Kinder auch sonst gerne, darum kann man auch viele andere Spielsachen als Schattenfiguren benutzen. Das Erkennen ist dadurch vereinfacht.

Kindergartenkinder können sich eigene Spielfiguren herstellen: Wenn sie Bilder malen, können sie besonders klar und groß gemalte Figuren ausschneiden. Auch wenn die Farbe des Bildes, das gemalte Gesicht, als Schattenriß nicht zu erkennen ist, so ist dies für das Kind wichtig zur Vorstellung der Lebendigkeit dieser Figur. Die ausgeschnittene Figur wird mit Pappe teilweise verstärkt (oder gleich auf leichte Pappe gemalt) und ein Stock daran befestigt. Man führt die Figur an dem Stock, damit die Hand beim Spiel unsichtbar bleibt. Manche Teile einer Figur kann man beweglich machen: man schneidet von einer Figur ein Stück ab – den Arm des Mannes, den Schwanz der Katze – und setzt es mit einer Musterklammer wieder an die Figur. Mit einem Faden oder einem Draht kann das Gelenk bewegt werden.

Material und Werkzeug: leichte Pappe und Stifte, zur Verschönerung farbige Folien, Tüll, Spitze, Tortendeckchen, Federn, Borten, Bänder, getrocknete Pflanzen. Reißzwecken, Musterklammern, Blumenstäbe oder dünne Holzleisten (eckig, 5 x 5mm), Draht, Klebstoff, Garn, Tacker, Schere.

Licht-Spiele

Die Vorstellungen, die Kinder vom Licht haben, sind weitgehend unbekannt. Es gibt aber sehr viele Möglichkeiten, sie mit verschiedenen Lichtquellen experimentieren zu lassen:

Kerze: anzünden lernen, zerlegen, schmelzen, Wachs und Docht separat untersuchen, neue Kerzen herstellen, Kerzen- und Lampenlicht vergleichen.

Taschenlampe: in Schränke, Ecken, Kartons leuchten, sich verstecken und suchen, Lichtstrahl in die Hände nehmen, sich gegenseitig in den Mund leuchten. Lichtkegel verschiedener Taschenlampen vergleichen und messen, überkreuzen.

Lichtschachtel: Ältere Kindergartenkinder können sich einen Lichtkarton bauen. Mit Batterie, Elektrodraht, kleiner Glühbirne mit Fassung installiert man eine Lampe im Karton. Der Karton kann Fenster bekommen, die mit Transparentpapieren beklebt werden. Farbige Lichtflecken werden im abgedunkelten Raum sichtbar. Die Kinder können auch mit einem Nagel ein Lochmuster in den Karton stanzen. Das Lochmuster erscheint dann als vergrößertes Lichtmuster im dunklen Raum.

Lichtkasten/Lichttisch

Es lohnt sich, einen größeren Lichtkasten oder einen Lichttisch für die Kindergruppe zu bauen. Ein Kasten oder ein altes Tischgestell bekommt eine Deckplatte aus milchigem Plexi-Glas; diese Scheibe wird von unten durch eine kleine Neonröhre erleuchtet. Auf der erleuchteten Fläche läßt sich die Lichtdurchlässigkeit vieler Dinge erproben. Stukturen lassen sich besser erkennen durch die Kontraste zwischen Hell und Dunkel, z.B. bei Pflanzenadern oder Blütenblättern. »Schatzkastchen« entstehen, wenn die Kinder kleine Dinge, wie Sand, Büroklammern, Teeblätter, Linsen usw., in Pralineneinsätze aus durchsichtiger Plastik füllen. Karton oder schwarzes Papier kann man durchlöchern und Lichtbündel und Lichtspuren sichtbar machen. Durch die Einwirkung von Licht wird jede Farbe intensiver. Bei Bildern, die auf transparentem Papier gemalt sind, zeigt der Lichtkasten jeden einzelnen Pinselstrich, jede Pigmenthäufung. Besonders wirkungsvoll ist das Farbmischen mit flüssigen Farben oder farbigen Papieren.

Man kann den Lichtkasten als Figurenbühne nutzen und darauf mit Figuren, Kulissen, Landschaften spielen. Man kann auf dem Lichttisch malen oder Materialbilder zusammensetzen. Wenn die Kinder Transparentpapier falten, Einzelteile ausschneiden und umklappen, entstehen Papierbilder von unterschiedlicher Lichtdurchlässigkeit. In manchen Faltbildern entstehen Taschen; die Kinder können sie mit farbigen Papierresten oder anderen flachen Dingen füllen und die Lichtdurchlässigkeit beobachten.

Dia-Projektor

Dias sind für Krippe und Kindergarten ein sehr geeignetes Medium. Bilder auf einer großen Projektionsfläche beeindrucken die Kinder sehr. Die feststehenden Bilder eignen sich dazu, daß die Kinder sie lange betrachten und kommentieren können. Wichtig ist die Auswahl der Bilder, die zum Leben der Kinder in Bezug stehen müssen: vertraute Personen, Situationen, Räume ... Der

Projektor ist für Kinder ein interessantes technisches Gerät: aus kleinen Bildern im Rahmen werden große Wandbilder. Man kann sich selbst zur Leinwand machen oder alle Gegenstände im Raum mit Bildern überziehen.

Besondere Farbeffekte entstehen, wenn man zwei Projektoren gleichzeitig benutzt: in einem Apparat befindet sich ein Diapositiv mit farbigem Transparentpapier, der andere Apparat hat die üblichen Dias.

Kinder können auch selbst Dias herstellen. Auf Dia-Rahmen werden Farben oder sehr kleine, flache Materialien aufgetragen: Haare, Federteile, Zucker, Öl, gepreßte Pflanzenstücke, Papierschnipsel. Die Kunstpädagogin Gudrun Ebert berichtet:

»Die Kinder probieren alle Materialien aus und beobachten, wie z.B. Öl sich unter Einwirkung der Wärme des Projektors bewegt, wie groß ein Zuckerkorn erscheint. Manchen gelingt es, ihr projeziertes Bild zu identifizieren, und sie wollen es immer wieder sehen ... Wir kommen auf die Idee, die Dias auf den Lichttisch zu legen. Dabei kann jedes Kind alle seine Dias zusammen betrachten. Sie drücken dabei auf das Rähmchenglas und sehen, wie sich die Flüssigkeit verlagert ... Lupen zum genauen Betrachten werden geholt. Zwei, drei, vier Lupen übereinander gelegt – jemand hat plötzlich ein riesiges Auge.«

Ebert, Gudrun. In »Ich und meine Farben«,
Hrsg. Bezirksamt Schöneberg von Berlin, 1989, Seiten 34/35.

Schreiben und Lesen

Machen sich Erzieherinnen Gedanken darüber, welche Vorerfahrungen Kinder brauchen, um in der Schule lesen und schreiben zu lernen? Ich hatte den Eindruck, daß Kinder von diesem Thema zurückgehalten werden, selbst da, wo sie es mit großem Interesse fordern. Haben Erzieher und Eltern die Sorge, Kinder würden sich in der Schule langweilen, wenn sie vorab zuviel schreiben und lesen könnten?

Wenn ich hier dieses Thema aufgreife, geht es mir nicht darum, daß wir den Kindern im Kindergarten schreiben und lesen beibringen sollten. Aber die kreativen Impulse der Kinder in diesem Bereich kennenzulernen, aufzugreifen und zu unterstützen, halte ich für wichtig. Kinder spielen, erfinden und entschlüsseln gerne Symbole. Im Kindergarten kann individuell und ohne Zeit- und Leistungsdruck das Interesse an Geschichten und Büchern unterstützt, der Spaß an schriftlichen Mitteilungen als eine mögliche Kommunikationsform und die Verknüpfung von Bild und Symbol ausprobiert werden. In der Schule fehlt dafür oft die Zeit, es kann nur die Technik trainiert werden. Unsere Aufgabe wäre es, Kindern die Faszination der schriftlichen Kommunikation und der Bücherwelt zu vermitteln, nicht die Technik.

Jana, 6 Jahre

Maria, 6 Jahre

Benjamin, 6 Jahre

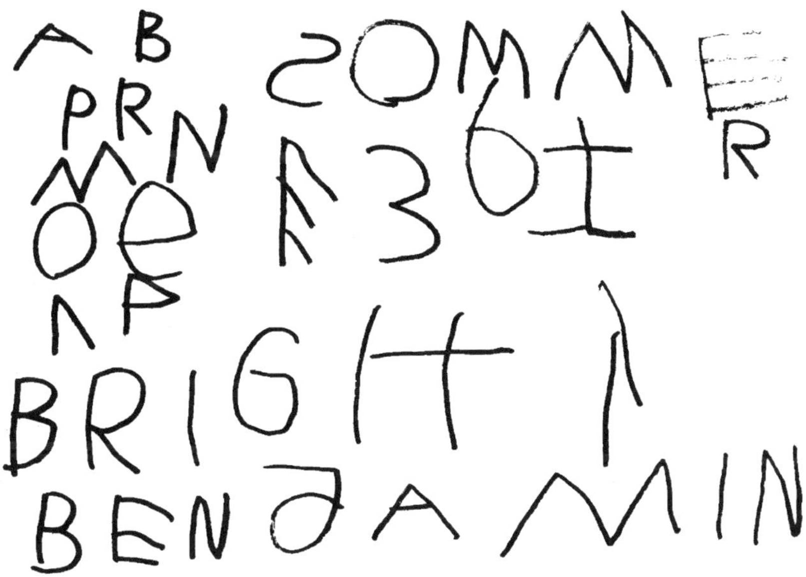

Welche Vorerfahrungen haben Kinder inbezug auf das Schreiben und Lesen?

Meine Gespräche mit Fünf- und Sechsjährigen vor dem Schulbeginn haben mir gezeigt, welch starkes Interesse die Kinder an diesen Fragen haben. Die Kinder dieses Alters beschäftigten sich alle sehr intensiv mit Zeichen, Symbolen, Buchstaben und Zahlen und versuchten sie zu entschlüsseln. Sie sahen die Erwachsenen Briefe schreiben und daß sie Post bekommen, sie sahen sie beim Lesen. Häufig unterhielten sie sich mit älteren Schulkindern darüber, ließen sich Buchstaben und Worte vorschreiben oder von ihnen vorlesen, nur selten gingen Erwachsene auf ihren Wissensdurst ein.

Welchen Sinn sehen Kinder darin, das Lesen und Schreiben zu lernen?.

Alle Kinder, die ich fragte, wollten schreiben und lesen können, um wie Erwachsene oder ältere Kinder handeln und eine interessante Technik beherrschen zu können. Der Gedanke, daß es in unserer Gesellschaft nützlich, ja unabdingbar ist, spielt für ihre Motivation keine Rolle.

Hat das geschriebene Wort für Kinder in diesem Alter eine magische Bedeutung?

Der Psychoanalytiker Bruno Bettelheim spricht in seinen Überlegungen zur Bedeutung des Lesens davon, daß das Kind die Neigung hat, Dinge, die es interessieren, mit Magie auszustatten. So, wie es in allen Dingen das Lebendige, Menschähnliche vermutet, werden auch die Wörter mit magischer Kraft ausgestattet. Besondere Bedeutung haben die Namen der Menschen oder Dinge, denn sie stehen für die Person, den Gegenstand selber, mit allen Eigenschaften des Lebendigen.

Welche Bedeutung können schriftliche Kommunikationsformen für Kinder haben?

Bettelheim sagt dazu:

»Unsere These lautet, daß das Lernen und insbesondere das Lesenlernen dem Kind das Gefühl geben muß, daß auf diese Weise seinem Geist und seiner Phantasie neue Welten erschlossen werden.«

Bettelheim, Bruno: Kinder brauchen Bücher.
Verlag dtv, München 1990, Seite 54.

Schreiben zu können bedeutet, die Fähigkeiten zur Kommunikation zu erweitern. Schriftliche Mitteilungen sind auf Antwort angewiesen. Die Schrift kann wie ein Instrument gehandhabt werden: spielerisch, gestaltend.

Hakan, 3 Jahre schreibt »H«

Auf welche Art lernen Kinder lesen?

Dazu meint Bettelheim, daß nicht allein der Verstand des Kindes beim Lesenlernen beteiligt ist, sondern auch seine Phantasie, seine Emotionen, die ganze Persönlichkeit, auch das Unbewußte.

Wenn das Kind einige Wörter erkennen kann, ist es zuerst sehr stolz darauf. Aber nun braucht es einen sinnvollen Inhalt, eine Geschichte, die sein Interes-

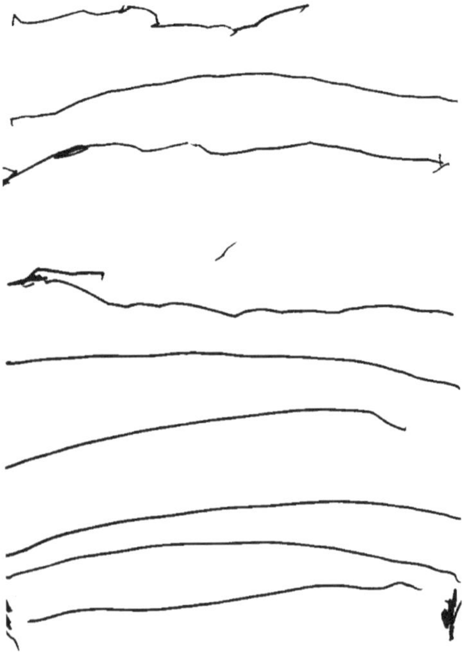

Thomas, 3 Jahre

se weiter beschäftigt und nicht auf dem Niveau eines Kleinkindes basiert. Diese ersten Geschichten können überwiegend aus Bildern und Einzelworten bestehen, von Schulkindern, Eltern oder der Erzieherin hergestellt.

Interview mit Philipp, Vorschulkind:

Philipp schreibt seinen Namen.

Brigitte: Wo hast du das gelernt?

Philipp: In der Schule.

B: In der Vorschule?

Philipp nickt.

B: Kannst du auch von anderen Kindern den Namen schreiben oder ihn lesen?

Philipp schüttelt den Kopf.

B: Wenn du bald in der Schule lesen und schreiben lernst, was kann das Gutes haben?

Philipp: Dann kann ich meinem kleinen Bruder was vorlesen.

B: Und für dich selber?

Philipp: Was mein Benny dann nicht so verstehen kann, lese ich selber dann.

B: Und mit dem Schreiben, was denkst du dir da?

Philipp: Ich denke, in der Schule werden sie es mir leichter machen, als Marcel. Marcel hats mir schon mal vorgezeichnet – und – es geht schwer.

B: Was hat er dir vorgezeichnet?

Philipp: Zahlen.

B: Kannst du mir Zahlen schreiben?

Philipp: Natürlich.

Er probiert verschiedene Zahlen aus.

Falsch.

Er lacht.

Die Sechs steht eigentlich andersrum, so nach unten.

B: Versuch doch. Ich will es nicht für schön haben, ich will es ja nur wissen.

Kannst du noch eine andere Zahl schreiben?

Philipp: Eins. Vier kann ich auch gut.

Er schreibt 1 und 4.

Er malt ein M.

B: Ist das eine Drei?

Philipp: Die Drei sieht anders aus.

Er malt eine Drei.

Zwei.

Er versucht, Zweien zu malen. Er ist nicht damit zufrieden.

Ähh, die Zwei sieht komisch aus!

Er probiert weiter.

B: Na, das ist ja fast schon ein Brief. Was da alles so steht.

Philipp: *Er malt eine 8, eine 5. Dann eine größere 5 oder ein S und daraus ein Phantasie-Zeichen.*

Nochmal was anderes. Nochmal ganz klein meinen Namen.

Er schreibt in das Phantasie-Zeichen »Philipp«.

Philipp, 6 Jahre: Zahlen, Buchstaben und Phantasie-Zeichen

	Kann man fast nicht lesen.
B:	Ich weiß wie es anfing, ich kann es lesen.
Philipp:	Ich auch. Manchmal mache ich auch Mama nach. Was die schreibt.
	Er malt eine Zackenlinie.

Philipp, 6 Jahre: Meine Mutter schreibt einen Brief

Meine Mutter schreibt manchmal so groß:
er zeigt mit den Händen etwa 10 Zentimeter
Hilfe! Da kommt ja ne Überschwemmung!
Sein kleiner Bruder spritzt mit dem Gartenschlauch und Philipp rennt zu ihm.

Kommunikation

Wie Kinder sich mit dem Lesen und Schreiben im Kindergarten beschäftigen und wie Erzieher sie dabei unterstützen, zeigt das Projekt »Kommunikation« der italienischen Pädagogin Laura Rubizzi aus Reggio Emilia, daß sie 1991 anläßlich der Ausstellung »100 Sprachen hat das Kind« in Berlin vorstellte.

Ausgangspunkt war die längere Beobachtung aller Kommunikationsformen drei- bis fünfjähriger Kinder untereinander. Gedacht war nicht an ein Projekt, Kindern das Lesen und Schreiben beizubringen. Man wollte einerseits untersuchen, welches Verständnis Kinder schon vor dem Schulbeginn von Zeichen und Symbolen haben und andererseits wollte man ihnen Zugänge zu neuen Kommunikationsformen anbieten. Es ging ihnen darum, daß Kinder die Bedeutung der Schrift für die Kommunikation erfahren und nicht nur eine handwerkliche Tätigkeit darin sehen.

Eines Tages haben die Erzieher die dreijährigen Kinder gefragt, ob sie eine Botschaft herstellen und versenden wollten. Und die Kinder griffen diesen Gedanken auf, auch die Kinder der anderen Altersgruppen. Um Botschaften addressieren und unterschreiben zu können, wurde die Hilfe der Eltern und Erzieher gebraucht und Anfänge von Schrift kamen in das Spiel hinein.

Allmählich entdeckten die Kinder, daß Schreiben und Lesen Elemente der Kommunikation sind, die den Ausdruck einer Botschaft erweitern. Aber darüber hinaus haben die Kinder erfahren, daß eine Botschaft auch ein sehr persönliches Geschenk ist, daß man damit eine abwesende Person erreichen kann und das unsere Welt gefüllt ist mit Zeichen, Texten, Büchern.

Vgl.: 100 Sprachen hat das Kind. Hrsg. Senatsverwaltung für Jugend und Familie, Berlin 1992, Seite 69 ff.

Post- und Bürotisch

Damit die Kinder schriftliche Botschaften herstellen und auch untereinander austauschen können, brauchen sie anregende Materialien und einen festen Arbeitsplatz, auf dem man alles findet zum Schreiben, Malen und Basteln. Jedes Kind braucht ein eigenes Fach oder eine Schachtel als Briefkasten, damit es persönliche Botschaften empfangen kann.

Ein Kinderschreibtisch im Gruppenraum könnte vielleicht so aussehen:

- Zettel und kleinere Papierbögen aller Art, Hefte, Pauspapier;
- Stifte, Scheren, Kleister;
- Sammlung von beschriebenen Postkarten, die man zerschneiden oder deren Rückseite man mit neuen Zetteln bekleben kann;
- gebrauchte Briefumschläge, gebrauchte Briefmarken;
- kleine Bilder, Fotos und Objekte;
- Bürowaren: Locher, Tacker, Anspitzer, Radiergummi, Büroklammern, Briefwaage, Markierer, Lineal;
- Stempel aller Art, Stempelkasten mit Einzellettern, evt. Namensstempel der Kinder;
- Schreibmaschine oder Computer.

Die Kinder stellen gerne Botschaften für andere her, sie machen sich aber auch gerne eigene Hefte, in die sie Bilder einkleben oder Geschichten malen. Sie können sich auch gemeinsam Bücher herstellen.

Kreativität und Spiel

Spiel ist mit Kreativität eng verbunden. Die wichtigste Voraussetzung für Kreativität ist die Fähigkeit, spielen zu können. Das gilt für Kinder und auch für uns Erwachsene.

Spiel ist in jeder Lebensperiode unentbehrlich. Im Spiel wird das innere Erleben mit den äußeren Ereignissen verbunden, Neues entdeckt und ausprobiert und »im eigenen Haus« eingeordnet. Wir bedienen uns im Spiel der realen Dinge und besetzen sie mit Traum und Gefühl.

Freiheit

Spiel ist gekennzeichnet durch Freiheit. Man kann spielen, man kann es aber auch lassen. Wirklich gezwungen werden kann man nicht zum Spielen. Ein Kind kann zwar durch Druck zur Teilnahme an einem Spiel verpflichtet werden, aber diese Tätigkeit allein ist noch kein Spiel. Spiel setzt eine hohe emotionale Beteiligung voraus.

Seine Spiele kann man nach eigenen Ideen gestalten. Selbst bestimmt das spielende Kind Inhalt, Beginn und Ende. Es hat die Macht und die Kontrolle über das Geschehen, es ist unabhängig vom Erwachsenen. Das stärkt sein Zutrauen in sich selbst.

Es gibt keine Grenzen, die Phantasie kann sich über alle Tabus hinwegsetzen. Böse, gierig, machtbesessen zu sein, hat im Gegensatz zum realen Handeln keine Konsequenzen.

Spiele sind nicht ohne Regeln, aber das spielende Kind besitzt die Freiheit, diese Regeln selbst zu entwerfen.

In Krippe und Kindergarten müssen die Erzieher den spielenden Kindern Freiheit schaffen und lassen, gleichgültig, ob im Tagesablauf gerade »Freispiel« angesagt ist oder andere Dinge stattfinden. Denn alles, was die Kinder tun, ist in diesem Lebensabschnitt gekennzeichnet von dem Wechsel zwischen den Ebenen Spiel und Realität.

Aktivität

Spielen ist Handeln. Durch die körperliche Aktivität unterscheidet sich Spiel von Phantasie oder Traum. Manche Spiele vollziehen sich in starken Aktivitätswellen und voller körperlicher Anspannung und Bewegung; nie wieder erreichen wir als Erwachsene diese Vielfalt körperlicher Aktivität. Das Kind genießt es, sich selbst als kraftvoll und mächtig zu erleben. Mit großer Ausdauer und Intensität gibt es sich manchen Spielen hin.

Alle Spiele sind Prozesse, in die Planung, Experimente und Erfindungen einfließen. Aber die Aktivität entwickelt sich nur dort, wo sich das Kind geborgen und sicher fühlt. Es braucht Vertrauen zur Erzieherin und den Kindern seiner Gruppe, um spielen zu können.

Lust

Spiel ist immer lustvoll. Die antreibenden Kräfte für das Spiel sind Neugier, Spannung, Stimulation, die Gier auf Unbekanntes. Die Gefühle der Lust genießen Kinder in ihren Spielen, aber wir Erwachsenen stören sie oft dabei. Lust

Irene, 5 Jahre: Selbstbildnis mit Puppe »Mutter und Kind«

kannn sich in Vergnügen, Spaß, Heiterkeit oder Freude äußern. Emotionen der Lust sind aber auch: Waghalsigkeit, Wut, sexuelle Lust, Gier, Grauen. Man kann im Spiel all diese Gefühle auskosten, aber man hat das Ausmaß selbst unter Kontrolle.

Schein-Welt

Ein weiteres Merkmal des Spieles ist das Entweichen aus der Realität in eine andere Welt, in eine Ebene der Schwerelosigkeit, Gelöstheit, Leichtigkeit, des Schwebens über der Realität. Oft wird das Spiel abgewertet, weil wir die Realität höher schätzen und als Erwachsene kindliches Tun herabwürdigen.

Kinder können sich in ihre Spiele so sehr vertiefen, sich ganz weit entfernen von der Wirklichkeit ihrer Umgebung. In ihrer Versunkenheit versuchen sie, den Einbruch der Realität möglichst lange zu vermeiden. In anderen Spielsituationen jonglieren sie mühelos mit beiden Ebenen, der des Spiels und der der Wirklichkeit.

Zusammenspiel

Jedes Spiel ist ein Dialog. Das spielende Kind kann diesen Dialog zwar mit einem Spielzeug oder mit Erwachsenen führen, am besten sind hierfür aber andere Kinder geeignet. Schon vom 2. Lebenshalbjahr an suchen Babys die Nähe spielender Kinder. Fragt man Kinder danach, warum sie gerne den Kindergarten besuchen wollen, ist ihr Grund der, mit anderen Kindern gemeinsam spielen zu können. Dafür nehmen sie eine Trennung von Familie und vom Zuhause in Kauf.

Im Spiel mit anderen entwickeln und stabilisieren Kinder soziale Identität. Gemeinsames Spielen baut Gruppenbeziehungen auf.

Verwandlung

Spiele sind Prozesse der Verwandlung. Rollenspiele zeigen dies besonders deutlich. Nele spielt »Mutter und Kind«, und dabei verwandelt sie sich sowohl in die Kinder als auch in die Mutter; gleichzeitig bezeichnen die anderen Kinder sie in ihrer Verkleidung als Gespenst und spielen mit ihr ein ganz anderes Spiel, als sie selber. Auf einer dritten Ebene bezieht Nele das Spiel der anderen in ihr Spiel mit ein.

Diese Verwandlungen entstehen durch unsere Fähigkeit zur Assoziation (dem Entdecken von Ähnlichkeiten): ein Wolkenbild erinnert uns an einen Bären, das Astloch eines Baumes blickt uns an wie ein Auge. Nicht nur Gegenstände oder Bilder tauchen in uns auf, sondern auch Gefühle oder Ideen. Mehrere ursprünglich von einander unabhängige Vorstellungen werden miteinander verknüpft, eine Idee kann die Aktivierung ganzer Assoziationsketten nach sich ziehen. Alles Lernen, alle Gedächtnisleistungen beruhen auf solchen Prozessen.

Spielzeug

Welches Spielzeug geeignet ist für Krippe und Kindergarten, läßt sich nicht im Laden oder beim Studium eines Kataloges entscheiden, sondern nur durch Spielbeobachtungen.

Die spielerische Phantasie entwickelt sich oft da am besten, wo die Spielgegenstände möglichst einfach sind. (Das Kind Momo aus dem gleichnamigen Buch von Michael Ende will mit seiner Sprechpuppe spielen, die aber nur immer wieder die selben Sätze von sich gibt, so daß das Kind in seinem Spieldialog ständig unterbrochen wird und dann die Puppe zur Seite legt.)

Ganz einfach läßt sich sagen: alle Dinge, mit denen Kinder intensiv und einfallsreich spielen, sind »gutes« Spielzeug, egal, ob es eine prachtvolle Barby-Puppen-Ballgarderobe ist, ein naturbelassener Holzkran oder eine alte Bratpfanne.

Sammelleidenschaft der Kinder

Von klein an sind alle Kinder wild entschlossen, sich eigenes Zeug zum Spielen zu beschaffen und nicht nur mit dem Spielzeug zu spielen, das ihnen die Erwachsenen geben. Kram und Gerümpel ziehen sie unwiderstehlich an. Den Mülleimer, den Papierkorb, alle erreichbaren Schubladen, das Abstellregal haben meine Kinder – sobald sie krabbeln konnten – nach Schätzen durchwühlt. Und was sie später alles auf der Straße fanden! Wir wissen nicht, was Kindern an einem Gegenstand so besonders gefällt, welche Gedanken oder Gefühle eine Rolle spielen, gerade dieses Objekt auszuwählen. Aber offensichtlich sind Kinder von manchen Dingen sehr stark emotional berührt, die wir für wertlos oder unscheinbar halten. Kunstpädagoginnen und Erzieherinnen haben davon berichtet, daß Kinder mit großer Begeisterung in Materialsammlungen herumkramten und dann auch kleine Dinge behalten wollten: einen Knopf, eine Schleife, die Papierbeine eines Schokoladenmaikäfers.

So schön, wie das Suchen und Finden für die Kinder ist, so wichtig ist es ihnen auch, die Objekte ihrer Wahl behalten zu können. An diesen Gegenstand knüpft sich der Gedanke, etwas zu besitzen, worüber man selber bestimmen kann: nach Belieben kann man es benutzen, verändern, in neue Zusammenhänge bringen, ordnen, zerstören, wegwerfen. So schafft sich das Kind eine eigene Welt, die verfügbar und unter Kontrolle ist.

Meist nimmt die Sammelleidenschaft der Kinder mit dem Älterwerden zu. Eigene Sammlungen haben auch die Funktion der Selbstdefinition, ähnlich dem, wie ein Erwachsener sich auf seine besondere Art kleidet oder einrichtet.

Die kindliche Sammeltätigkeit sollte man unterstützen, z.B. dadurch,

daß man die Sammelobjekte nicht verachtet oder wegwirft,

daß man mit den Kindern Orte aufsucht, an denen sie etwas suchen und sammeln können,

daß jedem Kind Platz für seine Sammelobjekte bereitgestellt wird,

daß man Anregungen zum Ordnen, Ausstellen, zum Gestalten von Bildern oder Collagen gibt.

Praxis-Beispiele

Rollenspiel

Nele, 5 Jahre, hat sich heute vormittag im Garten einen weißen Kopfkissenbezug übergezogen, ein Zipfel war auf ihrem Kopf, die Arme steckten in zwei Zipfeln, der vierte Zipfel reichte bis zu ihren Schuhen, sie war also ein ganz weißes, verhülltes Wesen. Mir ist nicht klar, wie viel sie durch den Stoff hindurch sehen konnte, aber sie hat sich sehr sicher im Garten bewegt.

Am Anfang des Spieles kam sie öfter mal aus der Verkleidung heraus. Allmählich blieb sie aber ganz und gar eingehüllt, sagte nichts mehr und war immer passiver. Sie saß dann längere Zeit in der Sitzschale eines beinlosen Stuhles.

Die anderen Kinder bezeichneten die verkleidete Nele als »Gespenst« und begannen ein Spiel mit ihr. Zuerst tippten sie Nele nur vorsichtig an, dann immer öfter und fester, aber nicht grob. Offensichtlich war ihnen über die gesamte Spieldauer (etwa 40 Minuten) klar, daß sich in diesem stummen, bewegungslosen Paket ihre Spielfreundin befand. Das Gespenst wurde umhergezottelt, in die Sandkiste geschleift, an einen Platz gelegt, der das »Lagerfeuer« war, »verbrannt«. Die Kinder berührten das Gespenst dabei mit ihren Händen (z.B. um das Gesicht, den Körper zu befühlen), mit kleinen Stöcken und Schaufeln. Im Gegensatz zu den sehr aggressiven Worten und dem Geschrei blieben die Berührungen im Bereich des sanften Piesackens, und offenbar war Nele in ihrem Gespenstersack ohne Angst. Nun wurde Sand auf das Gespenst gestreut, auch Pflanzen, damit »der Braten besser brät«. Nach sehr langer Zeit begann dann Nele, sich mit den Beinen hin und her zu schaukeln und dadurch den Sand abzuwerfen. Die anderen Kinder setzten diesen Bewegungen Widerstand entgegen, indem sie immer wieder Sand auf sie schaufelten. Aber Nele strampelte immer kräftiger mit den Beinen, stieß dabei auch die herumsitzenden Kinder recht heftig, setzte sich langsam aufrecht hin und kroch nach einer Weile aus ihrer Verkleidung.

Gespräch mit Nele und ihrem Erzieher

Zwei Wochen nach dem Spiel betrachten wir zusammen die damals entstandenen Fotos:

Brigitte: Auf diesem Bild, da bist du drin in dem Bezug. Weißt du das noch?

Nele: Ja, da kann man ja meinen Fuß sehen. (Sie sieht sich die Fotoserie an und bestätigt bei jedem Bild, daß sie in dem Bezug drin ist.) Ja. Und da habe ich mich immer hin und her geschüttelt.

Brigitte: Was hast du gespielt, als du da drin warst?

Nele: Mutter und Kind.
Steffen: Warst du die Mutter oder das Kind?
Nele: Das Kind.
Steffen: Wer war die Mutter?
Nele: *(lacht)* Das kann man doch auch so spielen. Wenn keiner mit einem spielen will, dann spielt man einfach los. Dann spricht man mit den andern und dann sind alle da.
Brigitte: Ich hab nicht gehört, daß du da drin gesprochen hast. Hast du ganz leise in dir geredet?
Nele: Ich hab da – und – nee *(Pause)*. Soll ich dir sagen, wieso ich da nichts gesagt habe? Weil ich da meine Kinder einschläfern wollte, weil die andern sie aufwecken wollten.
Brigitte: Die anderen Kinder haben dich dann geschuckelt und gezogen. Hast du was sehen können?
Nele: Nein.
Steffen: Was haben deine Kinder gemacht, als dich die anderen Kinder gezogen haben?
Nele: Die haben Angst bekommen.
Steffen: Du auch?
Nele: Ich hab mich immer hin und her geschuckelt, daß der Sand mir nicht überall hinkommt. Und außerdem wußten die ja nicht, wo mein Kopf war.
Brigitte: Siehst du auf dem Foto, wo dein Kopf ist?
Nele: Na hier. Da ist noch was anderes draufgelegt, Gras und so.
Brigitte: Haben die Kinder gesagt, daß sie Feuer machen wollen?
Nele: Hm. (Sie nickt.) Und außerdem darf man im Badezimmer bloß Feuer anmachen. Und außerdem ist das Feuer immer abgefallen, (sie kichert) weil es ja bloß Sand war.

Spiel-Räume

Netzpalast

Die Kunsterzieherin Gudrun arbeitet seit kurzer Zeit in einer Tagesstätte für Krippen-, Kindergarten- und Hortkinder, und sie beginnt, einen Raum als Kinderwerkstatt herzurichten. Über einem Teil dieses Raumes hat sie ein Netz angebracht (als Vogelschutz für Kirschbäume werden solche Netze im Gartenfachhandel verkauft). Das Netz ist an der Decke an einem Haken gut befestigt und wie ein Zelt bis zum Boden ausgebreitet.

Gudrun will die Kinder des ganzen Hauses kennenlernen und sie mit dem

Raum und dem Material vertraut machen. Die Kinder aller Altersklassen kommen nun täglich in kleinen Gruppen zu ihr. Sie flechten, weben und behängen das Zelt mit allen Materialien, die die Erzieherinnen, die Eltern und Gudrun zusammengetragen haben. Sie fädeln Ketten auf und basteln Objekte zum Anhängen; ich entdecke Stoffreste, Bastfäden, Schleifen, Federn, Lametta, die Beine eines Schokoladenkäfers, ein Spieläffchen, kleine Glocken, eine nur aus roten Dingen gewebte Ecke.

Sie arbeiten von innen und außen am Netz. Je mehr Material verarbeitet wird, desto dichter werden die Wände. Ein Raum ist entstanden, aus dem man aber nach allen Seiten einen guten Ausblick hat. Allmählich teilt sich allen Kindern das Raumgefühl mit.

Sie schleppen Matrazen und Kissen hinein. Manche Kinder liegen ganz still im Zelt und betrachten das Geflecht. Ein Junge bindet sich eine Schnur im Netz fest, und während er daran zupft, klingeln und bewegen sich einige Objekte. Familienspiele beginnen. Ein Spiegel, so groß wie die Kinder, kommt zwischen Wand und Netz. Sie spielen Friseur und Prinzessin, verkleiden, behängen und schmücken sich. Weil das Zelt so glänzend geworden ist und so kostbar wirkt, nennen die Kinder es nun den »Palast«.

Meer und Inseln

Bei einer großen Malaktion haben fünfjährige Kinder im Kindergarten eine Plastikfolie in »das Meer« verwandelt.

Die Kunsterzieherin Susanne hatte zuvor den Raum fast leer geräumt und eine 9 m^2 große, durchsichtige Bauplane auf dem Boden ausgebreitet. Darauf sollte nun das große Meeresbild entstehen. Vor dem Malen legten die Kinder fest, daß Strand, Hafen und Inseln nötig seien, und sie umklebten diese Bereiche mit Kreppband. Jeder Farbtopf hatte seinen eigenen Pinsel; die Farbe war mit Spülmittel versetzt, dann haftet sie besser auf Kunststoff.

Nun wurde das Meer gemalt, Wellen und blaue Flächen und alles, was darin schwimmt und wächst. Zum Schluß waren nur noch die Inseln frei von Farbe und auf jeder hockte ein Kind und malte. Manche Kinder haben länger als zwei Stunden gemalt.

Während des Malens entstanden immer neue Ideen und Spielgeschichten. Am selben Nachmittag bauten die Kinder sich Schiffe aus Schachteln. Das große Bild wurde mit einer durchsichtigen Folie abgedeckt, damit die Kinder nun darauf spielen konnten. Neben den Schiffen brachten sie sich noch besondere Spielgegenstände mit: Barbie-Puppen, ein Flugzeug aus Legosteinen, eine Schokoladenentenhülle, eine Spinne und eine Schlange aus Gummi, ein Plastiktäschchen, Brot vom Morgen in der Frühstücksbüchse.

Susanne hat den Spielablauf teilweise notiert:
»Das Schiff ist auf einen Felsen gestoßen! Nasse Füße. Wir müssen auf einem Bein hüpfen. Da – Kraken! Ein Krokodil! Ich schliddere auf dem Krokodil! Au! Schnell auf die Insel! Licht aus! Jetzt ist Nacht. Ich schlaf auf meinem Floß. Ich werd verrückt – Land in Sicht! Mir gefällt's hier so gut, ich wohne hier. Wir machen hier Picknick, es gibt Stulle.«
Die Kinder saßen auf den Inseln und das Brot wurde geteilt. Die Gummispinne in der Frühstücksbox mußte auf den Schatz aufpassen. Aus dem Alupapier, in das das Brot eingewickelt war, wurde ein Hai, der das Boot der Kinder angriff. Aber die Barbiepuppe ließ sich nicht ängstigen – sie ging baden, bis die Flut kam.

Raum und Material zum Spielen

Räume, Ausstattung und Material können von den Pädagogen für das Spielen verbessert werden. Wenn man an die Eckpfeiler des Spiels – Rolle und Raum – denkt, ist klar, was zu tun ist. Für ihr Rollenspiel brauchen die Kinder Material, das sie beleben können, also Tier- und Menschfiguren in groß und klein mit allem Zubehör, dazu Verkleidung und Spiegel, um sich selber zu verwandeln. Mit Hilfe der Eltern läßt sich vieles sammeln. Die Kinder können Figuren und Zubehör selber herstellen.

Für fast alle Spiele ist auch die Verwandlung des Raumes notwendig. Da gibt es die kleinen Spielräume, wie Bauernhof, Garage, Zirkus, Fort, Piratenschiff, Kaufmannsladen, Kaspertheater, Puppenstube. Aus Schachteln können sich die Kinder solche Räume selber machen, oder vorhandene Spielhäuser erweitern und kleine Gegenstände dafür basteln.

Dann verändern sie auch gerne den Gruppenraum z.B. in eine Bahn, ein Klassenzimmer, eine Arztpraxis, ein Schlafzimmer, und sie bauen sich gerne Höhlen, Zelte oder Häuser. Solche abgegrenzten Bereiche bauen sie sich mit den Möbeln des Gruppenraumes und Tüchern, Vorhängen oder Decken.

Auch Abgrenzungen einer Bodenfläche sind für manche Spiele wichtig. Das können kleine Teppiche aus Stoff, Fell, Papier oder Folie sein oder auch Spielflächen, die man mit den Kindern gemalt hat, z.B. ein Fluß, die Straßen einer Stadt, ein Garten, die Grundfläche für einen Zoo oder einen Markt.

Kreativität und Malen

Wer von Kreativität spricht, verbindet diesen Begriff häufig mit Tätigkeiten wie Malen, Formen, Bauen. Hier ist plötzlich erlaubt, ja sogar erwünscht, was in anderen Lebensbereichen sanktioniert wird: die individuelle Ausdrucksweise, die Phantasie, das Ungewöhnliche, auch Schmutz. Und trotzdem sind ausdrucksvolle kindliche Bilder gar nicht mehr so häufig anzutreffen. Die Bilderflut, die die Kinder beeinflußt, ist immens gewachsen. Dadurch verändern sich kindliche Gestaltungen stark. Je älter Kinder werden, desto mehr beeindruckt sie die Perfektion fremder Bilder. Ihr Mut, ihr Selbstvertrauen für kreative Taten verringert sich. Bilder abzumalen, durchzupausen, auszumalen hat nichts mit schöpferischer Tätigkeit, mit Kreativität zu tun, sondern führt zu Erfolg durch eine genaue Beobachtung und eine korrekte Wiedergabe.

Das Formulieren eigener Bilder ist eine große Kraft, die jeder in sich hat, jedes Kind und jeder Erwachsene. Ausdrücklich betone ich, daß ich nicht vom Hervorbringen »schöner« Bilder, also ästhetisch gelungener, oder »richtiger«, also wirklichkeitsgetreuer oder technisch perfekter Bilder spreche. In vielen Fortbildungveranstaltungen habe ich Erzieherinnen und Erzieher dazu ermuntert, ihre Erfahrungen, Gedanken oder Absichten in Bildern darzustellen. Jeder war dazu fähig und oft auch froh darüber, diese Fähigkeit in sich aufzuspüren. Worte können die Intensität eines persönlichen Bildes kaum jemals erreichen.

Was ist malen?

Ist malen die Annäherung zwischen einem realen Gegenstand und der inneren Vorstellung von diesem Gegenstand? Ist es die Wiedergabe von Erfahrungen? Oder ist es das Nachformen der eigenen Entwicklung?

Die Fähigkeit, sich bildnerisch zu äußern, ist Teil eines Gesamt-Entwicklungsprozesses: Ich-Entwicklung, Wahrnehmung, Entschlüsseln und Strukturieren von Bildern und ihre Umsetzung in Zeichen stehen in Beziehung zueinander. Jedes Kind hat seine persönliche Ausdrucksweise, aber es durchläuft dabei auch eine Entwicklung, die allen Menschen in ihrer bildnerischen Tätigkeit zugrunde liegt, von deren Regeln niemand abweichen kann. Darum sind Eingriffe Erwachsener in ein Kinderbild auch so leicht zu erkennen.

Der Aufbau einer eigenen Bildwelt steht immer in Zusammenhang mit der Entwicklung des Ich. Gebunden ist das Kind dabei an die Stufen seiner eigenen Wahrnehmungsentwicklung und seiner handwerklichen Fähigkeiten. Malen stärkt das Bewußtsein und das Vertrauen zu sich selbst. Während des Malens wird das Bild immer wieder überprüft und verwandelt, bis es mit der

Vorstellung übereinstimmt. Dieser Prozeß bewirkt eine Stabilisierung und Klärung des Inhaltes. Der bildnerische Ausdruck, das Denken und die Wahrnehmung sind miteinander verflochten und intensivieren und erweitern sich im Austausch.

In der pädagogischen Ausstellung »100 Sprachen hat das Kind« aus Reggio Emilia wurden uns Kinderbilder von einem so hohen Niveau gezeigt, daß wir es gar nicht fassen konnten. Die Fähigkeiten der fünf- bis sechsjährigen Kinder dort entsprachen hier eher Achtjährigen mit großer Malerfahrung.

Die Pädagogen schaffen dort ein Umfeld, in dem sich die Aktivitäten der Kinder zu solcher Qualität entwickeln können. Dabei geht es ihnen vorrangig um die Selbstentfaltung des Kindes durch Denken und Tätigkeit, die schönen Produkte sind nicht der Zweck ihrer Arbeit. Schon in der Krippe motiviert man die Kleinsten mit interessanten Materialien zu gestalterischem Handeln. In jeder Einrichtung gibt es mehrere kleine oder ein großes Atelier, es gibt Kunstpädagogen, die regelmäßig mit Kindern, Erziehern und auch mit Eltern zusammenarbeiten.

Mal-Spiel

Malen ist für Kinder so wichtig wie spielen. Wie das Spiel so ist Malen ein Prozeß: während der Malaktion wird geplant, experimentiert, verwandelt, erfunden, erzählt. Dieses Spiel mit Farben, Linien und Zeichen fordert Konzentration, Anstrengung und auch Übung. Wann das Kind seine Malaktion beendet, muß es selber entscheiden; vielleicht ist es gerade der Moment, wo sich das Papier durch »einen großen Regen« auflöst oder in schwarzer Farbe versinkt, »weil es Nacht wird«.

So, wie die Kinder täglich Zeit zum Spielen brauchen, so brauchen sie auch täglich Zeit zum Gestalten. Sie brauchen Malmaterialien und geeignete Plätze, um konzentriert zu arbeiten. In gleicher Weise, wie die Erzieherin das Spiel fördert, muß sie auch die bildnerischen Aktivitäten unterstützen. Wie beim Spiel muß es Zeiten des freien Malens und des themengebundenen Malens geben.

Farbe

Der Begriff Farbe ist vielschichtig. Die Welt sieht anders aus als wir sie sehen. Mit anderen Augen würden wir andere Farben, mehr oder weniger Farben sehen, wie z.B. Katzen-, Bienen- oder Goldfischaugen. Farbe ist also ein subjektives Phänomen, die Sinneswahrnehmung reflektierten Lichtes. Durch die Farbe ist der Mensch mit dem Licht verbunden.

Farben haben auch eine starke psychologische und therapeutische Bedeutung: sie lösen in uns Empfindungen aus und wirken auf unseren Gemütszustand.

Zum Beispiel das Gelb. Assoziationen zu Gelb sind einerseits Vorstellungen von Weite, Wärme, etwas Strahlendem, Leuchtendem – also Sonne, Getreide, Sommer, Strand, Wüste ... Dieses Strahlen hat damit zu tun, daß Gelb die hellste aller Farben ist und dem Weiß am nächsten; wir sehen gelb auch als goldene Farbe. Andererseits hat die Vorstellung von Gelb auch einen gefährlichen Anteil: das stechende, leicht grünliche Gelb des Neides, die ungesunde Farbe der Krankheit, das ätzende Gelb des Schwefels, die Farbe des grellen Lichtes.

Können Sie sich sowas vorstellen?

»Caramel Candis Creme-Meier lachte und pinselte im ersten Stock eine safrangelbe Torte an die Turmwand, im zweiten eine vanillegelbe, im dritten eine neapelgelbe, im vierten eine chromgelbe, im fünften eine honiggelbe, im sechsten eine kapuzinerkressengelbe, im siebten eine currygelbe, im achten eine limonadengelbe, im neunten eine cognacgelbe, im zehnten eine dottergelbe, im elften eine puddinggelbe ...«

Blaich, Ute: Das rosa Pferd – Geschichten zum Malen.
Stalling-Verlag Hamburg 1974, Seite 28.

Kaum zu glauben ist es – aber durch Forschungsergebnisse belegt – daß Babys im Alter von 2 Monaten schon Farben voneinander unterscheiden können und vom 3. Lebensmonat an Vorlieben für bestimmte Farben haben.

Farben sind besonders intensive Wahrnehmungserlebnisse und stark mit der kindlichen Emotionalität verknüpft. Im Kindergartenalter scheint die Farbe Rot am beliebtesten und Gelb am Ende der Skala zu sein, insgesamt mögen Kinder in dieser Zeit die Buntheit. Mit zunehmendem Alter ändert sich auch das Farbkonzept eines Menschen, Mischfarben nehmen an Bedeutung zu und das Interesse verlagert sich von der Farbigkeit mehr zur Form.

Farbbrei

Krippenkinder brauchen Farbbrei. Bevor sie mit Stiften zu hantieren beginnen, können Kinder erste Erfahrungen mit Farbe machen – analog zu ersten Erfahrungen mit Ton. »Schmieren« ist ein Wort, daß in unserer Sprache negativ besetzt ist: Fingerspuren von Spinat und Spucke am Fenster oder auf dem Tisch – wie unappetitlich! Wer unterstützt schon gerne dieses lustvolle Hantieren mit Farbbrei? Wer sieht schon darin die Ansätze zum Malen?

Schmieren, Klecksen, Färben sind wichtige Vorerfahrungen, die Wurzeln aller kreativen Malaktivitäten. Farbbrei wird mit beiden Händen gefühlt, man kann ihn auf Pappen und Papier verstreichen, auch auf sich selbst (im Sommer im Freien, im Winter in der Badewanne), Stoffe und Papiere lassen sich einfärben. Durch Zugabe von Wasser nimmt die Transparenz der Farbe zu.

Farbe und Pinsel

Neben dem Experimentieren mit dem Material wird allmählich der Umgang mit Werkzeug, vor allem mit dem Pinsel erlernt. Dadurch kann Farbe als Fläche, aber auch als Linie eingesetzt werden. Die starke Kontrastwirkung auf dem Papier mögen Kinder sehr und nutzen sie zur Ausdruckssteigerung. Formen werden farbig gefüllt, dadurch treten sie besonders deutlich hervor und grenzen die Dinge gut voneinander ab.

Zuerst sollten die Kinder nur mit einer Farbe arbeiten, um sie gut kennenzulernen: rote, blaue, grüne, gelbe oder schwarze Farbe – etwas flüssiger als Brei – und ein dicker Borstenpinsel. Ein großer Bogen festes Papier (die rauhe Seite von Packpapier) wird befestigt, damit er nicht verrutscht.

Am besten malt es sich im Stehen.

Spur

Schon ab dem 8./9. Lebensmonat können Kinder spurgebende Gegenstände wie Stifte, Pinsel ergreifen und sie erproben, aber leider wird den meisten Kindern erst viel später ein Stift oder eine Wachskreide in die Hand gegeben. Nun hantieren sie damit herum, sei es auf dem Malpapier, dem Tisch oder der Wand. Sie sind begeistert, daß sie sichtbare Spuren machen können. Schon sehr kleine Kinder hören sofort auf mit ihrer Tätigkeit, wenn der Gegenstand keine Spur mehr hervorbringt; sie erkennen also, daß sie eine Spur machen.

Die neue Entdeckung erproben Kinder bis an die Grenze, die das Material setzt: mit viel Schwung aus dem ganzen Arm heraus werden Linien, Hiebe, Punkte, Löcher, »Fahrer« zu Papier gebracht. Allmählich werden die Bewegungen besser gesteuert. Jede der anfänglich groben Spuren wird wiederholt und immer genauer ausgeführt: einzelne Linien heben sich ab, Schleifen, Zick-Zack-Reihen, senkrechte und waagerechte Linienbündel werden sichtbar. Kritzeln ist also eine Folge von Gebärden und Gesten. Die sind unterschiedlich bei jedem Menschen. Jedes Kind hat seine eigene Ausdrucksform, seine Art, Kritzelelemente miteinander zu kombinieren.

Schon im 1. Lebensjahr wissen Kinder, daß anstelle eines realen Gegenstandes auch ein Wort oder eine Abbildung stehen kann. Und so entdecken sie irgendwann, daß Kritzelspuren auch Gegenstände repräsentieren können. Die Absicht, etwas darzustellen, wird für das Kind sehr wichtig und es entwikkelt große darstellerische Fähigkeiten. Leider erfahren wir so wenig darüber, welche Absichten die Kinder verfolgen. Ihre Markierungen weisen uns deutlich auf die Darstellungsabsicht hin, aber wir können uns nicht mit ihnen verständigen. Viele frühe Bilder scheinen sich auf Gesten zu beziehen, erst später auf Gegenstände. Zum Beispiel benennt ein eineinhalbjähriges Kind seine Tupfer und Punkte mit »Hase hüpf, hüpf, hüpf.« Der Hase selbst ist gar nicht abgebildet, nur das Hüpfen.

Zeichen

Eines Tages gelingt es dem Kind, eine Linie, die es begonnen hat, an ihren Anfangspunkt zurückzubringen: eine erste geschlossene Form entsteht. Damit macht es für sich eine große Erfindung, mit deren Hilfe es Gegenstände darstellen kann. Symbole zu zeichnen hat mit der Fähigkeit zu tun, wie Kinder Bilder entschlüsseln, nämlich durch das Erkennen und Ordnen von Strukturen.

Im 3. Lebensjahr zeichnen die meisten Kinder geschlossene Formen, aus denen sich dann bald das Menschzeichen abhebt, der »Kopffüßler«. Alle Kinder der Welt zeichnen diese merkwürdigen Wesen. Und ich meine, es läßt sich nicht prägnanter ausdrücken, was uns Menschen ausmacht:

der runde Kopf-Leib als Raum für Sehen, Sprechen, Essen, Denken
und die davon abstehenden Linien als Zeichen für Bewegung.

Mit zunehmendem Alter und häufigem Malen wächst das Repertoire an Linien, Zeichen, Flecken und die Fähigkeit, sie zu kombinieren. Dadurch ist das Kind in der Lage, **alles** darstellen zu können, was es möchte.

Ausdruck

Sprachlicher Ausdruck wendet sich immer an ein Gegenüber, eine andere Person ist wichtig – malen ist wie ein Gespräch mit sich selbst; wenn Kinder malen, tun sie es nicht, um uns etwas mitzuteilen. Malen bedeutet, etwas zu tun und zu erleben ohne Worte, sich zu erleben als ein denkendes, wahrnehmendes und handelndes Ganzes.

Ein gemalter Begriff ist viel aussagekräftiger, umfassender, mit mehr Gedanken gefüllt als ein schnell gesprochenes Wort. Auch im Gegensatz zur Schrift geht ein Bild viel stärker über eine reine Mitteilungsabsicht hinaus. Es wird gestaltet, geordnet, in neue Zusammenhänge gebracht, ausgeschmückt.

Leider unterbrechen viele Erwachsene die Kinder beim Malen durch vorschnelle Belehrungen, Eingriffe, oder durch Einengung auf eigene Vorstellungen. Vielen Kindern ist dadurch ihre kreative Kraft sehr früh beschnitten worden.

Ulrich, 5 Jahre: Löwe

Werk

Ein Bild zu erschaffen gibt jedem Kind ein großes Glücksgefühl und das Empfinden persönlicher Stärke. Es empfindet sich allmächtig, weil es alle Dinge machen, die Handlung bestimmen und die Entscheidungen treffen kann. Das Wichtige dabei ist, daß es ein eigenes Werk ist, entstanden aus den inneren Bildvorstellungen, gefüllt mit eigenen Wahrnehmungen und Erkenntnissen, Teil des eigenen Ich.

Und wie unglücklich sind die Kinder, die nicht (mehr) wissen, »wie man malt«, die andere imitieren, weil sie sich eigene Bilder nicht mehr erschließen können.

Dadurch, daß das Kind etwas ganz für sich allein tut, sich eine eigene Welt formt, entzieht es sich der Kontrolle des Erwachsenen, seine Unabhängigkeit wird gestärkt, es findet zu sich selbst. Von Erziehern vorgegebene Mal- und Bastelaufgaben machen es abhängig von den Vorstellungen und Bewertungen des Erwachsenen. Ob ein Kind sein Bild als gelungen empfindet, entscheidet es selbst. Unsere Maßstäbe von richtig oder falsch, von schön oder häßlich sind hier nicht gefragt.

Deutung

Kinderbilder geben uns viele Anhaltspunkte, Kinder besser zu verstehen. In ihren Bildern breiten sie ganz offen eine Fülle von Mitteilungen aus. Sie beschreiben Ereignisse und Gefühle. Und manchmal verwandeln sie auch die Dinge.

Viele Kinder begleiten ihre Malaktionen mit Worten: sie sprechen mit ihrem Bild. Manchmal erzählen sie dabei eine Geschichte oder sie kommentieren ihre Malabsichten, sie freuen sich über zufällige Effekte und entwickeln daraus neue Bildideen. Vielleicht teilen sie uns zum Schluß mit, was ihnen das Bild bedeutet. Aber nicht jede grafische Aktion hat einen Inhalt. Schlüsse auf kindliches Denken und Fühlen kann man nur aus einer Fülle von Bildern und einer Gesamtbeobachtung ziehen.

Seit mehr als 100 Jahren versucht man, Kinderbilder zu deuten. Drei Beispiele, die bei Erzieherinnen sehr bekannt sind, will ich hier anführen:

1. Der Kunsterzieher Grözinger hat die Auffassung vertreten, daß sich in den Kritzelbildern eines Kindes seine vorgeburtlichen Bewegungserfahrungen ausdrücken. Aber es gab nie wissenschaftliche Untersuchungen, die diese Ansicht erhärten konnten. Die Vorstellung, daß sich pränatale Bewegungserlebnisse mit einer Zeitverschiebung von ein bis zwei Jahren in Bildern niederschlagen sollen, überzeugt mich nicht. Ich denke, daß sich in Kritzelbildern neben anderen Inhalten viele aktuelle Bewegungseindrücke abbilden, denn zwischen dem 2. und 3. Lebensjahr haben wir die intensivsten Bewegungserfahrungen unseres Lebens.

Grözinger, Wolfgang: Kinder kritzeln, zeichnen, malen. Prestel-Verlag, München 1952.

2. Helen I. Bachmann, eine Schweizer Kunstpädagogin und Schülerin von Arno Stern, vertritt die Auffassung, daß Kinder den Prozeß der Ich-Entwicklung zu einem späteren Zeitpunkt ihres Lebens in Bildern nachvollziehen; zwischen Lebensphase und Bildverarbeitung besteht jedoch ein Zeitabstand von drei

bis vier Jahren, den sie damit erklärt, daß Kinder erst ausreichende Malfähigkeiten haben müssen, bevor sie die Ich-Entwicklung verarbeiten. Ich teile diese Ansicht nicht: die Entwicklung des Ich und die Fähigkeit, Bilder zu entschlüsseln sehe ich in direktem zeitlichen Zusammenhang mit der Herstellung von Bildern.

Bachmann, Helen I.: Malen als Lebensspur. Verlag Klett-Cotta, Stuttgart 1989.

3. Kindliche Bildzeichen werden oft als archetypische Symbole gedeutet, wobei man sich auf die »Grundbilder der Phantasie« des Psychoanalytikers C. G. JUNG beruft. Seine Symbole beziehen sich auf die inneren Strukturen von Märchen. Ich sehe aber die Entwicklung von kindlichen Bildzeichen eng verbunden mit dem Unterscheiden von Realität und Bild und dem Strukturieren und Entschlüsseln der Bildinhalte.

Malen ist Lebenslust

Papier vom Block
und die Rückseite dazu,
und alle Rückseiten
von Postern und Kalendern,
große Pappen und kleine
Briefumschläge,
Packpapier und Seidenpapier,
der Tisch und die Wand und die Tür,
das Fenster und der Boden,
die Wanne, das Becken und die
Kacheln.

Ich selbst bin der Untergrund,
meine Hand, mein Gesicht,
meine Haare, mein Bauch und mein Po.

Erst Tüpfelchen und Tupfen,
dann Streifen und Flächen,
und dannn die ganze Pampe drauf
und rein in den Farbpudding.

Und dann viel Wasser:
Farbbahnen, Farbbäche –
blutrot, knallblau, giftgrün, quietschgelb,
und Wasser, Wasser,
bis zur Ich-Farbigkeit.

Holzkohle schwarz und krümelig,
weißlich kremige Kreide,
Filzstifte klar und kräftig.
Pulver mit Wasser und Kleister.
Tinte tropfend, verströmend,
über Wachs zerfasernd
und über Klebstoff zerplatzend.

In flüssiger Farbe kratzen
mit Gabeln und Kämmen.
Spritzen mit Farbe und Bürsten.
Klecksen, mischen, drucken,
Verlaufen, versickern, verrinnen.

Bunt-prächtig und groß
bin ich Bild,
mit meinen breiten Ohren,
mit meiner Narbe auf dem Bauch.
Ich als Löwe.
Ich als Mama.
Ich und du auch.

An die Wand damit!
Nun sehen es alle,
und ich sehe mich
in meinem Lebensraum.

Praxis-Beispiele

Die Bedeutung des Malens und aller anderen bildnerischen Aktivitäten ist gleichzusetzen mit der des Spiels. Erzieherinnen in Krippen und Kindergärten unterschätzen oft diese Bedeutung für die kindliche Entwicklung; Malen wird als etwas Nebensächliches angesehen, mit Ton und Holz wird gar nicht gearbeitet, das Bauen nicht unterstützt.

Aber wenn

Malmaterialien weggeschlossen und nur kurzfristig ausgeteilt werden,
nur selten Pinsel und Farben zur Verfügung stehen,
die Kinder nur Farben vom Stein und keine flüssigen Farben oder Tinten kennenlernen,
die Papiere von schlechter Qualität, kleinem Format, eintönig sind,
im Raum kein fester Arbeitsplatz zum Malen vorgesehen ist,
es an anregendem, gestaltbarem Material und an Werkzeug fehlt,
Erzieherinnen ungenügend informiert über die Bedeutung des Malens sind und die kindliche Tätigkeit gering einschätzen,
Material-, Technik- und Werkzeugkenntnisse gering sind,
in Kinderbilder eingegriffen wird oder Kinder mit Schablonen beschäftigt werden,

wie sollen sich Kinder dann dem Malen zuwenden und hingeben?

Doch ich kenne nicht wenige Erzieherinnen und Erzieher, die das gestalterische Tun der Kinder sehr wichtig nehmen und ihnen hierfür geeignete Bedingungen bieten. Und davon berichte ich jetzt:

Malen in der Kripppe

Ich habe die Krippe, in der Rita Erzieherin ist, öfter besucht, ihr und ihren Kolleginnen bei der Arbeit zugesehen und sie befragt.

Welches Material und Werkzeug habt ihr in eurer Krippe?

Rita zählt auf:

Papiere: Packpapier von der Rolle, Makulaturpapier, weißes Zeichenpapier in Rollen, Tapeten-Restrollen, Tapetenbücher, Rückseiten von Plakaten und Kalendern, Computerpapier, Zeichenblöcke. Kreppapier, Seidenpapier.

Werkzeug: Borstenpinsel, Zahnbürsten, Kinderhandfeger, Korken, ausgediente Malerrollen, Tapeten-Kanten-Roller, Spachtel. Stöckchen, die sich die Kinder vorher selber suchen.

Farben: ungiftige Farbpigmente (Künstlerbedarf). Die werden mit Tapetenkleister angerührt (stumpfe Farben) oder mit dem Bindemittel Caparol, das die Farben strahlend macht. Wir verwenden auch Sand oder Erde, die wir den Kleisterfarben beimischen oder in die Bilder streuen. Natürliche Bindemittel für Farbpigmente sind Öl, Ei, Quark. Die Farben werden mit den Kindern gemeinsam angerührt. Wir kochen und reiben uns auch Naturfarben aus Gemüse und Tees. Gut sind auch Tempera- und Fingerfarben, am leuchtendsten Cromarfarben – aber diese Farben sind so teuer, daß wir sie uns nicht oft leisten können. In kleinen Mengen verwende ich auch ungiftige Farbreste, die uns Eltern nach dem Renovieren bringen.

Zum Zeichnen: Dicke Buntstifte, Tapezierstifte, Bleistifte. Die Kinder malen auch gerne mit Zeichenkohle. Schöner als die harten Wachsmalstifte sind dicke Pastell-Ölkreiden.

Zum Drucken: Hierfür haben wir einen Korb mit Sachen, die schöne Formen oder ausdrucksvolle Oberflächen haben: Rinde, Holzstücke, Blätter, Steine, Klötzchen, kleine Kämme, Muscheln.

Wann und womit beginnt ihr mit neuen Kindern?

Rita: »Wenn die Kinder zu uns kommen, sind sie etwa ein Jahr alt. Neu hinzukommende Kinder lernen den Umgang mit Farben von den Kindern, die schon länger hier sind. Ich breite am Boden eine alte Tischdecke oder Plane aus, befestige darauf ein großes Papier und stelle Farbe bereit. Dann kann das neue Kind zusammen mit einem Älteren das Material ausprobieren und ich sehe mir an, wie es damit umgeht. Es wird viel mit den Händen gemalt. Sehr gerne arbeiten die Kleinsten auch mit Farbrollen. Im Gruppenraum braucht man hierfür als Erzieherin wirklich gute Nerven und eine Kollegin, der man die Kinder zum Waschen schicken kann. Im Sommer haben sich die Kinder im Garten ganz und gar mit Farbe bemalen können. Eine andere Situation ist es, am Tisch zu malen mit beiden Händen oder zwei Stöcken; die Kinder haben dann zwei Farben, weiß und eine Wahlfarbe. In solcher Situation ist auch eine sanfte Musik schön. Zum Beispiel mögen sie klassische japanische Musik von Katsuya Yoko Yama oder Trommelmusik von Paul Simon.«

Wie oft malt ihr mit den Kindern?

Rita: »Die Gelegenheit ist täglich da. Oft biete ich es im Frühdienst an. Auch nachmittags können die Kinder malen. Große Aktionen finden ein bis zweimal wöchentlich statt.«

Wie ist die Raumsituation, der Arbeitsplatz?

Rita: »Ich suche vorher einen geeigneten Arbeitsplatz aus. Das kann im Gruppenraum am Tisch, am Boden, an der Wand sein, aber auch im Bad, im

Flur, im Kinderwagenraum. Im Sommer findet alles im Garten oder auf dem Plattenweg statt.«

Farbe und Körper

(Ein Beispiel aus Ritas Krippe)

Es war warm und sonnig bei meinem Besuch in der Krippe. Die Kinder spielten im Garten. Rita legte auf dem Plattenweg eine Rolle weißes Papier aus. Vier Kinder wollten an dem geplanten Spiel teilnehmen und wurden dafür ausgezogen. In Näpfen war Farbe vorbereitet. Ritas hatte die Idee, daß sich die Kinder gegenseitig die Fußsohlen mit Farbe bemalen und dann über das Papier laufen sollten. Doch die Kinder wollten zuerst mit den Pinseln malen und legten los. Dann goß Rita etwas Farbe auf das Papier, und nun tapsten sie in den Klecks und machten auf dem Papier mit ihren Füßen Spuren. Immer schneller und lustvoller wurde das Laufen, Rennen, Klecksen, Verteilen. Nicht nur die Füße, sondern auch die Körper wurden immer bunter, Abdrücke mit Händen und Po wurden ausprobiert. Die nicht ausgezogenen, zuschauenden Kinder tröpfelten zusätzlich Wasser und Sand auf die Papierbahn (in Erinnerung an Sandbilder vom letzten Tag). Am Ende des Papieres stand eine kleine Wasserwanne mit Waschlappen. Erst wuschen die Maler nur ihre Füße darin, dann kletterten sie zu zweit hinein und alle wuschen sich gegenseitig mit den Lappen. Schließlich halfen die Erzieherinnen beim Waschen etwas nach, verteilten Handtücher, die Kinder zogen sich an. Auf der Wiese trocknete das Bild.

Malen wie Musik

Die Kunstpädagogin Susanne hat mit Kindern zwischen zwei und sechs Jahren zu verschiedenen Musikstücken gemalt, getanzt und gespielt:

1. »Stampfmusik« – harte Punkmusik

Auf dem Fußboden befestigt man einen großen Bogen festes Papier. Die Kinder (altersgemischte Gruppe Zwei- bis Fünfjähriger) sind barfuß und stampfen »wie Elefanten« zur Musik im Raum und auf dem Papier umher. Die stark rythmische Musik wird in energische Bewegungen umgesetzt. Nun stellt Susanne Farbe dazu (Grundfarben in Blumenuntersätzern).Die Füße nehmen sich Farbe und machen Spuren. Auf der Terrassse wird anschließend in der warmen Sonne die Farbe abgewaschen.

2. »Wassermusik« – ruhige, meditative Musik
(Gruppe Ashra: Ocean of tenderness)

Diese Musik ist ohne Rhytmus, träumerisch und beruhigend, wellenhaft und

Willi, 3 Jahre:
Gelb, Schwarz und Grün

Willi, 3 Jahre:
Schwarze Form mit Gelb, Blau und Rot

Ulrich, 5 Jahre: Der Drachen

Kaya, 4 Jahre, aus der Karibik und Anton, 4 Jahre, aus Polen:
Der Weg von hier in die Karibik

Irene, 5 Jahre:
Gartenzwerg mit Blumen

Otto, 4 Jahre:
Afrikanischer Sand

sehr zart, und löst dadurch Vorstellungen vom Wasser oder Meereswellen aus. Susanne hat den Kindern eine Geschichte vom Meer erzählt und sie haben als Fische zur Musik getanzt. An einem anderen Tag war die Musik Ausgangspunkt für das beidhändige Malen mit blauer Kleisterfarbe. Nachdem die Kinder lange Zeit nur mit dem blauen Farbbrei gearbeitet hatten, also nur diesen Vorstellungen von Wasser nachgehen konnten, sollten sie sich eine zweite beliebige Farbe wählen.

Manche Bilder blieben weiterhin abstrakt, also Ausdruck von Schwung, Bewegung und Farbspiel, andere Kinder beschrieben aber auch in Formen das Meer und die Wesen, die darin leben. Und dabei fragte der dreijährige Sanusi die Kunstpädagogin: »Können Fische weinen?«

3. »Trommelmusik« – Afrikanische Trommelmusik

Susanne sitzt mit den Kindern (Fünf- bis Sechsjährige) im Kreis, sie hören der Musik zu und erzählen von fernen Ländern, vom Urwald, den Pflanzen und Tieren dort. Dann tanzen die Kinder zu dieser Musik und haben dazu auch eigene Instrumente: Tamburins, Schellen, Trommeln ... Sie stoßen »Affenschreie« aus und erleben eine kleine Reise durch den Urwald. Anschließend schminken sie sich allein und gegenseitig als Bewohner des Urwaldes und tanzen weiter. Schließlich spielen und malen sie sich noch als Palmen, die sich im Wind bewegen.

4. Wiener Walzer – »An der schönen blauen Donau« Johann Strauß

Papiere sind an Kinderstaffeleien befestigt. Die Gruppe ist altersgemischt (zwei- bis fünfjährige Kinder). Sie hören erst den Anfang der Musik und tanzen dann. Schließlich bekommen sie rote Fingerfarbe und malen nun im Stehen an Staffeleien sehr schwungvolle Bilder. Wer fertig ist tanzt wieder. Die Musik lockt andere Kinder und Erzieherinnen in den Raum, die sich auch anfassen und tanzen, schließlich tanzt auch die Köchin mit.

Mal – A B C

A *Arbeitsplatz*

Kinder malen gerne im Stehen, sowohl am Tisch oder an der Wand. Am Boden zu malen ist schwierig: man stippt in die Farbe ein und braucht eine Hand zum Abstützen. Gut geeignet sind Staffeleien, bei denen Vor- und Rückseite genutzt werden können, und die man nach Gebrauch zusammenklappen kann.

Malwände in Fluren entstehen durch abwaschbaren Anstrich.

Spanplatten, schräg an die Wand gestellt und an der Oberkante befestigt, ergeben gute Arbeitsplätze.

B *Badewannenfarbe*

Ein großes Vergnügen sind beim Baden und Duschen farbige Seifen. Mit dem farbigen Schaum können sich die Kinder bemalen.

Beidhändiges Malen

Durch die gleichmäßige Betätigung beider Hände kommt es zu besonders intensiven Bewegungserlebnissen. Der Schwung teilt sich dem ganzen Körper mit und verbindet sich nach kurzer Zeit auch mit dem Atemrythmus, die gesamte Motorik lockert und harmonisiert sich. Das Papier muß vorher gut befestigt werden.

Besenbilder

Papier wird auf dem Boden befestigt. Die Kinder tropfen etwas Farbe auf das Papier und verteilen sie mit einem Kinderbesen, mit Handfegern, Bürsten oder einem Schrubber an gekürztem Stiel. Es entstehen Mischungen und geriffelte Farbfelder. Am Tisch können die Kinder Farbe auch mit Hand- und Zahnbürsten bearbeiten.

C *Champagnekreide*

Diese natürliche Kreide aus der Landschaft Champagne kann mit Wasser zu einem weißen Farbbrei gerührt werden und eignet sich gut zum Malen im Freien, weil sie sich nach einem Regen wieder auflöst. Mit Leim vermischt läßt sie sich auf farbigem Papier vermalen.

Collagen

Collagen sind Materialbilder. Sie entstehen in zwei Arbeitsschritten:

1. Das Ausprobieren und Spielen mit dem Material auf dem Untergrund, das Zurechtschneiden und Legen.

2. Das Aufkleben. Durch vorschnelles Kleben verengt sich ganz schnell die Möglichkeit zur Veränderung und zum Spiel.
In Collagen verwandelt sich Abfall in eine Farbfläche oder in einen Bildteil. Gerade die Verfremdung ist das Interessante an dieser Technik: das Bild kann verschiedene Schichten haben, Figuren können in Häusern verschwinden oder angezogen werden, eine Frisur kann vielleicht Zöpfe bekommem, die aus dem Bild heraushängen, Klappfenster können ausgeschnitten und unterlegt werden ... .

Kinder dazu anzuhalten, Katalogteile auszuschneiden und aufzukleben, um »schneiden und kleben« zu lernen, ist keine sinnvolle oder kreative Beschäftigung für sie.

Draht/Drahtgeflecht/Metallreste **D**

Maschendraht, auf dem Papier befestigt, kann mit Farbe übermalt oder bespritzt werden. Farbfelder entstehen, die man wie kleine Räume ausmalen kann.

In einen Rahmen gespannt kann Maschendraht Bilduntergrund sein für Metallreste und Drahtkonstruktionen oder für Textilbilder. Diese Bilder können von beiden Seiten gestaltet werden. Mit kleinen Zangen können ältere Kindergartenkinder arbeiten lernen, so lassen sich in den Maschendraht Fenster schneiden und klappen.

Drucken

Abdrücke ähneln den Schatten der Dinge und sind für Kinder faszinierend. Darum sollten erste Druckversuche in der Krippe mit kleinen Gegenständen unternommen werden, die dem Kind gut bekannt sind: Tassenboden oder Löffel, eine kleine Holzfigur, die eigene Hand, der Kamm. Mit den Kindern und für die Kinder sollte man Materialien sammeln, die eine besonders ausgeprägte Struktur haben (Rindenstücke, Wirsingkohlblätter, Blumenkohlstücke) oder eine gut abgegrenzte Form (Bauklötzchen, Ausstechformen, Steine, Blätter und Stöcke, Kartoffel- oder Möhrenstücke). Der Druckstock wird in die flüssige Farbe getunkt oder mit einem Pinsel angemalt. Temperafarben sind gut zum Drukken geeignet.

Bedruckt werden können u.a. Pappe und Packpapier, Seiden- und Japanpapier, Servietten, Tonpapier, Briefpapier und auch Stoffe.

Duftbilder

Man kann Farben mit Düften vermischen. Es eignet sich Zimt oder Nelkenpulver, Vanille- und Mandel-Backaroma oder geriebene Zitronenschale. Zu bedenken ist, daß manche Gewürze selbst färben.

F *Faltschnitte*

Papiere aller Art falten die Kinder zusammen und schneiden Formen aus. Mit den aufgeklappten »Deckchen« und den ausgeschnittenen Formen können die Kinder Teppiche und Gemeinschaftsbilder kleben.

Farben

Farben zum Malen bestehen aus Farbpigmenten und Bindemitteln, Konservierungsstoffen, eventuell Lösungsmitteln. Bindemittel sind z.B. Kunst- und Naturharze, Caparol, Titanweiß, Kleister, Gelatine, Öl, Ei.

Farbpigmente können aus Erde, Pflanzen, Tierprodukten gewonnen oder industriell hergestellt werden. Während man früher hauptsächlich Schwermetalle dafür nahm (Cadmium, Chrom, Kobalt usw.), ersetzt die Petrochemie sie heute durch andere Produkte, die Anilinfarben.

Fingerfarben

Durch eine Selbstverpflichtung der deutschen Hersteller von Fingerfarben sind die Schwermetallanteile pro Kilogramm Farbe sehr gering. Die verwendeten Konservierungsstoffe sind auch für Lebensmittel zugelassen. Fingerfarben werden mit einem Bitterstoff angereichert, damit kleine Kinder die Farbe nicht essen.

Fixieren

Kreide und Kohlebilder verwischen sehr schnell, wenn man sie nicht mit einem Überzug versieht. Früher nahm man Haarspray. Geeignet ist auch Caparol-Verdünnung, die die Kinder mit einer Wasserpistole oder Blumenspritze aufsprühen.

G *Gips*

Schon Krippenkinder arbeiten gerne mit Gips. Sie rühren ihn mit Wasser in einem Kunststoffeimer oder -becher an. Mit einem Löffel schöpfen sie die Masse auf eine Pappe und verstreichen sie darauf. Oder sie füllen davon etwas in Pralinenschachtel-Einsätze. Darin kann man viele Dinge eingipsen, z.B. Naturmaterial.(Gegenstände aus Kunststoff kleben nicht in Gips.) Oder man macht Abrücke, Muster, Kratzbilder. Gips läßt sich bemalen oder vorher mit Pigmenten färben.

H *Holz*

Holzreste, Naturholz, Fundstücke aller Art können zu Bildern oder Skulpturen zusammengesetzt, beschnitzt, verziert oder bemalt werden.

Kittel

Geeignet sind alte Oberhemden und Blusen von Erwachsenen, die die Kinder auf dem Rücken zuknöpfen, die Ärmel werden auf Kinderarmlänge abgeschnitten. Bei heftigen Farbaktionen sollten die Kinder nur Unterwäsche und Kittel anhaben.

Aus Plastiktüten entstehen Kittel, wenn man sie in Längsrichtung und unten aufschneidet, mit Armlöchern versieht und auf dem Rücken mit Wäscheklammern »zuknöpft«.

Klecksbilder

Das Papier wird gefaltet und wieder geöffnet. In die Mitte tropfen die Kinder etwas Farbe. Nun klappt man das Papier zusammen und dadurch entstehen seitengleiche Farbbilder, in denen Kinder oft Ähnlichkeiten zu Tieren, Menschen oder Fabelwesen entdecken. Dieser Effekt begeistert Kinder meist so sehr, daß sie Unmengen von Ruck-Zuck-Klecks-Bildern herstellen. Man kann jedes einzelne Bild weiter bearbeiten und dadurch die Assoziationen weiter ausformen. Bunte Klecksographien lassen sich mit schwarzer Tusche verändern, mit Einschnitten und Umklappungen. Man kann die Formen ausschneiden und auf einen anderen Untergrund kleben.

Kleisterbilder

Farbpigmente und Tapetenkleister ergeben eine glitschige, sehr wasserhaltige, stumpfe Farbe. Diesen Farbbrei verarbeiten Kinder sehr gerne mit den Händen. In die nassen Bilder kann man Muster und Zeichnungen mit Stöcken, Kämmen, Spachteln machen. Die Bilder trocknen langsam und wellig, nach dem Trocknen kann man sie glatt pressen und mit farbloser Schuhcreme polieren.

Kratzbilder

In schwarz eingestrichenen Karton oder eine dunkel bemalte Gipsplatte können die Kinder mit Nägeln Muster und Bilder kratzen. Auch auf eine bemalte Glasscheibe kann man Motive kratzen, der Rand der Scheibe wird mit Kreppband eingefaßt.

Kreide

Sie ist geeignet zum Malen auf glatten Oberflächen und Böden. Malt man auf Papier, muß das Bild fixiert werden.

Man kann auf angefeuchtetem Papier malen; legt man nasse Zeitungen unter das Malpapier, bleibt es bis zur Fertigstellung feucht.

Zuckerkreide: Weicht man Tafelkreide mehrere Stunden vor dem Malen in einer Zuckerlösung (4 Eßlöffel Zucker auf eine Tasse Wasser) ein, so werden die Bilder besonders leuchtend und wischfest.

Wattebilder: Kreidestaub läßt sich gut mit Watte auftragen und verwischen, man kann ihn über Schablonen verarbeiten.

Neben der üblichen Tafelkreide gibt es auch Fenstermalkreide. Malkreide, die Kinder selber herstellen können, wird im alternativen Versandhandel angeboten. Sie wird aus Gips, Kreide und verschiedenfarbigen Erden angerührt und in unterschiedliche Formen gegossen.

Korken

Mit Korken können die Kinder malen, stempeln und drucken. Aus verschiedenen Korkstücken lassen sich ungewöhnliche Stempel herstellen.

L *Lappen*

Jedes Kind, das mit flüssigen Farben arbeitet, braucht einen Mal-Lappen, um Pinsel und Finger abzuwischen, überschüssige Farbe oder Wasserflecken aufzusaugen oder zum Verwischen der Farbe im Bild.

Lebensmittelfarben

Sie sind wasserlöslich und unschädlich, deshalb gut geeignet zur Farbherstellung, ebenso Kosmetikfarben.

M *Malflächen*

Mit Kreide oder Kreidebrei können Terrassen, Zufahrtswege und Höfe als große Malflächen ausgenutzt werden. Durch Wasser wird die Farbe wieder entfernt.

Mischen

Mit der Zugabe einer zweiten Farbe kann das Mischen ausprobiert werden. Für den Anfang eignet sich am besten gelb und blau. Das Mischen macht Kindern viel Spaß, manchmal kommt dabei gar nichts auf das Papier. Die Kinder erleben, wie sich Farben in großen Spannungen und Kontrasten bewegen, miteinander »kämpfen«, ineinander fließen und sich zu einer neuen Farbe verändern und zu einer allmählichen Harmonisierung finden.

Murmeln

Murmeln in Farbe tauchen und im Deckel einer Konfektschachtel ein Bild damit kugeln.

N

Naturfarben

Aus Pflanzen, Erde oder Tees lassen sich Farben herstellen. Meist sind sie zart. Besonders gut sind sie auf weißem saugfähigen Papier zu erkennen. Das Herstellen von Farben macht Kindern großen Spaß, sie sollten daran immer beteiligt werden.

Farbextrakte:

Rot: Rote Bete reiben. Kirschen, Holunderbeeren, Himbeeren zerdrücken und auspressen. Roher Möhrensaft. Starker Hagebuttentee. Paprikapuder.

Braun: Sud von Zwiebelschalen, Kaffeesatz, schwarzer Tee-Sud, die Erdfarbe Terra Ercolana.

Grün: Gräser, saftige Blätter, Spinat zerkleinern und auspressen.

Ocker: Ockerfarbige Erden.

Gelb: Safran, Gelbwurz, Ringelblumen, Schafgarbe mit wenig Wasser kochen.

Violett: Blaubeeren auspressen, Malve, Blauholz kochen.

Weiß: Champagnekreide.

Schwarz: Asche von Holz oder Papier.

Orange: Krappholz auskochen, Hagebutten zerkleinern und auspressen. Apfelsinensaft.

Man kann den Farbextrakt mit Kleister, Titanweiß, Quark, Öl oder Eigelb mischen, um eine bindende, streichfähige Farbe zu erhalten.

Mit Zitronensaft kann man unsichtbare Zauberbilder und geheime Zeichen malen. Sie zeigen sich als weiße Linien erst dann, wenn man das Papier färbt.

P

Palette

Paletten regen zum Mischen an, sie sind nicht so kipplig wie Farbbecher, der Farbverbrauch ist geringer. Geeignet sind Blumenuntersetzer, Schraub- und Kunststoffdeckel.

Papiere zum Malen

Für großflächiges Malen eignen sich: Packpapiere, Tonpapiere, Rückseiten von Plakaten oder Kalendern, Tapetenrollen. Makulaturpapier ist nur bedingt brauchbar, weil es sehr dünn ist und deshalb schnell reißt. Großformatige Aktstudienblöcke sind im Vergleich zu einzelnen Zeichenpapier-Bögen preiswert.

Manchmal sollten die Kinder besondere Papiere zum Malen bekommen: farbloses Transparentpapier von der Rolle, schwarzes Tonpapier, Löschpapier, Japanpapier, Aquarellpapier, durchsichtige Folie, besondere Geschenkpapiere, Seidenpapier.

Man kann alte Tapetenbücher bekommen, die sich wegen ihrer Festigkeit und manchmal schönen Stuktur gut zum Befühlen, Bemalen, Bedrucken oder Ausschneiden eignen.

Papier-Schnitte

Formen frei ausschneiden/reißen, auf kontrastfarbigen Untergrund kleben und die Formen weiter ausmalen. Nicht die Genauigkeit des Schneidens, sondern die phantasievolle Form ist wichtig.

Pinsel

Kinder können viele Pinsel selber herstellen: Stöcke mit Stoff, Schaumstoff oder Pelz umwickeln und mit Draht befestigen. Sie können mit Stöcken oder Federn malen, mit Schwämmen oder Lappen, mit dem Spachtel Farbe verstreichen.

Polierte Bilder

Manche Farben sind sehr stumpf, z.B. die Naturfarben oder mit Kleister angerührte Pigmente. Kinder polieren gerne ihre Bilder. Ein Lappen wird mit wenig Möbelwachs getränkt, sie reiben das Bild damit ein und polieren es danach mit einer weichen Schuhbürste.

Pudding

Als Farbbrei für Kleinkinder sind mit Wasser angerührter Schokoladenpudding oder Götterspeise deshalb geeignet, weil sie absolut ungiftig sind.

Pustebilder

Tusche oder dünne Farbe werden auf Papier gebracht und mit Strohhalmen verblasen. Die entstehenden Phantasieformen können die Kinder weiter bearbeiten.

Q *Quark*

Farbbrei für Kleinkinder ist besonders hautfreundlich, wenn man ihn mit etwas Quark verrührt.

S *Sandbilder*

Farbbrei, der mit Sand vermischt wird, hat eine körnige Struktur und läßt sich am besten mit den Händen vermalen. Besonders Krippenkinder sollten dieses Tast-Seh-Erlebnis oft genießen können. Man kann in alle Kleister-Bilder Sand einstreuen. Ein dicker Brei aus Kleister und Sand läßt sich auch zum Modellieren von Bildern in Schachteldeckeln verwenden.

Spuren

Die Räder eines kleinen Autos in Farbe tauchen und damit Spuren machen. Bälle mit Farbe bemalen und über das Papier rollen. Schnüre in Farbe tauchen auf das Papier drücken und über das Papier ziehen.

Stempel

Viele Dinge sind als Stempel zu verwenden (s. Drucken) oder aus Holz-, Rüben-, Papp- oder Styroporresten herzustellen. Die Kinder können sich Stempelkissen herstellen: mit Stoff oder saugfähigem Papier (Papiertaschentücher) einen Schraubdeckel auspolstern und mit Farbe tränken.

Im Kindergarten sollte ein Stempelkasten mit einzelnen Buchstaben vorhanden sein, damit die Kinder mit Worten und Namen experimentieren können.

Sticken

Mit Web- oder Sticknadeln und Fäden, Garn, Bändern, Schnur, Gräsern, Wolle lassen sich Bilder sticken. Stramin, Tüll, grobmaschige Gardinenreste, feines Drahtgeflecht sind geeignete Untergründe, die man in provisorische Holzleisten-Rahmen spannt (auch in Bilderrahmen, Bettgestelle, Wandschirme, Puppentheaterbühnen, zwischen die Beine eines umgedrehten Tisches). Kinder sticken auch gerne an einem großen Gemeinschaftsbild, daß in mehreren Wochen immer dichter und bunter wird.

T

Technik

Jede der hier beschriebenen Techniken läßt sich hundertfach variieren und mit anderen Techniken verbinden. Aber die Kinder brauchen sichere Grundkenntnisse, müssen also lange Zeit nur mit einem Material, einer Farbe, einer Technik probieren können. Die Techniken sollen nicht das bildnerische Arbeiten überfrachten, sondern der Erweiterung des Ausdrucks dienen.

Themen

Was Kinder malen, ist verbunden mit ihrem Erleben und ihren Erfahrungen. Sie brauchen eigentlich keine Themenvorschläge des Erwachsenen, sondern nur seine Unterstützung beim Auffinden ihrer Themen. Wenn wir ihnen zuhören und sie beobachten, entdecken wir ständig Themen: Personen und Wesen, Dinge und Tätigkeiten, Gefühle, Geschichten, Räume. Im Mittelpunkt seiner Darstellungen steht das Kind selbst.

Titanweiß

Zum Anrühren von Pulverfarben eignet sich die Wandfarbe »Naturharz-

Raumweiß Nr. 320« von AURO, denn sie ist frei von Lösungsmitteln und Titandioxyd.

Tusche

Schwarze Indien-Tusche kann man verdünnen zu einem kräftigen Grau, die Kinder vermalen sie mit Stöckchen. Solche Tuschzeichnungen lassen sich mit den zarten Naturfarben schön ausmalen.

U *Umklapp-Bilder*

Die Kinder falten farbloses oder farbiges Transparentpapier einige Male. Dann werden manche Faltlinien eingeschnitten. Danach klappt man den Bogen auseinander. Durch die Einschnitte können nun Öhrchen umgeklappt werden. Verschiedene transparente Papierschichten überlagern sich. So entstehen Farbverdichtungen und Mischungen. Die Bilder entfalten ihre Schönheit besonders durch Licht; man sollte sie am Fenster oder vor einer Lampe befestigen.

V *Verlaufende Farbe*

Man befestigt das Malpapier an seinem oberen Rand an einem schräggestellten Tisch oder einer Staffelei und stellt darunter einen Blumenkasten (zum Auffangen der Farbbahnen). Die Kinder betupfen mit stark verdünnter Farbe das Papier, die Farbe bildet Bahnen und Bäche, deren Verlauf und Mischungen die Kinder beeinflussen können durch Anheben oder Drehung des Papiers oder durch Sperren.

W *Wachsmalstifte*

Wachskreiden sind für Kinder im Vorschulalter besonders geeignet, denn sie geben eine kräftige Farbspur als Linie und als Fläche. Sie lassen sich mit der ganzen Hand gut anfassen und bis zum letzten Rest in unterschiedlichen Techniken gut verwenden. Wachsmalstifte bestehen aus Kunst- oder Bienenwachs, Porzellanerde und Farbpigmenten. Nicht immer sind die verwendeten Pigmente schadstoffrei.

Wundertüten

In durchsichtige Plastikbeutel füllen die Kinder Wasser und Farbe. Geeignet sind farbige Tuschen oder farbiges Kreppapier. In die Tüten füllen sie einige Schwimmobjekte, die selber Farbe abgeben oder gut aufnehmen, z.B. Federn, Watte, Hölzchen, Korken, Luftschlangen. Die Kinder experimentieren mit Wasser und Farbe und beobachten die Farbmischungen. Mit einem Tiefkühlbeutel-

Schweißgerät verschließt man die Wundertüten. Es entstehen farbige Wasserkissen mit interessanten Einschlüssen, die sich darin bewegen. Besonders schön wirken die Farben im Gegenlicht am Fenster.

Zeitungspapier

Wegen seiner hohen Saugfähigkeit ist Zeitungspapier als Malunterlage oder mit Kleister vermischt als Modelliermasse gut geeignet. Auch Faltobjekte lassen sich daraus herstellen.

Zwiebeln

Die Schnittflächen der Zwiebel eignen sich zum Drucken. Sie ergeben einen sehr hübschen Abdruck, wenn man sie mit Farbe bestrichen hat. Aus dem Sud von gekochten Zwiebelschalen entsteht eine bräunliche Naturfarbe zum Malen und Färben.

Zuckerguß

Hergestellt aus Puderzucker, Wasser und etwas Eiweiß eignet er sich gut zum Bemalen von Pfefferkuchen.

Krippe und Kindergarten – Orte kreativen Lebens

Für ihre Art zu leben brauchen Kinder geeignete Orte. Wo sind diese Orte und wie müssen sie beschaffen sein?

Die ungefährdeten Freiräume und Spielräume der Kinder in ihrer engeren Wohnumgebung sind in den letzten Jahrzehnten erheblich kleiner geworden. Die meisten Kinder in Deutschland verbringen heute den größten Teil ihrer Kindheit in für sie eingerichteten Institutionen. Krippen und Kindergärten werden inzwischen von fast jedem Kind in Deutschland für einige Jahre täglich besucht. Kinder suchen sich diese Orte nicht aus, wir Erwachsenen sind dafür verantwortlich, wie sie beschaffen sind. Wir sind es, die Institutionen für Kinder so gestalten können, daß kreatives Leben dort möglich ist.

Raumgefühl

Räume wirken auf unsere Sinne

Unsere Kreativität kann durch einen Raum beflügelt werden, durch einen anderen kann sie erfrieren. Stellen wir uns einen Käfig vor. Oder einen Wohnraum mit wildbewegten Tapeten in schreienden Farben. Oder einen lichtdurchfluteten Pavillon in einem alten Garten. Der eine Raum weckt in uns Gefühle der Freiheit, ein anderer vermittelt uns Geborgenheit, in wieder einem anderen Raum fühlen wir uns eingesperrt oder erdrückt. Eine Bündelung verschiedener Sinneseindrücke läßt uns Räume wahrnehmen. Hauptsächlich sind es Tasterlebnisse, Vorstellungen von der Form der Gegenstände und ihrer Entfernung, ihrem Standort zueinander (davor oder dahinter Liegendes) und Wahrnehmungen von Licht und Klima.

Mit unserem Körper erkunden wir Räume

Unser Körper steht in jedem Moment des Lebens in Verbindung mit dem uns umgebenden Raum. Schon das ungeborene Kind erlebt den Raum, die Enge, die Öffnung und das Fallen in die Leere. Ein Säugling spürt mit seinem ganzen Körper Widerstände, die sich in seinem Gedächtnis als der Raum »Bett« einprägen. Wenn das Kind lernt, sich fortzubewegen, kann es immer neue Räume erobern und sich neue Behausungen schaffen.

Kinder spielen mit dem Raum

Kinder suchen sich eigene Räume und besetzen sie: den Raum hinter der Gardine oder unter dem Tisch, das Versteck im Schrank, den Platz im Wäschekorb. Sie schaffen sich Gehäuse, indem sie in Schnee oder Sand einen Kreis um sich herum zeichnen, sich eine Höhle oder ein Nest bauen. Das ist immer wieder Teil ihrer Spiele: »Raum schaffen, besetzen und gestalten«. In diesen Spielen steckt das Auskosten von Raumerlebnissen und das Überprüfen von Raumvorstellungen. Die Nähe von Wänden wird wahrgenommen wie eine Antwort auf die eigenen Körperumrisse – ich selbst spüre meinen Körper im mich umgebenden Raum. Das Thema »Mein Körper im Raum« wird auch von allen Kindern in Zeichnungen und Bauwerken bearbeitet.

Seßhaftigkeit

Nicht nur Tiere, sondern auch Menschen haben die tief verwurzelte Eigenschaft, Territorium zu besetzen, sich »einzunisten«. Raum zu besitzen, gibt ein Gefühl der Sicherheit, des Schutzes. Und wie wir Erwachsenen, so suchen Kinder aller Völker und in allen Zeiten sich eigene Orte, in denen sie sich einrichten und von denen sie sich nur sehr ungern vertreiben lassen.

Ein Teil unserer Freiheit ist es, Räume zu verlassen

Kindheit findet bei uns zu einem erschreckend großen Teil in geschlossenen, abgegrenzten, umzäunten, vom Erwachsenenleben isolierten Räumen statt. Wie oft hindern wir Kinder daran, einen Raum zu verlassen! Das Einsperren in ein Laufställchen, der Befehl »Jetzt bleibst du aber im Bett!« und die häufigen Verbote, sich aus dem Gruppenraum zu entfernen, gehören zu den Raumerfahrungen fast jedes kleinen Kindes. Geht es uns wirklich immer nur um die Sicherheit der Kinder? Oder wollen wir uns vor ihnen schützen?

Öffentlicher und privater Raum

Kinder brauchen in Krippen und Kindergärten den Wechsel von großen, öffentlichen Räumen und kleinen, ganz privaten Orten – die einen für ihre Gemeinsamkeiten mit den übrigen Kindern, die anderen, um in all dem Gruppentrubel sich immer wieder selbst zu spüren.

Der persönlichste Ort ist der eigene Schlafplatz, ein Platz zum Kuscheln und Träumen, ein Ort der Wärme, Ruhe und Geborgenheit, des »Bei-sich-selbst-Seins«. Täglich wandeln die meisten Erzieherinnen den Gruppenraum in einen Schlafraum um. Der Gruppenraum kann zu einer Traumlandschaft werden durch Matratzen, Kissen, Tüchern, Bettdecken, Schlaftieren und -puppen von zu Hause, durch Baldachine aus Tüchern oder Schirmen. Ecken und Winkel entstehen durch das Umstellen von Regalen und Tischen.

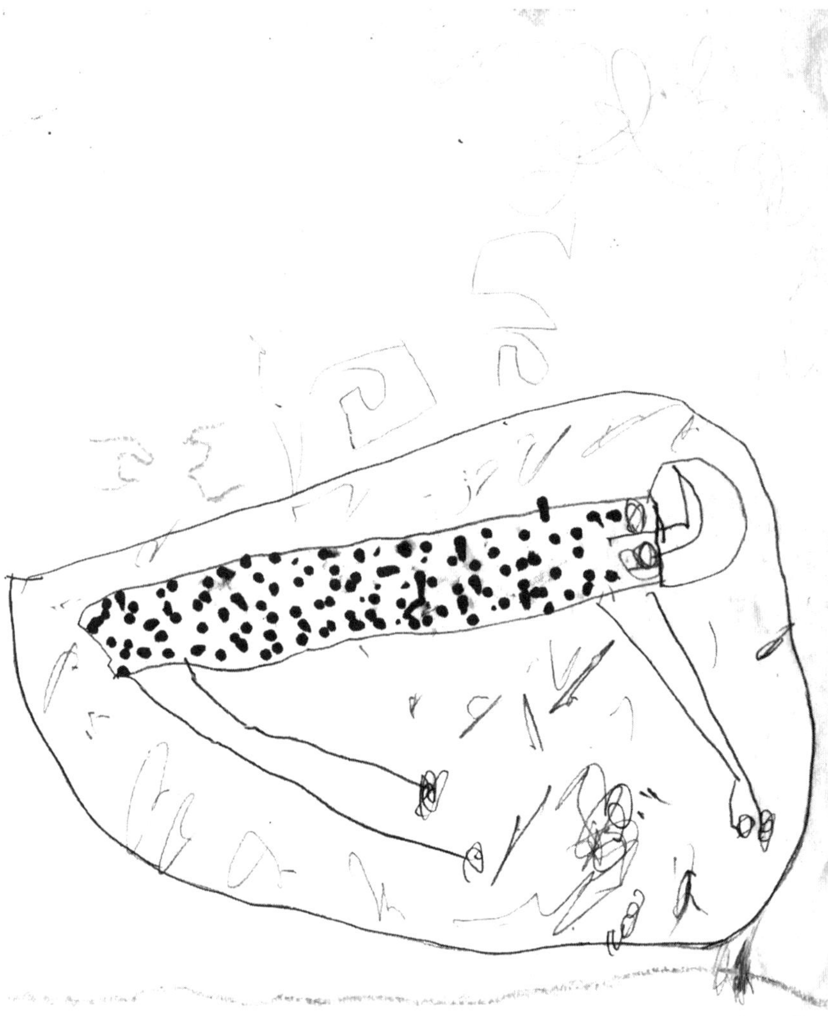

Ulrich, 5 Jahre: Jaguar im Käfig

Eingewöhnung und Raumeroberung

Den Grad der Eingewöhnung eines Kindes kann man daran ablesen, wie es sich Räume erschließt. Ein Kind, das sich nicht vom Fleck bewegt, wird sich unglücklich und ängstlich fühlen. Die Eroberung von Räumen ist ein Zeichen von Sich-wohl-Fühlen und Sicherheit. Wennn ein Kind sich an einem eigenen Ort niederläßt und ihn auszugestalten beginnt, so zeigt es dadurch an: es geht mir gut – hier bleibe ich.

Innen- und Außenraum

Zu jedem Kinderhaus gehört auch ein Garten. Voller Spannung vollzieht sich der Wechsel zwischen diesen inneren und äußeren Orten. Draußen erlebt das Kind Pflanzen und kleine Tiere, Bäume, Erde, den Himmel, Vögel und Flugzeuge, den Wind, Sonne, Kälte, Regen oder Schnee, Strauch-Gestrüpp, Grasflächen und Asphalt, fremde Kinder. Das Haus ist der Ort des Behütetseins, der Wärme, der Nähe zur Erzieherin, der Essensgerüche, des Lampenlichtes, des eigenen Gruppenraumes, Bettes, Garderobenhakens. Draußen können die Kinder rennen, große Entfernungen überwinden, auf etwas Hohes klettern, Gefühle der Weite und Freiheit spüren – jedenfalls bis zum Gartenzaun. Drinnen gibt es Kuschelplätze, geheime Orte, dunkle Ecken zum Verkriechen. Hoffentlich.

Gehäuse für Kinder

Viele ältere Kindereinrichtungen der Kommunen sind häßliche, würfelförmige Zweckbauten, gebaut nach dem Motto »robust und preiswert«. Die Räume für die Kinder sind wie Käfige: trostlos, lieblos, absolut sicher und ohne jede Chance, sich vor der Autorität der Erwachsenen zu verstecken. In den neuen Bundesländern wurde über Jahrzehnte nach einem Entwurf gebaut, und alle Kindertagesstätten glichen sich in Architektur und Ausstattung wie ein Ei dem anderen.

Bei freien Trägern gab es schon immer mehr Abwechslung: hier in Berlin kenne ich alte Häuser, umgebaute Wohnungen, Gartenhäuser, Fabrik-Etagen, Gewerbehöfe, Läden, die als Krippen und Kindergärten genutzt werden. Aus anfänglicher Not sind durch viel Kreativität (und mit Hilfe staatlicher Mittel) lebendige, originelle Einrichtungen entstanden; Nischen, Winkel, Ecken wurden integriert, alte Gärten als ein unübertroffenes Erfahrungsfeld für Kinder genutzt, Beton verschwand unter Begrünung.

Im letzten Jahrzehnt hat sich die Architektur der Kindergärten verändert. Immer dann, wenn Pädagogen und Architekten gemeinsam planen und wenn Einrichtungsträger aufgeschlossen denken, können lebendige, anregungsreiche Orte für Kinder entstehen trotz kleiner Etats und vorgegebener Raumprogramme.

Die Stadt Frankfurt/M hat seit 1985 fünfzig Kindertagesstätten gebaut und geplant, die in ihrer Architektur neue Wege aufzeigen und auch ökologische Gesichtspunkte bei Bau, Ausstattung und Betriebsablauf berücksichtigen.

Auch im Westteil Berlins sind in den letzten Jahren architektonisch sehr gelungene größere Neubauten entstanden nach neuen, pädagogisch geprägten Konzeptionen.

Entwurf für Orte kreativen Lebens

Räume für die Sinne

Um kreativ sein zu können, müssen Architektur und Einrichtung die Sinne anregen, »Blickfang und Augenweide« sein, wie es JUTTA DREISBACH-OLSEN in dem Heft »Räume und Sinne« des Evangelischen Amtes für Kindertagesstätten Berlin, nennt. Dort, wo in Krippen noch immer die weiße Farbe vorherrscht, grelles Deckenlicht, pure Funktionalität den Raum bestimmen, gibt es wenig zu sehen, läßt sich kaum etwas Interessantes fühlen oder Angenehmes riechen. Statt gleichförmiger Räume brauchen Kinder eine Architektur, die die Sinne anregt: Treppen, Säulen, Nischen, Podeste, Mauervorsprünge, vieleckige Grundrisse.

HUGO KÜKELHAUS spricht von »rhythmisierten Räumen«, die durch ihre Zustandsunterschiede – hell und dunkel, nicht grau – warm und kalt, nicht lau – die Bewegungs- und Sinnessysteme der Kinder provozieren sollen.

Kükelhaus, Hugo: Organismus und Technik. Fischer Verlag, Frankfurt/M 1979.

Material

Natürliche Baumaterialien, wie Holz, Klinkersteine, Natursteine, Glas, fühlen sich unterschiedlich an, sind robust oder zerbrechlich, haben ihre besondere Struktur, Festigkeit, Farbe, Temperatur, ihren Geruch. Die Natürlichkeit des Materials schärft die Sinne der Kinder. Reine Betonbauten strahlen Kälte, Starrheit, Härte, Undurchdringlichkeit aus, sie verstärken den Lärm und dämpfen die Lebendigkeit ihrer Bewohner; es läßt sich besser in ihnen leben, wenn sie durch Farben verändert und von Pflanzen überwuchert werden.

Fenster

Fenster, die Augen des Hauses, verbinden das Drinnen mit dem Draußen. Nähern sich Kinder und Eltern dem Kindergarten, so geben die Fenster einen ersten Eindruck vom Haus und einen ersten Einblick in das Leben im Inneren. Und wie ist der nun? Sieht man von den Erzieherinnen gemalte, kindertümelnde Bilder an den Scheiben, so dick, daß sie den Blick in das Innere versperren? Oder sieht man Kinderköpfe, die nach ihren Spielfreunden oder Eltern, nach Wolken, Vögeln, nach dem Geschehen draußen Ausschau halten? Sind Gardinen zugezogen oder erkennt man, was im Raum stattfindet? Stehen Pflanzen am Fenster oder sind Licht- und Farbspiele von oder für die Kinder zu entdecken?

Durch die Fenster erhält der Raum sein Licht. Der sich verändernde Lichteinfall und die Schatten im Raum bringen den Kindern Nachricht von den Tages- und Jahreszeiten. Natürlicher Lichteinfall hat auf unser Wohlbefinden einen großen Einfluß. Von Sonnenlicht durchflutete Räume aktivieren uns und stimmen uns fröhlich. Krippenkinder lieben die angewärmten Sonnenplätze eines Raumes und lassen sich auf ihnen nieder.

Durch die geöffneten Fenster holt man sich die Luft, die Geräusche, die Stimmen von draußen nach innen. Das Wetter wird fühlbar. Man kann sagen, daß sich die Kinder in Krippe und Kindergarten an einem Ort des Eingeschlossenseins befinden, und so ist das Hinausschauen eine ganz wichtige Verbindung nach draußen. Dort, wo die Fenster nicht in Kinderhöhe angebracht sind, lassen sich breite Stufen bauen oder man behilft sich mit Fußbänken.

Fußböden

Kinder nehmen Fußböden viel aufmerksamer wahr als wir, weil sie nicht nur mit den Fußsohlen den Boden befühlen, sondern mit dem ganzen Körper auf der Erde umherkugeln. Sie sind dem Boden deshalb so verbunden, weil er die Standfläche ist, auf der sie lernen, sich aufzurichten. Die Fußsohlen kleiner Kinder sind als Tast- und Greiforgane noch viel sensibler, als unsere an Schuhe gewöhnten Füße. Gras, Sand, Holzdielen, Pflastersteine, Waldboden, Pfützen, Kacheln, Ziegelsteine, Sisal, Teppichboden haben unterschiedliche Struktur, verschiedene Muster, Begrenzungen, Farben, Temperaturen. Die Spiele und Träume der Kinder können von den Bildern des Bodens beflügelt werden.

Räume für Freiheit

Kreativität entwickelt sich nur in Freiheit. Was bedeutet das für die Orte Krippe und Kindergarten, für ihre Architektur, ihre Gestaltung, ihr Konzept?

Ich denke nicht an eine Architektur der großen, offenen Säle für viele Kinder. Wohl aber an die Eingangshalle des Kindergartens »Diana« in Reggio Emilia – ein Raum, wie ein »Marktplatz«, Zentrum des Hauses, in den alle anderen Räume münden, den Treffpunkt der Kinder, Eltern und Mitarbeiter, großflächig, aber auch voller gemütlicher Winkel und Sitzplätze, voller Spielangebote und Überraschungen. Dieser Innenraum hat Fenster in Kinderhöhe, sodaß man in die Gruppenräume, in die Werkstatt und nach draußen in einen kleinen Hof voller Pflanzen und Vögel sehen kann.

Spielraum – das ist ein Wort mit zweierlei Bedeutung: einerseits ist es der konkrete Ort für das Spiel. Daraus entwickeln sich Fragen nach Größe, Art, Eignung, Ausstattung des Raumes: steht jedem Kind genug Raum zur Verfügung, sich zu entfalten? Oder ist der Raum so eng, sodaß es dauernd zwischen den Kindern zu Zusammenstößen kommt? Welche Alternativen gibt es in einer

Einrichtung außerhalb der Gruppenräume, die von den Kindern genutzt werden könnten?

In übertragenem Sinne bezeichnen Begriffe wie »Spielraum gewähren«, »Freiraum schaffen« ein Verhalten der Erzieherin, Kindern Freiheit für ihre Handlungen zu geben: können die Kinder den Gruppenraum verlassen, ohne sich zu verlaufen oder zu gefährden? Welche Bereiche außerhalb des Gruppenraumes sind zum Spielen geeignet? Können sich die Kinder verstecken, gibt es geheime Orte, an denen sie unbeobachtet spielen können? Können sie sich Räume gestalten nach ihren Ideen? Gibt es für sie gemütliche, ungestörte Orte zum Träumen? Können sie nach draußen sehen, allein nach draußen gehen? Gibt es Fenster innerhalb des Hauses, sodaß die Kinder sehen können, was sich in anderen Räumen abspielt? Können sie in die Küche schauen?

Zur Freiheit gehört das Erproben der Selbständigkeit. Manchmal ist es notwendig, die Sicherheitsvorschriften von Versicherungen und Trägern kritisch zu überdenken; der Sinn dieser Bestimmungen liegt in der Unterstützung der pädagogischen Arbeit, nicht in der Verhinderung von Selbständigkeit.

Räume für schöpferisches Handeln

Räume können Impulse geben zum schöpferischen Handeln.

Die beste Grundlage ist eine interessante Architektur, die uns verschiedenartige Raumerlebnisse anbietet und zum Erkunden auffordert: den Wechsel von großen, offenen und kleinen, intimen Räumen mit Vorsprüngen und Nischen, Treppen, Podesten, Balkonen, mit verschiedenen Sichtachsen und Ausblicken. Die Farben des Raumes, natürlicher Lichteinfall und Beleuchtung, Temperatur, Gardinen, auch der Geruch in einem Raum aktivieren oder lähmen seine Bewohner.

Mehr als in anderen Bereichen der Architektur müssen Häuser für Kinder veränderbar sein. Ein negatives Beispiel aus früheren Zeiten waren die fest installierten Wickel-Tresen in Krippen, die Eltern aus den Gruppenräumen aussperrten, die Einrichtung altersgemischter Gruppen erschwerten und viel Spielfläche wegnahmen. Oder Material- und Kinderwagenräume mit hoch angebrachten kleinen Fenstern, die durch ihre Düsternis sich in keine attraktiven Kleingruppenräume verwandeln ließen. Es gibt viele Beispiele, bei denen architektonische Festlegungen die pädagogische Arbeit unflexibel machen.

Jede neue Einrichtung sollte unbedingt behindertengerecht gebaut sein, als wichtigste Voraussetzung für selbständiges Handeln behinderter Kinder. Die Integration behinderter Kinder in Regelgruppen wird von Eltern immer stärker gewünscht und von Institutionen aufgegriffen. Ein neues Konzept sollte nicht an ungeeigneten Räumen scheitern.

Ulrich, 4 Jahre: »Ich hole den Papa ab«

Markierungen von Bereichen, Ordnungsprinzipien brauchen kleine Kinder zu ihrer Orientierung. Durch zuviel Chaos und Weitläufigkeit werden Kinder verwirrt und stellen ihre Unternehmungen ein. »Selbständiges Handeln durch Funktionsecken« hieß schon die Devise zu den Zeiten des Modellversuches »Soziales Lernen« und dieses Raumprinzip ist nach wie vor aktuell.

Doch es gibt auch Räume der Langeweile und Lähmung durch zuviel Ordnung. Wenn alle Materialien und Spielsachen nur einen einzigen Platz haben dürfen, wenn sie nur in abgegrenzten Bereichen benutzt werden dürfen – die Puppen in der Puppenecke, die Bausteine auf dem Bauteppich – verlieren die Kinder schnell ihre Phantasie und Aktivität. Wenn viel Material unsichtbar hinter Schranktüren oder unerreichbar auf hohen Borden steht, sind die Kinder abhängig von dem, was ihnen der Erwachsene zukommen läßt, und ihre Tatkraft wird gebremst.

Die Räume in Krippe und Kindergarten sollen pflegeleicht sein. Das kann aber nicht heißen, daß es deshalb keine Spielmöglichkeiten am Boden gibt, daß die Kinder nicht mit Farben, Wasser, Ton arbeiten dürfen, daß nirgends weiche Teppichböden oder Kuschelecken vorhanden sind oder Höhlen gebaut werden können. Und für die Instandhaltung der Einrichtung ist vor allem der Träger und nicht die Erzieherin zuständig.

Jeder Raum in einer Kripppe oder einem Kindergarten zeigt viel von den Menschen, die darin leben. Aktive Erzieher und Kinder werden sich im Laufe der Zeit die ganze Einrichtung aneignen, sich kleine persönliche Bereiche suchen und sich darin einrichten.

Gärten

Die meisten Stadtkinder haben keine Chance, in richtigen Gärten zu spielen. Das große Feld der Naturerfahrungen bleibt ausgespart. Sie kennen nur öffentliche Spielplätze und die Freiflächen der Tagesstätten. Regelmäßig angelegte, pflegeleichte Rasenflächen, quadratische Sandkästen, schnurgerade Plattenwege – sehen so Gärten für Kinder aus? Sind das geeignete Orte, um die Natur kennenzulernen?

Ein Garten ist vor allem ein Ort der Pflanzen – der Bäume, Sträucher, Blumen, Gemüse, die über Jahre hin wachsen und wuchern können, die sich immer wieder von neuem aussäen, sich vermehren. In solchen Biotopen können Kinder selbst säen, gießen und ernten; sie können das Wachsen, Blühen und Absterben in der Natur beobachten und untersuchen. Insekten und kleine Tiere werden sich einfinden – so werden Lebenszusammenhänge zwischen Tieren und Pflanzen deutlich. Hier gibt es Sträucher, unter denen man sich verstecken und träumen kann, Bäume zum Klettern, eine Wiese, in der man liegt und zuschaut, wie ein Käfer die Grashalme erklimmt. In solchen Gärten können kleine Kinder keinen Schaden anrichten, weil die Pflanzen sich selbst immer wieder erneuern.

Gärten mit natürlicher Vegetation sind Orte der Freiheit, die alle Sinne anregen und Kindern beste Bedingungen für schöpferische Spiele geben.

Träger von Krippen und Kindergärten

Träger und ihre Verwaltungen sind das Dach, unter dem sich Krippen und Kindergärten zu Orten kreativen Lebens entwickeln können. Hier werden alle wichtigen Entscheidungen getroffen: finanzielle, personelle. Hier ist die Fachaufsicht. Hier werden neue Einrichtungen geplant. Wenn allen Entscheidungen pädagogische Überlegungen zugrunde liegen und dabei auch die Vorstellungen der Erzieher und Eltern berücksichtigt werden, können lebendige Orte entstehen.

Aber leider neigen Verwaltungen oft zu eingefahrenen Gewohnheiten, die Veränderungen verhindern. Die Autorität, das Unverständnis, die Vorschriften des Trägers müssen von Erziehern und Eltern nicht grundsätzlich widerspruchslos ertragen werden. Im Interesse der Kinder sollte man immer wieder das Gespräch – und wenn es denn sein muß auch den Streit – mit der Verwaltung aufnehmen. Träger öffentlicher Erziehungseinrichtungen sind dazu verpflichtet, sich immer wieder den Argumenten der Pädagogen zu öffnen und mit ihnen Wege der Realisierung zu suchen, ihre Raumprogramme und Finanzierungsgrundsätze von Zeit zu Zeit zu überdenken. Sie sollten Erzieherinnen stärken, die ihre Einrichtungen und Konzeptionen verbessern wollen und bürokratische Hemmnissse im Interesse der Kinder und Mitarbeiter abbauen. Veränderungen müssen stets möglich sein, damit die Lebendigkeit der Krippen und Kindergärten erhalten bleibt und wächst.

Gestaltung der Einrichtung durch Erzieherinnen und Erzieher

Das fertig gebaute Haus ist nur eine Hülle, die von den Pädagogen so gestaltet werden muß, daß daraus ein Ort wird, an dem sie und die Kinder kreativ leben können. Inzwischen sind viele Kindergärten und Krippen lebendige Häuser geworden durch ihre engagierten Erzieherinnen, Erzieher und Eltern.

Irene, 4 Jahre.
Selbstbildnis in einem Haus

Wie ein Gruppenraum aussieht, hängt davon ab, welche pädagogischen Vorstellungen die Erzieherin hat. Wenn ich alle Kinder immer im Blick haben will, dann wird es im Raum keine Nischen, Höhlen, Verstecke für Kinder geben. Wenn ich alle Beschäftigungen leite, dann gibt es keine offenen Materialregale für die Kinder. Wenn mir Kinderbilder nichts sagen, werden sie nicht im Gruppenraum zu sehen sein.

Aber wenn eine Erzieherin die kreativen Fähigkeiten der Kinder unterstützen will, dann ist diese Einstellung ablesbar an der Gestaltung des Raumes und dem vorhandenen Spiel- und Werkmaterial.

Um etwas zu verändern, beginnt man am besten mit einer Bestandsaufnahme:

Ist der Gruppenraum ein Ort der Wahrnehmung, der phantasievollen Spiele und des schöpferischen Gestaltens?
Bietet er Freiraum für eigene Initiativen?
Ist er ein Ort, den die Kinder immer wieder verändern können?
Ist er ein Ort, an dem sich jede Person selber wiederfindet?

Die Beschaffenheit des Raumes und die Gewohnheiten der Kinder müssen erkundet werden:

Welche Raumbereiche mögen die Kinder besonders?
Wie nutzen sie diese Stellen?
Welches sind Sonnen- oder Lichtplätze (zum Betrachten von Büchern, zum Malen)?
Welche dunklen, geheimen Ecken hat der Raum?
Welche Plätze sind warm oder kalt und zugig?
Was stört die Kinder im Raum?
Gibt es für sie gute Spielmöglichkeiten am Boden?
Was haben sie für ihre Spiele zur Verfügung an Naturmaterial?
Gibt es auch Haushalts- und Gebrauchsgegenstände zum Spielen?
Wie läßt sich die Schlafsituation optimal gestalten?
Gibt es einen Platz im Raum für ein gleitendes Frühstück?
Gibt es Material zum Bauen von Höhlen?
Wie interessant und übersichtlich ist das Angebot zum Verkleiden?

Der Gruppenraum ist aber auch ein Ort, an dem man selber arbeitet. Oft wird vergessen, wie wichtig für die Arbeit das eigene Wohlbefinden ist. Acht Stunden täglich verbringt man in diesem Raum – man sollte also auch den Gruppenraum als eigenen Arbeitsplatz aufmerksam überprüfen:

Mag ich diesen Raum?
Was gefällt mir?
Habe ich ihn nur für Kinder gestaltet?
Habe ich ihn praktisch und pflegeleicht – also gut für die Wirtschaftskräfte – eingerichtet?
Habe ich ihn wie eine Ausstellung gestaltet, daß die Eltern, die Kolleginnen, die Leiterin, der Träger zufrieden sind?

Sind die Spielsachen nur nach dem Gesichtspunkt der Haltbarkeit ausgesucht, also dem geringen Etat angemessen?
Wo ist mein Platz in diesem Raum?
Wie kann ich mich hier wohlfühlen und wiederfinden?

Kleine Veränderungen lassen sich überall und sofort verwirklichen. Beginnt man erst einmal, den Raum zu verwandeln, so wachsen Phantasie und Tatkraft. Die eigenen kreativen Kräfte mobilisieren sich beim Tätigwerden.

Bald wird sich der Blick nicht nur auf den eigenen Gruppenraum richten. Viele Außenräume lassen sich auch als Spielbereiche nutzen. Gruppenübergreifende Absprachen und Planungen heben die eigene Isolierung auf. Das tut einem selbst gut und gibt den Kindern neue Chancen.

Wie ein Haus insgesamt wirkt, dafür hat auch jede einzelne Erzieherin die Verantwortung. In kleinen Einrichtungen steht das gar nicht in Frage. In großen Häusern schiebt man oft das Thema dem Träger, der Leiterin zu. Verantwortung zu übernehmen für das Ganze ist auch eine Identifizierung mit der eigenen Arbeit. Es gilt, gemeinsam Konzepte zu entwickeln und die Verteilung der Aufgaben absprechen.

Praxis-Beispiele

In den vergangenen 10 Jahren meiner Beratungstätigkeit habe ich in vielen Krippen und Kindergärten Raumveränderungen miterlebt. Im folgenden Abschnitt sind einige Ideen zusammengestellt, die zu eigenen Unternehmungen ermutigen und anregen sollen.

Gruppenraum

Ort der Identität

Die Vertrautheit mit einem Raum wird unterstützt, wenn Kinder sich darin selber wiederfinden.

Ein einfaches Mittel ist ein Spiegel: das Kind begegnet sich im Raum, mit den anderen Kindern. Es sieht sich im Raum- und Gruppenzusammenhang, in der Nähe der Erzieherin.

Eine ähnliche Funktion haben Fotos, auch der geschriebene Name ist bei älteren Kindern bedeutungsvoll.

Weiterhin identifizieren sich die Kinder mit eigenen Werken, z.B. einem Bild, das sie gemalt haben. Gegenstände von zu Hause sollten zu jedem Zeitpunkt mitgebracht werden können, Spielsachen, ein Kleidungsstück der Eltern, ein

Schmusetier oder eine Decke zum Schlafen. Jedes Kind sollte auch ein Fach für sich haben oder eine Schachtel für seine Schätze.

Was für die Kinder gilt, gilt auch für die Erzieherin. Was braucht sie, damit sie sich in diesem Raum wiederfindet? Einen Arbeitstisch, einen bequemen Sessel mit einem Kissen von zu Hause, ein Bild, eine Pflanze oder einen Blumenstrauß?

Ort des schöpferischen Handelns

Kann ein Platz zum Malen und Basteln immer bereit stehen?

Gibt es ein offenes Material- und Werkzeugangebot, aus dem sich die Kinder bedienen können?

Können sie selber Ordnung halten?

Mal- oder Werktisch

Aufgestellt wird er am besten neben einem Materialregal. Das Kind muß allein die Materialien und Werkzeuge erreichen können, wenn es malen oder werken möchte. Jedes Kindergartenkind kann schnell lernen, mit Pinsel, Farben, Schere oder Klebstoff sorgfältig umzugehen. Ordnungen sind für Kinder dann zu begreifen, wenn sie nach dem Prinzip des Zuordnens ausgerichtet werden: Pinsel findet man da, wo auch Wasserbecher, Mallappen, Zeichenpapiere usw sind. Die Materialien müssen möglichst unkompliziert geordnet und praktisch zu handhaben sein.

Doppelstaffelei

Sie ist im Gegensatz zum Maltisch sehr platzsparend. Sie besteht aus zwei Platten, die schräg aneinandergelehnt oben mit einem Scharnier verbunden werden, weiter unten befindet sich zwischen beiden Platten ein Kettchen, das den Winkel der Flächen fixiert; an die untere Kante jedes Malbrettes kommt eine Querleiste, um herabfließende Farbe aufzufangen. Aus halbierten alten Schranktüren, aus Tischplatten haben Erzieherinnen Staffeleien gebaut, weil sie kein Geld für neue Platten hatten. Zwei Kinder können gleichzeitig auf der Vor- und der Rückseite der Staffelei malen, man kann sie überall aufstellen oder bei Platzbedarf wegräumen.

Malwände

Versieht man einen Teil der Wand mit einem abwaschbaren Anstrich, so können die Kinder daran malen. Besser eignet sich ein großes Brett an der Wand, an dem man das Malpapier wie an einer Staffelei befestigt. Das Brett steht auf dem Boden und wird schräg an die Wand gelehnt; oben befestigt man es mit einem kräftigen Draht an zwei eingedübelten Haken, unten befindet sich eine

Leiste zwischen Wand und Malbrett; zum Auffangen von Farbe eignen sich gut ein länglicher Untersätzer von Balkon-Blumenkästen, in den man das Brett hineinstellen kann.

Materialwagen
Gute Dienste leistet auch ein Materialwagen, den man mit allen nötigen Utensilien zum Malen oder Basteln bepackt und in verschiedene Bereiche mitnimmt: im Sommer nach draußen, zum Malen in den Waschraum oder Flur.

Fußbank
Stabile Fußbänke sind auf jeden Fall nützlich, um besser nach oben zu reichen, aus dem Fenster zu sehen, aber auch als kleiner Sitzplatz oder Tisch.

Überraschungstisch
Im Frühdienst ist ein Tisch mit täglich wechselndem Bastelmaterial und Schere, Klebstoff, Stiften sehr beliebt. Damit bauen sich die Kinder gerne eigene Spielsachen. Sie malen auch gerne am Morgen – beides sind Beschäftigungen, bei denen man noch mit sich selbst allein ist, nicht alle Kinder sind am frühen Morgen schon zu Kontakten mit vielen Kindern aufgelegt. Zum Malen eignen sich Wand und Staffelei besser, also Stehplätze, zum Schnippeln und Kleben braucht man einen ungestörten Sitzplatz.

Bewegungsraum
Betrachtet man die Größe des Gruppenraumes in Bezug zur Anzahl der Kinder in der Gruppe, so ist er selten groß genug für das Bewegungsbedürfnis vieler Kinder.

Durch Einbauten kann man versuchen, mehrere Ebenen zu schaffen. Sie geben den Kindern mehr und andere Bewegungsmöglichkeiten und Raumerfahrungen, als die allgemein üblichen Möbel.

Einbauten können versehen sein mit
Leitern, Rutschen, Höhlen, Schlupflöchern, Podesten, Treppen, Brücken, Balkonen, Bühnen, Kletterbaum, Baldachinen, Spiegeln, mit Stauraum für Matratzen oder Spielwaren.

Raum im Raum
Gegenstände, mit denen sich die Kinder im Raum kleine Unterteilungen schaffen können, sind z.B.:
Kleinregale, Stühle, Tische, Stellwände.
Tücher, Netze, Decken.
Vorhänge auf Wäscheleinen, Baldachin.

Babywannen, Wäschekörbe, Hundekorb, Kartons.
Felle, Teppiche, Kissen, Hängematte.
Großbausteine, Kästen.

Veränderung alter Möbel

Erfindungsreich sind viele Erzieherinnen bei der Umwandlung alter Möbel zu offenen Regalen. Aus Schränken kann man Türen und Rückwände herausnehmen. Bei Kommoden lassen sich die Schubkästen durch Borde ersetzen.

Alte Bettgestelle sind auch sehr vielseitig zu nutzen.

»Betten auf Füßen oder Rädern und Rollen eignen sich als Kletterbett, als Hopsbett, zum Herumfahren und -schieben, zum Drunterkriechen.

Säuglings-Gitterbetten am Boden befestigt (ohne Füße) ergeben Kletterzaun und Trennwand, hochkant auf die Schmalseite gestellt eine Kabine mit Sprossenwand.«

Schneider, Kornelia: Krippenbilder. FIPP-Verlag 1989, Seite 61.

Ich habe Bettgestelle in Kindergärten gesehen, die sich zu Raumteilern, Regalen, Podesten, einem Puppentheater, einer Kuschelkiste verwandelt hatten.

Objekte für die Sinne

Für die Augen:
Kaleidoskop, Farbmischvorhang, Lupen, Ferngläser, »Fischaugen« am Fenster, Glaskugel, unterschiedliche Spiegel, Mikroskop, kleine Schätze in Dosen.
Für die Ohren:
Klanginstrumente, Schlauchtelefon, Metall-Teesiebe mit Geräuschfüllung, Fahrradklingeln, Trommeln, Windspiele.
Objekte zum Tasten:
verschiedene Steine, Metalle und Pflanzenteile in Tastschachteln. Tastwand, Taststraße für die Füße, die nicht fest installiert, sondern immer wieder neu erfunden werden sollte.
Für naturwissenschaftliche Untersuchungen:
Zollstock, Waage, Eieruhr, Magnete, Globus, Trichter ... .

Mit diesen Dingen können die Kinder spielen und experimentieren. Ihre Wahrnehmung, ihre Phantasie und ihr Wissen werden bereichert. Viele Objekte können Eltern und Erzieherinnen selbst bauen.

Broschüre »Räume und Sinne« des evangelischen Amtes für Kindertagesstättenarbeit, Berlin 1990.
Duderstadt, Matthias: Das Material-Buch. Verlag Sauerländer, Frankfurt am Main, Salzburg 1992.

Haus und Garten

Arbeitsplätze können auch außerhalb des Gruppenraums eingerichtet und von Kindern verschiedener Gruppen genutzt werden: eine Malwand im Flur; die Werkbank in einer Kammer; die Leseecke, ein Eltern-Begegnungsplatz in der Eingangshalle; der Frühstückstisch in der Küche; ein Wasserspielplatz im Bad, Arbeitsplätze und Spielhäuschen im Garten.

Für eine anregungsreiche Umgebung braucht man viel Material. Materialsammlungen sollten am besten gruppenübergreifend angelegt werden. Keller und Flure werden zusätzlicher Stauraum sein. Sehr geeignet ist die Einrichtung einer gemeinsamen Werkstatt / eines Ateliers in einem Raum der Tagesstätte.

Kinderwerkstatt/Kinderatelier

Eine solche Einrichtung in einer Tagesstätte lohnt sich,

- weil man Material und Werkzeug konzentriert; nicht jede Gruppe braucht alles,
- weil man Platz für große Werkstücke hat,
- weil man mehrere Tage an den Dingen arbeiten kann, denn sie müssen nicht gleich weggeräumt werden,
- weil man Material preiswerter einkaufen kann, wenn man größere Mengen bestellt,
- weil die Reinigung weniger problematisch ist, die Mitarbeiter akzeptieren in so einem Raum Unordnung besser, als im Gruppenraum.

Raumausstattung

Gut geeignet ist ein Raum mit direktem Wasseranschluß, gutem Licht und wischfestem Fußboden. (Aber ich habe auch schon in einem Kinder-Kelleratelier gearbeitet, in einer lichtlosen Baracke mit Punktstrahlern und Wasser geholt in Gefäßen auf einem kleinen Wagen.)

Materialaufbewahrung

Regale aller Art sind zu verwenden, auch Schränke ohne Türen. Am besten eignen sich Industrieregale aus Metall, sie lassen sich besser reinigen, als Holzregale. Je kleiner der Raum ist, desto mehr muß man in die Höhe gehen. Auf Tapetentischen kann man auch Material aufbauen.

Papieraufbewahrung

Wunderbar ist ein Papierschrank mit großen Schubkästen, aber sehr teuer. Papiere kann man auch in einem 80 cm breiten Industrieregal aufbewahren mit ganz vielen Zwischenböden für die verschiedenen Papiersorten. Oder in einer selbstgebauten Krippe, wie sie für die Aufbewahrung großer Kunstdrucke in Geschäften und Kaufhäusern verwendet werden.

Aufbewahrung von Farben

Die meisten Erzieherinnen kaufen größere Mengen Farbe ein, da sie dann preiswerter sind. Rührt man viele Farben selber an, lohnt sich die Anschaffung eines Mixers. Ein Handrührgerät tut es – ein elektrischer Handmixer ist schneller und gründlicher. Man füllt die Farben dann in große Joghurtbecher mit Deckel oder verschließbare Gläser. Daraus löffeln sich die Kinder dann kleinere Farbmengen auf »Paletten«, also Deckel oder Untersätzer. Die eignen sich zum Mischen und kippen nicht um. Arbeiten die Kinder aber mit Farb- und Wasserbechern, so stellt man diese zusätzlich in Kartons, um den Schaden zu begrenzen, falls die Becher kippen. Um Farbflaschen bis zum letzten Rest zu leeren, muß man sie aufschneiden. Pinsel sind teuer – sie halten länger, wenn die Kinder sie gut auswaschen und mit dem Kopf nach oben trocknen lassen.

Aufbewahrung fertiger Bilder und Objekte

Meist unterschätzt man die Menge der Produkte, die Kindergruppen im Handumdrehen herstellen. Darum braucht man von Anfang an ausreichend Regalplatz für die Bilderflut und den Bastelberg und ein gutes Ordnungsschema.

Um viele Kinderbilder aufzubewahren und feuchte Bilder in größerer Menge trocknen zu können, eignet sich besonders gut ein Stapeltrockner, wie er beim Siebdruck gebraucht wird. Er ist teuer. Das Gerät besteht nur aus einer großen Anzahl übereinanderliegender Deckel mit kleinen Zwischenräumen, die man hintereinander nach oben klappen kann. Auf jeden Deckel kann man ein feuchtes Bild zum Trocknen legen, mehrere getrocknete Bilder lassen sich in einem Fach unterbringen.

Arbeitstische

Stabile, alte Tische sind geeignet, denn mit Farbflecken, Leimresten und Werkzeugkratzern ist zu rechnen. Ein alter Tisch kann auch eine Werkbank ganz gut ersetzen. Aber wenn man wenig Platz hat, tun es auch Arbeitsplatten auf Böcken, weil man sie bei größerem Raumbedarf leichter auseinandernehmen und sie eventuell auch im Garten aufbauen kann. Jedenfalls muß die Konstruktion stabil sein. Statt Stühlen sind Hocker geeigneter, man hat mehr Bewegungsfreiraum, oft arbeiten die Kinder ja auch im Stehen.

Licht

Natürliches Licht belebt den Raum, strengt die Augen beim Arbeiten weniger an, läßt Farben besser leuchten. Künstliche Lichtquellen müssen die Arbeitsplätze wirklich gut ausleuchten ohne zu blenden. Punktstrahler sind einer Neon-Deckenbeleuchtung auf jeden Fall vorzuziehen.

Lichtkästen oder ein Lichttisch sollten den Kindern für ihre Spiele und Experimente zur Verfügung stehen.

Papierrollen

Große Packpapierrollen sind preisgünstiger, als einzelne Bögen. Stücke kann man von einer großen Rolle besser abschneiden, wenn die Rolle auf einen Staab aufgefädelt ist, ähnlich dem Klorollen-Prinzip. Gute Dienste leistet auch eine Papierschneidemaschine, mit einem guten Messer kann man sich aber auch behelfen.

Garderobenleiste

Malkittel können nach Gebrauch auf Garderobenhaken besser trocknen, als in einer Kiste.

Gesprächsplatz

In der Regel wird jede größere Aktion in der Werkstatt mit einem gemeinsamen Gespräch eröffnet werden. Es ist wichtig, daß sich die Kinder dazu hinsetzen können, so können sie besser zuhören, bleiben länger entspannt und konzentriert. Man kann einen Gesprächsplatz auch durch einen Teppich markieren, auf dem alle Platz nehmen. Beginnt die Arbeit, so rollt man ihn wieder zusammen und räumt ihn weg.

Ordnung

Noch einmal dieses heiße Eisen. Ein Werkraum, in dem viele Personen arbeiten und sich zurechtfinden müssen, kann sehr schnell unbenutzbar werden, wenn man ihn nicht nach jedem Gebrauch ordentlich verläßt. Materialien und Werkzeuge müssen immer an festen Orten zu finden sein, die Bestände ergänzt werden, die Werkzeuge funktionieren. Das gelingt nur durch ein gutes Organisationsschema, das alle leicht einhalten können. Unter allen Benutzern muß genau geklärt werden, wer für welche Aufgaben zuständig ist. Trotz Selbstdisziplin und Toleranz anderen Kollegen gegenüber wird es doch von Zeit zu Zeit wieder haken – einmal im Jahr haben wir immer gemeinsam aufgeräumt.

Material und Werkzeug

Statt Spielwaren, die jedes Kind zu Hause hat, sollte man vorrangig das beschaffen, was den Kindern in ihrer Familie kaum geboten wird: Material und Werkzeug.

Mit neuem Blick

Von den Kindern könnnen wir lernen, die Dinge neu zu betrachten. Dieser neue Blick, mit dem man beginnt, alles zu prüfen, wovon man umgeben ist, muß frei sein von unserem eingegrenzten Nützlichkeitsdenken. Der Zweck eines Gegenstandes, unsere Art ihn zu gebrauchen, heißt nicht, daß Kinder ihn nur so benutzen werden oder daß er für sie ungeeignet ist. Die Schönheit von Material, seiner Gestaltung oder seiner Form übersehen wir oft durch Gewohnheit – wir können lernen, sie neu zu entdecken.

Einkauf

Immer wieder muß man an die Träger von Krippen und Kindergärten appellieren, so günstig einzukaufen, wie möglich – und das ist nicht unbedingt die Sammelbestellung per Kindergartenkatalog – und so phantasievoll, wie kreative Kinder es brauchen. Überall gibt es zum Glück noch die engagierten Erzieherinnen, die zu Gunsten der Kinder viel zusätzliche Zeit und Kraft investieren, Fahrerei und Schlepperei auf sich nehmen – aber sie brauchen die Unterstützung der Verwaltung.

Es lohnt sich, das Warenangebot an den Orten zu betrachten, wo man für sich und die eigene Familie einkauft. Was ist von diesem Angebot für die Kindergarten- oder Krippenkinder geeignet? Womit können sie hantieren, Erfahrungen machen, lernen? Was regt davon ihre Phantasie, ihre Sinne an?

In einem Kaufhaus bieten die Abteilungen für Kurzwaren, Schreibwaren, Textilien, Garten, Heimwerker meist interessantere Dinge für die Kinder an, als die Spielwarenabteilung.

Sammeln

Kinder sammeln gerne, auch das sollten wir wieder von ihnen lernen. Mit der Unterstützung der Eltern lassen sich Verpackungen im Haushalt sammeln. Von der Goldfolie des Kaffees bis zur Schleife eines Pralinenkastens sind viele Verpackungen selbst kleine Kunstwerke und aus wunderbaren Materialien hergestellt.

Neue Materialquellen kann man auch erschließen durch Kontakte zu Betrieben, Läden, Garten- und Bauämtern usw.

Naturmaterial

Spaziergänge mit den Kindern können immer genutzt werden, um Naturmaterial zu sammeln:

Holz: Baumscheiben, Äste, Holzklötze, Rindenstücke, Zapfen, Wurzeln. Steine, nach Farben oder Arten sortiert, auch einzelne große Steine. Unterschiedliche Erden. Muscheln, Schneckenhäuser. Nußschalen, Körner, Beeren, Kastanien. Pflanzen, Früchte, Blüten.

Angebotskörbe

Aus der Krippe kenne ich Angebotskörbe. Erzieherinnen hatten eine Reihe verschiedener Materialkörbe und Schachteln vorbereitet, die sie im Wechsel austeilen konnten:

ein großer Korb mit trockenen Blättern
ein Kopfkissen gefüllt mit alten Tennisbällen
eine Kiste mit Stoffresten, eine andere mit Wollresten
ein Korb mit Kastanien
eine Schachtel mit getrockneten Kamillenblüten.

Durchsichtige Präsentation

Für die Aufbewahrung der Materialien kann man Gläser oder durchsichtige Verpackungen von Wolle, Salatschachteln o.ä. verwenden, damit die Kinder den Inhalt sehen können und davon angeregt werden. Material oder Werkzeug, das die Kinder nicht ohne Hilfe benutzen können, sollte zumindest sichtbar aufbewahrt werden.

Materialpflege

Kennen Sie auch diese Schachteln mit unbenutzbaren Stiften, die leeren Farbpaletten, die nie nachgefüllt werden? Es hilft nichts: Materialbestände muß man regelmäßig kontrollieren:

Ist noch genügend vorhanden? Sind die Dinge noch richtig geordnet? Sind sie beschädigt?

Werkzeug

Um mit Material phantasievoll und experimentell zu arbeiten, um seine Vielfältigkeit ausschöpfen zu können – dazu braucht man vielfältige und gute Werkzeuge. Auch hier gilt wieder, daß viele Gebrauchsgegenstände als Werkzeuge genutzt werden können, auch wenn sie für etwas anderes gedacht sind; mit alten Gabeln oder Sieben kann man z.B. Farbe, Ton, Papier mit Spuren versehen. Dem Erfindungsreichtum der Kinder und Erzieher sind keine Grenzen gesetzt, womit sich Holz, Ton, Schrott bearbeiten und verändern lassen, welche Gegenstände sich zum Drucken und Malen eignen.

Kreative Erzieherinnen und Erzieher

»Die Rahmenbedingungen sind für unsere Arbeit sehr wichtig. Aber dann, damit es Spaß macht, damit man den Alltag und die Routine aushält, braucht man auch noch etwas anderes, und das habe ich.

Ich bin verliebt in meinen Beruf, weil ich selbst mit und von den Kindern lerne. Täglich zeigen sie mir, wie ich das Lernen erlerne und das Erfahren erfahre. Ich entwickle mich immer weiter, und es ist nicht richtig, zu glauben, nur das Kind würde sich entwickeln. Und das erfüllt mich mit einem großen Glück. Das hilft mir auch, die Härte des Berufes auszuhalten,« sagte Laura Rubizzi, Erzieherin aus Reggio Emilia, am Ende der Berliner Reggio-Fachtagung 1991.

Ihre Arbeitsbedingungen sind andere als unsere. Doch in ähnlicher Weise äußerten sich Erzieherinnen und Erzieher, mit denen ich hier über ihre Arbeit gesprochen habe. Es stellte sich heraus: Man kann nicht über die Kreativität von Kindern nachdenken, ohne die Kreativität der Erwachsenen zu betrachten. Kinder und Erzieher verbringen miteinander den Tag. Es gibt eine gemeinsame Identität der Kinder und ihrer Erzieher, geprägt durch die Bedingungen und den Rahmen, in denen sie zusammen leben.

Ich habe mich in die Krippen und Kindergärten aufgemacht und mit den Erzieherinnen und Erziehern gesprochen. Wesentliche Gedanken will ich hier wiedergeben.

Auswahl der Interviewpartner

Die Auswahl der Gesprächspartner und -partnerinnen war nicht systematisch.

Bei der Auswahl dachte ich an die »bunten Vögel« der Kindertagesstätten, die Empfindsamen und Wachen, an Leute, die sich nachdenklich über Kinder äußerten, an Personen, von denen ich annahm, daß sie sich in ihrem Beruf engagieren.

Mir war außerdem wichtig, mit Erziehern im Ost- und Westteil von Berlin gleichermaßen zu sprechen, um zu sehen, ob es gemeinsame Erziehungsvorstellungen gibt.

Die Einrichtungen im Ostteil Berlins kannte ich bisher kaum, lernte aber nach der Wende Erzieherinnen in Fortbildungveranstaltungen kennen und wurde von ihnen eingeladen. Die Neugier von beiden Seiten war groß. Ich bin überrascht über das Interesse an Aus- und Weiterbildung, über die Bereitschaft zur Reflexion und die räumlichen und konzeptionellen Veränderungen der zwei letzten Jahre.

Aber mich bedrückt die Schließung vieler Einrichtungen, die Entlassungswelle unter Erziehern, die Etatstreichungen, die Anhebung der Elternbeiträge. Wie kurzsichtig denken hier die Politiker! Sie machen sich offenbar nicht klar, wie wichtig und gut öffentliche Erziehung im Kleinkindbereich ist, um Weichen zu stellen und Modell zu sein für selbständiges Denken und Handeln, für Rücksichtnahme, für Integration behinderter Kinder, für die Akzeptanz ausländischer Familien, für Chancengleichheit im sozialen und im Bildungsbereich.

Themen der Befragung

Meine Fragen umfaßten drei Bereiche:

1. Die Kreativität im Leben der Erzieherin/des Erziehers
   Hier ging es um den Lebensfaden »Kreativität«, um die eigene Entwicklung, um Ausdrucksformen persönlicher Kreativität, um die augenblickliche berufliche Identität, und darum, was wir vom Zusammenleben mit Kindern bekommen.
2. Sicht von der Kreativität der Kinder
   In diesem Bereich wurde reflektiert über das, was Kinder können und wollen und was sie brauchen, um kreativ zu sein.
3. Kreativ arbeiten im Erzieherberuf
   Hier sprachen die Befragten über Angebote, Projekte, Planung, Produkte, über Arbeitsformen in der Gruppe und über die Bedeutung des Teams.

Interviews

Liesel
50 Jahre, Großpflegestelle, Altersmischung von 1,6 bis 6 Jahre

An einem sehr warmen Tag besuche ich Liesel in der Großpflegestelle. Das ist eine vom Bezirk angemietete Wohnung mit Garten für 12 Kinder.

Die Kinder spielen im Garten. Ich habe ihnen etwas mitgebracht zum Spielen und Basteln, eine Tüte voller Verpackungsmaterial. Die Kinder packen gleich draußen die Tüte aus: Lollo, 5 Jahre, nimmt sich die Klarsichtfolie eines großen Blumenstraußes mit bunten Schleifen an den Zipfeln; er klettert mit den Füßen hinein, legt sich auf den Boden und ruft: »Mein Schlafsack!« Später benutzt er dieselbe Folie als Kleid. Paulchen, 1,6 Jahre alt, hat sich eine Konfektschachtel ausgesucht und packt die Pralinenuntersätzer ein und aus.

Als ein anderes Kind ihm die Schachtel wegnehmen will, brüllt er heftig und verteidigt seine Beute. Isa hat sich ein blau-silbernes Geschenk-Papier mit Mond und Sternen gesichert, sie trägt es lange umher, irgendwann wickelt sie einen kleinen Bär darin ein und schenkt ihn ihrer Freundin.

Liesel ist Malerin und Graphikerin. Vom Verkauf ihrer Bilder allein kann sie aber nicht leben. Darum arbeitet sie seit 12 Jahren in der Tätigkeit einer Erzieherin. Sie ist 50 Jahre alt, hat eine Tochter, ist groß und rund und schick.

Gespräch mit Liesel

Brigitte:

»Würdest du gerne was anderes machen, als hier zu arbeiten?«

Liesel:

»Nein. Damals hätte ich lieber etwas anderes getan, aber Rieke, (Liesels Tochter) hätte dann in einen Hort gehen müssen, und das fand ich gar nicht schön. Ich habe sehr lange überlegt, welche Arbeit ich machen könnte. Aber nach einer Trennung, wenn du sehr traurig bist, hast du einfach nicht die Kraft, rumzulaufen und einen Job zu suchen oder noch eine Ausbildung zu beginnen. Also ich hatte jedenfalls nicht die Kraft. Eine Bekannte ist dann an mich herangetreten und hat mir solange zugeredet zu der Arbeit in der Großpflegestelle, bis ich es gewagt habe.

Ich habe dann eine unglaubliche Lust an der Arbeit gehabt, am Anfang. Aber dann habe ich gemerkt, wie schwierig es ist, mit den Müttern zurechtzukommen, mit den Kindern gar nicht. Die eine Mutter sagt: ›Ich finde es ja ganz schön, daß die Kinder mit Farben arbeiten, aber mein Mann kann das Kind gar nicht transportieren im Auto, sooo schmutzig ist es.‹ Die Sauberkeitsansprüche töten die Kreativität.

Ich glaube, daß rundherum dumme Leute die kreativen Impulse totklopfen, das bißchen Kreativität, das in jedem steckt. In jedem steckt ja Kreativität. Ich habe Leute gelobt: ›Du hast so einen guten Kuchen gemacht, nicht nach Rezept, das finde ich kreativ.‹ ›Glaubst du wirklich, das ist was Kreatives?‹ Erwachsene habe ich ermutigt: ›Kommt ein bißchen zu Besuch, bringt gute Laune mit, wir machen Kasperköpfe.‹ ›Nein! Ich will bei dir ausruhen!‹ Und als sie es doch gemacht hatten, waren sie glücklich wie noch nie.

Hier bei den Eltern kommt die Kreativität der Kinder nur bei ganz wenigen an; nur wenige merken, die Kinder werden hier so behandelt, daß ihre ganze Persönlichkeit sich entfalten kann. Wichtig ist den Eltern die Sauberkeit, geputzte Nasen, Pünktlichkeit und die Frage: ›Was gab es zu essen?‹

Ich glaube, daß das richtige Leben und die Kreativität nur bei den Kindern ist. Sie leben in einer eigenen Welt, von der sie uns Einblick geben durch ihre Bilder, so ungefähr bis zum 10. Lebensjahr, dann versiegt der Bilderstrom. Danach kommen sie unter Druck, sie müssen leisten. Bevor sie zur Schule gehen, läßt man sie noch. Ich finde es gut, sie im Kindergarten – wenn man die Nerven hat – so zu lassen, wie sie sind und nicht andauernd zu verbessern. Sonst machst du die Idee des Kindes kaputt, und es sagt nichts mehr.

Kinder können so schön malen, aber manche glauben es nicht, die haben eigentlich gar kein Zutrauen zu sich. ›Hängst du das wirklich hin?‹ ›Ja, das tue ich, damit ich es immer sehe und direkt vor der Nase habe.‹

Bei ihnen ist das wahre Leben. Es ist alles da.

Ich möchte so staunen können und diese Phantasie haben, wie die Kinder. Und so malen können, wie sie! Mit einem Strich erfassen sie das Wesentliche einer Figur, drücken Gefühle und Humor aus mit so viel Leichtigkeit, wo ich endlos daran arbeite.

Das Schönste, was du in diesem Beruf bekommst, ist die Liebe der Kinder. Zuerst wollen sie dich nicht haben, du mußt sie zuerst lieben, auf sie eingehen, ihnen geduldig alles geben, was sie brauchen, bis sie wissen: Die mag mich wirklich.

Wo Kinder aufwachsen, ist das Leben, und du wirst gesund; sie verzeihen dir, sie kritisieren dich nicht, sie sind so aufmerksam und anteilnehmend. Das kleinste Pflaster an meinem Finger bemerken sie und erkundigen sich genau danach, wie ich statt in den Käse in den Daumen geschnitten habe.

Das ist kreativ sein, dieses Verständnis haben für die andere Welt. In diese andere Welt zu gucken macht so einen Spaß, es fasziniert mich so. Ich verstehe die nicht, die das nicht wollen. Die Kinder sollen sich hier ihres Lebens freuen, und ich freue mich auch daran.«

Jana
27 Jahre alt, Erzieherin, Arbeit mit altersgemischten Kindergartengruppen in der Kinderwerkstatt und als Springerin

Bei meinem Besuch zeigt mir Jana – quirlig, hellblond, mit kräftiger Stimme und deutlichem Berliner Akzent – zuerst die Veränderungen in ihrem Haus, die sie mit der Unterstützung ihrer Leiterin bewirkt hat.

Die große Eingangshalle ist statt eines kahlen Durchgangsraumes jetzt ein Aufenthaltsraum geworden. Wenn man also in die Kita hineinkommt, fällt einem zuerst ein großer Regenbogen an der gegenüberliegenden Wand ins Auge. Weiter ist der Raum jetzt eingerichtet mit zwei Tischen, die die Kinder bemalt haben, offenen Spielzeugkisten, einer Leseecke mit Bücherregal, einer langen Bank, einer Bauecke, einem Schaukelpferd und einer Sprossenwand. Jana hat hierfür den Keller nach längst aussortierten alten Möbeln durchsucht.

Der Schachtelmann an einer Wand und das grüne Fabeltier aus Kartons, Draht, Pappmache' und einem alten Tisch sind mit den Kindern zusammen entstanden. Für die Eltern gibt es eine Informationstafel.

»Hier sitzen wir zusammen, z.B. bei schlechtem Wetter, spielen, sehen uns Bücher an oder trinken Tee«,« sagt Jana.

Im Augenblick arbeiten die Kinder an einem Spielhaus für die Halle. Aus Eierkartons, den Bausteinen und Tapetenkleister »mauern« sie ein tischgroßes Haus. Die Eltern sammeln immer neue Kartons, damit der Bau weiter gehen kann. Später soll das Haus noch angemalt werden.

Der Musikraum, den Jana eingerichtet hat, war ein kleines Kämmerchen, in dem jetzt Matratzen und Kissen in zartfarbigen Bezügen (alte Stoffe selbstgefärbt) viel Gemütlichkeit und Ruhe erzeugen. Er wird genutzt zum Hören von Schallplatten, zum Erzählen und Träumen und zum Ausprobieren von Klanginstrumenten.

Außerdem ist ein früherer kleiner Gruppenraum die Kinderwerkstatt der Einrichtung geworden, Janas Arbeitsplatz.

Gespräch mit Jana

»Ich habe eine dreijährige Erzieherausbildung und arbeite im Beruf seit 1984. Demnächst werde ich 28. Ich habe ein Kind, das ist 4 Jahre alt, Adele. Mein Schock war hier, als ich anfing als junges Mädchen, die vielen alten Kollegen. Ich bin heulend nach Hause gegangen und wollte nie wieder hierher. Aber meine Freundin kam dann auch hierher und dadurch ging es dann und darum bin ich dann auch hiergeblieben.

Seit ich denken kann, male ich, war auch in einem Grafikzirkel bei 'nem Maler, habe mich immer viel für Malerei und Grafik interessiert. Und jetzt male ich auch viel und gerne, so am Wochenende. Wenn ich mit meinem Kind nach Hause komme, dann fangen wir auch oft an zu malen, zu probieren, zu kleben oder Gegenstände dafür zu sammeln. Sie hat auch so tolle Ideen; manchmal nehme ich auch die Ideen von ihr und wende sie hier an, weil ich weiß, was vom Kind kommt, kann auch für andere wieder gut sein.«

Veränderungen

»Angefangen hat das hier alles vor der Wende. Da wurde dieser Raum hier frei. Und meine Kindergruppe kam zu diesem Zeitpunkt in die Schule. Da kamen wir auf die Idee, unsere Einrichtung interessanter machen zu wollen. Ich hab dann 'ne Einrichtung im Westen gesehen, da hab ich gestaunt, die Holztische, runterhängende Lampen, da hing was runter und dort was, also – das war so schön gewesen, auch die Atmosphäre unter den Kollegen war so freundschaftlich. Wir haben sie hierher eingeladen, aber als ich zurückkam, hab ich gedacht: ›Hoffentlich kommen sie nicht so bald.‹ Wände wie im Krankenhaus, grau und gelb, und selbst unser Kreppapier und unser Buntpapier war ja auch nicht bunt. Also, selbst wenn man sich angestrengt hat, hat es trotzdem nicht viel gebracht. Naja, da haben wir dann gedacht: ›'ne Kinderwerkstatt muß her.‹

Aber dann war sie gar nicht so aktuell, weil ich erst mal die Flure verändert habe, Pinnwände angemacht habe, Bretter gestrichen, mit den Kindern Regenbogen gemacht habe. Das hat ungefähr ein halbes Jahr gedauert. Nachmittags bin ich in der Gruppe, ich habe eine Springerstelle.«

Kinderwerkstatt

»Dann fing die Arbeit in der Kinderwerkstatt an. Mein Ziel war, daß die Kinder ganz alleine kreativ hier arbeiten können. Wir haben unheimlich viel gesammelt mit den Kindern. Die Kinder haben großen Spaß, hier rein zu kommen und nur rumzukramen. Das ist ja schon mal was sehr Schönes, die Materialien so anzufassen. Grad die Kleinen, die sind dann so um die Murmeln und Perlen rum und was so klein ist. Hier in den Holzkästen am Boden sind ganz viele Muggelsteine und Stäbchen und ganz kleine Plastikperlen. Und da fummeln die Dreijährigen immer in diesen Sachen rum.

Dann hab ich die ersten Sachen mit den Kindern gebastelt. Das war noch ziehmlich steif und nach Schema. Da hab ich selbst bei mir gemerkt, das ich noch so am alten Zopf hänge, sie nach Diktat hab arbeiten lassen. Das solls ja eigentlich nicht sein! Ich mußte wirklich über meinen eigenen Schatten springen, weil ich nämlich innerlich, wenn ich dann sehe, wie die hier und da so rumkramen, und dann reißen sie dran, dann fällt was runter, dann muß ich wirklich immer wieder zu mir sagen: ›Jana, heh, das ist genau das, was du wolltest. Also laß sie rumkramen.‹ Dann sagt meine andere Hälfte: ›Aber das sieht doch so schlimm aus, wühlt doch nicht so rum (weil ich doch alles schön ordentlich gemacht habe).‹ Ach, ist egal. Und zum Schluß, sie räumen komischerweise wirklich wieder auf, jetzt klappt es alles. Ich dachte im Anfang auch öfter: ›Das benutzen wir jetzt noch nicht; das ist noch zu schade; nicht gerade da...‹ Jetzt hab ich nicht mehr diese Schwierigkeiten damit. Es macht mir auch Spaß, die Kinder zu beobachten.

Bei den Kindern ist es immer noch so schwierig, daß sie sich trauen, kreativ zu sein. Kinder, die z.B. sich nicht trauen, ein Blatt zu zerreißen! Da gucken sie dann so: ›Naja, soll ich das denn?‹ Erst wollte ich, daß die Erzieher auch mit dabei sein sollten. Aber es hat mir nicht gefallen, wenn die anderen Kollegen dabei waren und zu den Kindern sagten: ›Was machst du denn da? Du kannst doch nicht den Kleber an die Perle machen!‹ Aber dafür haben wir ja den Raum! Wann dürfen Kinder denn mal den Kleber anfassen? Nie dürfen sie das, aber hier ja. Daß die Kinder so eingeschüchtert sind, das gefällt mir überhaupt nicht. Und dagegen wehre ich mich auch und sage oft zu den Kindern: ›Hier dürft ihr es tun.‹ Die geknüllten Blätter oder die Schnipsel werfen wir nicht weg, daraus können wir auch noch was machen.

Ein Problem ist auch, daß ich von den meisten Kollegen nicht unterstützt werde, nur von einer Kollegin und meiner Leiterin. Im Anfang war ich wie ins kalte Wasser geworfen. Wie machst du das jetzt? Welche Kinder kommen hierher? Soll die Gruppe gemischt sein oder nicht?

Jetzt habe ich einen Plan an der Tür, da steht dran, was ich jeden Tag anbiete. Wir haben Objekte gemacht für die Flure und die Eingangshalle, z.B. ein Netz mit Meerestieren. Am Plan steht dran, mit wievielen Kindern ich arbeite, maximal 10. Die Erzieher lesen es sich durch und fragen in ihrer Gruppe, wer Lust hat. Manche Kinder wollen auch von sich aus wiederkommen und ich soll ihnen einen Platz frei halten. Aber manchmal verbieten meine Kollegen es auch einem Kind, als Strafe. Mangel an Kindern herrscht nie. Bloß ich fühle mich ein bißchen einsam bei der ganzen Sache. Von den Kolleginnen kommen keine Reaktionen auf meine Arbeit.«

Bei meinem zweiten Besuch zeigte mir Jana einen alten Uhrenkasten, den sie als Kleinregal eingerichtet und in den Mittagspausen zusammen mit ihren Kolleginnen bemalt hatte. Der Kasten war überzogen mit kleinen Figuren und Ornamenten in Reihen, ein filigranes Muster, mit schwarzem Kugelschreiber ausgeführt.

»Wie die Kinder ihre Umwelt entdecken, das ist für mich was ganz Tolles. Wie sie sich was abgucken, z.B. die Handhabung von Werkzeug! Ich hab teilweise gar nichts gesagt und gedacht: ›Irgendwie werden sie schon damit klarkommen. Sie müssen es sich erst mal ausprobieren.‹

Beim Netz-Projekt habe ich mit den Kindern ein Fisch-Lied gesungen und dann haben sie im Werkraum angefangen, Unterwasser-Getier zu malen und auszuschneiden, mit Fettstift und Tusche überzumalen, die Ideen hatten sie. In Zukunft möchte ich die Musik mehr mit einbeziehen.«

Pläne

»Im Herbst will ich dann zum Thema ›Mein Körper, mein eigenes Ich‹ was machen. Ich merke, wie sie sich in dem Alter selbst entdecken wollen, wie sie vorm Spiegel stehen und immer wieder sehen wollen, wie sie aussehen. Ich will dann auch Entspannungsübungen mit den Kindern machen. Ich habs auch wirklich gemerkt: wenn man selbst dahinter steht, wenn ich es ausstrahle, daß es was Tolles ist, das eigene Herz zu fühlen, dann springen die Kinder auch darauf an.

Was ich gerne mache? Ich hab nie gerne gebastelt, aber jetzt macht es mir Spaß mit den Kindern. Beim Basteln kommen mir die schärfsten Ideen. Es sind Zufälle, daß man z.B. sowas steckt, und auf einmal sieht es toll aus, und dann macht man es an der ganzen Figur. Also Angebote mache ich gerne mit Draht und Pappe. Ich würde gern mal mit Holz mit den Kindern arbeiten und irgendwie 'ne Figur mit ihnen machen, so mit Nägeln, für draußen, fürn Garten. Das würde ich gerne machen, wenn ich Material hätte. Im Moment haben wir keine finanziellen Mittel, nichts, nichts. Ich mach auch gerne Angebote mit Pappmaché oder anderen formbaren Materialien.«

Gabi
38 Jahre alt, Erzieherin einer altersgemischten Gruppe im Kindergarten. Städtische Einrichtung

Gabi ist groß und schlank, sie hat große, blaue Ohrringe und Bürstenhaare und trägt einen bunten Rock und ein blaues Samt-Oberteil, alles selbstgenäht.

Sie würde gerne eine Ausbildung als Ergo-Therapeutin machen, aber sie ist auf ihren Verdienst als Erzieherin angewiesen, denn sie sorgt allein für sich und ihren Sohn.

Seit einigen Jahren schreibt sie Kindergedichte, hat sich aber noch nie um eine Veröffentlichung bemüht.

Sie sagt:

»Ich arbeite seit 18 Jahren in diesem Beruf. Nach der Erzieherausbildung war ich 5 Jahre in einer Kita tätig. Dann habe ich 3 Jahre in einem Obdachlosenasyl mit vietnamesischen Flüchtlingskindern gearbeitet.

Dann habe ich wieder in einer Kita gearbeitet und mit einer Kollegin, die das auch wollte, eine altersgemischte Gruppe aufgebaut.«

Veränderungen

»Ich bin seit 1 1/2 Jahren hier. Ich sollte erst im Hort beginnen, aber das Haus ist umstrukturiert worden. Mir ist jede Altersgruppe recht, ich stelle mich auch gerne um. Es macht mir mehr Spaß, als wenn ich mich an einer Sache so festbeiße. Es erscheint mir sehr wichtig, für die persönliche Art, kreativ zu sein, daß ich manchmal wechsle und wieder neu überlegen muß.

Ich habe hier angefangen mit der Krippengruppe und bin in ein Kollegium geraten, das ungewöhnlich herzlich ist. Und auch ehrlich. Sie haben gleich gesagt, Altersmischung sei nichts für sie. Dann bin ich öfter mit meinen Krippenkindern und Erzieherinnen vom Kindergarten draußen zusammen spielen gewesen, auch auf Spielplätzen außerhalb unserer Einrichtung. Und nun hat sich das umorientiert, weil sie gesehen haben, wie gerne die größeren und die kleineren Kinder zusammen spielen. Nun wollen sie die Altersmischung auch ausprobieren. Im Herbst beginnen wir also mit der Mischung einer Krippen- und einer Kindergartengruppe.«

Kreativität privat

»Ich mach zu Hause so viel wie möglich selber, das wird mir immer wichtiger. Ich schneide mir die Haare selber, nähe mir die Sachen, die ich anhabe. Auch wenn alles nicht so perfekt ist, ist es mir wichtig, die eigenen Hände einzusetzen und die eigenen Ideen zu realisieren. Ich lese viel, einen Fernseher habe ich nicht, weil ich dafür keine Zeit habe. Ich schreibe gerne Kindergedichte. Ich brauche auch Zeit für meinen zehnjährigen Sohn. Mein Sohn hat angefangen, Kinderkrimis zu schreiben.«

Bild vom Kind und der Gruppe

»Wichtig ist für mich, daß man weiß, wo man selber aufhört und wo der andere Mensch anfängt. So halte ich das auch in der Kinderarbeit. Mir ist wichtig, jedes einzelne Kind für sich zu sehen, zu sehen, wie seine Konturen sind. Aber daraus entwickelt sich die Gruppe fast von allein. Manchmal bin ich erstaunt über das gute Gruppenverhalten der Kinder, denn ich arbeite nicht darauf hin. Ich arbeite so, daß jeder zu seinem Recht kommt. Ich neige eher dazu, ein Kind vor anderen zu schützen, wenn es allein bauen oder spielen will. Eine Zeitlang habe ich versucht, diese Tendenz bei mir selber zu bekämpfen, aber eigentlich ist diese andere Art doch ganz gruppenwirksam, weil jedes Kind etwas vorsichtiger mit den anderen umgeht. Ich bin im Moment ganz glücklich darüber, wie sich die Gruppe entwickelt hat.

Ein paar mehr Kinder anderer Nationalität hätte ich gerne. Ich habe zwei türkische Kinder, sechs deutsche und ein Mädchen, bei dem der Vater aus Laos und die Mutter aus Thailand ist. Ich finde die Gruppenzusammensetzung dann besonders gut, wenn der Anteil der deutschen Kinder der dominierende ist wegen des Spracherwerbs, aber ein Drittel sollte schon aus anderen Ländern sein, ich habe die Buntheit sehr gerne.«

Was mich an Kindern fasziniert

»Kinder sind für mich die personifizierte sinnliche Lebensfreude, z.B. beim Eisessen: kein Erwachsener erreicht diese völlige Hingabe an eine Eiskugel. Oder ihre Bewegungen in der Sonne, wenn sie barfuß durchs Gras gehen oder im Wasser planschen; kleine Kinder finden Farben so schön, daß sie den Pinsel ablecken wollen.

Dann haben sie ein unglaubliches Durchhaltevermögen, für das ich sie bewundere: wenn sie laufen lernen, stehen sie trotz aller Fehlschläge immer wieder auf. Ich bestaune auch das Vertrauen, daß sie in ihr eigenes Können setzen.

Kinder haben was Monomanes: sie sind mit ihrer ganzen Existenz bei einer Sache, es gibt nichts anderes daneben. Leider bestrafen Erwachsene manchmal die Heftigkeit, mit der ein Kind seine Sache verteidigt. Die ungeheure Lernfähigkeit der Kinder steht wohl im Zusammenhang mit ihrer Monomanie, mit dieser Hingabe an eine einzige Sache.«

Umgang mit Schwierigkeiten

»Ich bin ausgebildet worden in einer Zeit, in der der Ansatz fast ausschließlich die antiautoritäre Erziehungshaltung war. Ich habe hauptsächlich Psychologie, Fall-Psychologie, Gruppenpädagogik gelernt und wenig Spiele und Lieder. Ich hab eher gelernt, nachzudenken über das, was ich tue. Und das habe ich eigentlich beibehalten. Wenn ich merke, daß es hier mal ein großes Chaos gibt, dann denke ich erst mal nach, ob ich selber gar keine Lust zu meiner Arbeit habe. Und dann denke ich mir was aus, was die Lust ein bißchen steigert; meist ist es nur eine Kleinigkeit, die ich verändern muß, damit die Kinder wieder intensiv spielen.«

Kreativität

»Ich finde, daß Kreativität sich darin äußert, alltägliche Probleme und Aufgaben adäquat zu lösen. Das erfordert, gegen den Strich zu denken und auch gegen die eigenen Gewohnheiten anzugehen. Humor ist für mich auch was Kreatives.

Es kann auch eine kreative Tat sein, wie man sich den Tag oder eine Situation gestaltet. Zum Beispiel sagt mein Sohn: ›Ich bringe mich ins Bett.‹ Er macht sich dann alles sehr schön, stellt sich das Esssen ans Bett und eine Blume. Und das sehe ich auch so bei den Kindern, täglich im Freispiel. Kinder sollten ihre Kreativität ausleben können. Aber wichtig ist es auch, ihnen Wertvorstellungen zu vermitteln.«

Otto, 4 Jahre: Schlangen

Arbeitsschwerpunkte

»Ich lege sehr großen Wert auf Freispiel in jeder Form. Das ist für mich die Grundlage dafür, daß man später eigene Kreativität im Leben bewahren kann. In meiner Kindheit habe ich sehr viel gespielt, aus Brötchen habe ich kleine Stullen geschnitten und aus Gummibären Kuchen gebacken, Höhlen unter Tischen gebaut.

Die Krippenarbeit finde ich sehr wichtig, weil die das Fundament ist, auf dem die anderen Kollegen aufbauen können. Am Anfang seines Lebens sollte man so viel wie möglich die Umgebung ertasten können und ganz viel Material zum Tasten zur Verfügung haben. So baue ich auch meine Arbeit auf. Am Anfang ist das Wichtigste, daß die Kinder wirklich gerne herkommen, das steht über allem, und daß sie sich dann gerne mit den Dingen beschäftigen, die hier sind. Sehr wesentlich ist die Organisation des Raumes.

Dann ist mir noch wichtig jede Art von Bewegung, Rythmus und Musik. Ich bin zwar nicht besonders musikalisch, aber ich arbeite gern mit dem Orff-Instrumentarium. Zu jedem Lied werden Bewegungen erfunden. Ja, Bewegungen im Raum, das mache ich sehr viel. Und ich stelle oft Gegensatzpaare in den Mittelpunkt, weil es die sinnlichen Erfahrungen vertieft: kalt muß es im Winter sein und warm im Bett. Wenn ich merke, daß das Angebot im Raum nicht ausreicht, daß es Kinder gibt, die so über den Tag schlingern ohne eigene Impulse, dann kommen von mir aus Materialangebote dazu.

Meine Angebote gehen über den ganzen Vormittag. Das Material ist auf einem Tisch. Die Kinder spielen normal weiter, wie sie wollen, und ich arbeite mit zwei Kindern am Tisch. Solange diese Kinder arbeiten wollen, haben sie Zeit, dann kommen die nächsten Kinder dran. Vorbereitet habe ich einen Eimer zum Händewaschen im Gruppenraum, dadurch bleibt alles so ruhig und zusammen. Die Kinder wissen inzwischen, wie so etwas abläuft.

Die Kinder nehmen ihre Arbeiten manchmal gleich mit nach Hause, andere Sachen hängen wir noch eine Weile im Gruppenraum auf, bis sie sie mitnehmen. Die Dinge an den Wänden hänge ich für die Kinder auf, damit sie sich in ihrer Arbeit wiederfinden, nicht für die Erwachsenen. Ich bin sowieso nicht so ein Aussteller. Was ich nicht ausstehen kann, wo ich richtig wütend werde, ist, wenn Erwachsene in Kinderarbeiten eingreifen und sie »verbessern«, wenn nicht eindeutig zu erkennen ist, was das Kind und was der Erwachsene gemacht hat.«

Eltern

»Die Eltern haben bisher meine Arbeit immer akzeptiert. Ich halte allerdings Eltern auch für sehr verletzlich. Jeder, der selber Kinder hat, weiß das von sich auch. Es spielt im Umgang mit ihnen eine Rolle, daß ich den Eltern zugestehe, viel empfindlicher auf Situationen zu reagieren, als ich, denn sie haben eine ganz andere Wahrnehmung inbezug auf ihr Kind.«

Natur

»Unsern Garten mag ich sehr, die Bäume, den Hügel. Diesen kleinen Hügel, auch wenn da Baumwurzeln und Steine raussstehen. Wo alles betoniert ist und gepflastert, können die Füße nichts lernen. Hier kann man runterrollen und im Winter Schlitten fahren.«

Erziehungsziel

»Rücksichtnahme! Weil ich wirklich glaube, daß das die Voraussetzung für individulle Freiheit ist, daß die Menschen sich nicht nur gegenseitig, sondern auch selber die Freiheit beschneiden, wenn sie nicht lernen, daß sie neben sich andere Menschen haben. Heute scheint mir das oft zu kurz zu kommen durch eine falsche Vorstellung von Selbstentfaltung. Ich glaube, daß ein expansives Selbstentfalten ohne Rücksichtnahme bis hin in die Politik die Welt, die Umwelt, zu einem Teil zerstört.«

Zufriedenheit im Beruf

»Da bin ich sehr ambivalent. Nach 18 Berufsjahren würde man vielleicht auch in anderen Berufen das nicht mehr als die Glückseligkeit empfinden, weil man dann die Tücken des Berufes kennt. Ich könnte mir für mich auch gut einen, sicherlich kreativen, Beruf vorstellen, wo ich nicht dauernd mit so vielen Menschen zu tun habe. Ich könnte mir sehr gut vorstellen, in einer Ecke zu sitzen und Kinderbücher zu schreiben.«

Chancen des Berufes

»Aber wenn ich mir die anderen Berufe genau ansehe, dann denke ich doch, daß wir in unserem Beruf noch eine recht große Freiheit haben. Wie ich mir die Arbeit einteile, wie ich mit dem einzelnen Kind umgehe, ist weitgehend mir überlassen. Das gibt es kaum in einem anderen Beruf, auch der Lehrer ist stärker festgelegt.«

Gerrit und Karen
29 und 21 Jahre alt, Erzieherinnen im Kindergarten

Auf einer Fortbildung lernte ich die Kitaleiterin Frau W. kennen und wurde neugierig auf ihre Einrichtung, als sie von geplanten Veränderungen sprach.

Diese Kita liegt im Nordosten Berlins, im größten Neubaugebiet der Stadt. Das Durchschnittsalter der Bewohner ist hier 27 Jahre, es gibt also sehr viele

Kinder und viele Kindertagesstätten, die jetzt um ihre Existenz bangen. Der Versorgungsgrad mit Kita-Plätzen war vor der Wende viel höher als im Westteil der Stadt; nach der Wende gab es hier kaum Geburten und die Arbeitslosenquote ist hoch.

Frau W. vermittelte mir das Gespräch mit den beiden Erzieherinnen Gerrit und Karen aus ihrem Haus.

Gerrit:

»Ich bin jetzt zehn Jahre im Beruf, habe vorher in einigen Kitas gearbeitet – durch zwei Babyjahre bin ich immer wieder in eine neue Kita gekommen – und arbeite seit sechs Jahren hier.«

Die Kindertagesstätte vor der Wende und jetzt

»Ich habe diese Kita mit aufgebaut. Zu Anfang habe ich das genommen, was uns so geboten wurde, die Materialien, die da waren, die Räume. Wir versuchen eigentlich jetzt erst, unsere Kita umzugestalten, nach unseren Wünschen, nach unseren Vorstellungen.«

Die Kinder früher und jetzt

»Den Kindern fällt es schwer, sich kreativ zu verhalten, weil sie von klein an nicht daran gewöhnt wurden. Die meisten kommen aus der Krippe. Und nun sollen sie ihre eigenen Wünsche und Gedanken äußern – wir haben es versucht in diesem Jahr – und das fällt den Kindern ganz schön schwer.

Dadurch, daß wir jetzt durch Gruppenreduzierungen freie Räume haben, ziehen wir in einen anderen Raum. Ich hab den Kindern schon gesagt, sie sollen sich mal Gedanken machen, wie wir den neuen Gruppenraum einrichten wollen und was wir alles machen können. Daß wir die Spielecken anders machen können, nicht mehr nur ›Bauecke, Puppenecke‹, sondern, daß es untereinander mehr gemischt wird. Sehr schön wären für die Kinder offene Regale statt der Schränke oder ein Spielhaus.«

Karen:

»Ich hab vor 2 1/2 Jahren hier angefangen, als die Wende war. Und dadurch war das alles viel lockerer hier. Ich bekam die Gruppe der Kleinsten, wie ich es haben wollte. Diese Kinder habe ich jetzt auch noch. Ich konnte von Anfang an so arbeiten, wie ich mir das vorgestellt habe, ohne das einer hinter mir sitzt und guckt und alles auswertet. Das fand ich gut. Dadurch konnte ich den Kindern von vornherein Freiraum lassen für ihre Phantasie. Jetzt sind sie älter, und da merkt man es sehr, daß die ganz viele Ideen haben, wenn sie Bilder und Kunstwerke machen. Heute haben sie so tolle Ideen gehabt und dann haben sie sich selber beraten, wie man es machen kann.

Auch beim Spielen haben die Kinder so viele Ideen und Phantasie. Seit vorigem Jahr habe ich eine Kuschelecke im Gruppenraum, und die Kinder nutzen sie viel. Da werden Höhlen gebaut, da werden Autos draus gebaut usw.«

Gerrit:

»Die Ideen vom Wochenende bringen die Kinder mit ins Gruppenleben. Ein Kind hat sich gewundert, wie sich die Schnecke vorwärts bewegen kann. Und das haben wir untersucht, wie sie es macht ohne Beine. Wir haben sie dann auf der Hand kriechen lassen, damit die Kinder diese Schlängelbewegungen und den Schleim fühlen können.

Das kommt mit der Zeit, daß die Kinder Ideen haben und das Bedürfnis, alles zu erzählen, vom Saurierpark, von der Eisenbahn. Und ich versuche es dann aufzugreifen; die Kinder können Bilder dazu malen, oder sie bringen Bücher oder einen Kalender von zu Hause mit.«

Karen:

»Bei mir nimmt zu, daß die Kinder gerne gemeinsame Arbeiten machen. Ein Beispiel dafür ist die Collage von der Wiese. Erst haben wir auf der Wiese gesessen und uns alles genau angeguckt: wie weich sie ist und wie sehr der Wind die einzelnen Gräser so hin und her wiegt. Ach, das war so toll. Dann sind wir hoch gekommen, haben auch Gräser mitgebracht. Die habe ich dann auf weißen Blättern verteilt, jedes Kind hat dann weitergemalt auf dem Papier mit Pinseln, aber so zart! Auch Kinder, die sonst viel doller und dicker malen. Wie sie den Wind gemalt haben, der die Gräser bewegt! Und dann haben wir später noch Tiere gemalt und ausgeschnitten, die in der Wiese sind. Es hat mir auch so viel Spaß gemacht.«

Brigitte:

»Sie haben früher nach einem Erziehungs-Programm gearbeitet. Arbeiten Sie jetzt auch noch teilweise danach und macht ihnen die Umstellung Mühe?«

Gerrit:

»In einigen Teilgebieten richte ich mich noch danach, z.B. bei der Verkehrserziehung. Die Kinder haben ihre Roller und Fahrräder mitgebracht und wir haben im Garten geübt und sind dann auch mal durchs Wohngebiet gezogen.

Feste feiern wir auch, z.B. den Kindertag. Da haben wir ein Käferfest gefeiert und bei der Vorbereitung und am Tag selbst waren die Kinder auch sehr kreativ und den Eltern wird auch dafür Kreativität abverlangt, z.B. bei den Kostümen. Aber die Kinder sagen: ›Das ist doch nicht schwer, wir brauchen doch nur zwei Flügel mit Punkten.‹ Es reicht ja, wenns auf Papier gemalt ist und mit Sicherheitsnadeln angesteckt wird.

Bei Musik und Sport nehmen wir auch noch was aus dem alten Programm. Wir lernen jetzt aber auch viele neue Lieder, auch einer vom andern. Und die Sporterzieherin hier hat den Kindern viele neue Spielideen gezeigt, damit wird das Turnen viel lockerer.

Wir unternehmen auch viel mehr Ausflüge und gucken, was wir in der Umgebung neues entdecken können. Es gibt hier einen Kleintierzüchter mit ganz tollen Vögeln, den besuchen wir oder wir gehen zum Kletterbaum.«

Karen:

»Wir gehen gerne zu den neuen Spielplätzen, die hier in letzter Zeit entstehen. Der Holzspielplatz sieht von unten ja gefährlich aus, aber wenn man mal selber mitklettert, dann merkt man, die Kinder sind sicher da drauf. Das macht den Kindern so viel Spaß. Früher waren die Spielplätze ja alle gleich.«

Mengenlehre

»Zum Programm noch: Ich orientiere mich auch immer noch ein bißchen daran, besonders zum Jahresende, wenn man Bilanz zieht. Ich hab ein Sachgebiet, daß mir nicht so leicht fällt, das ist »Mengen«. Das mach ich zwar, aber ich mach es nicht gerne, aber ich muß es ja irgendwie machen. Ich baue es dann so in den Tagesablauf mit ein. Aber es ist nicht meine Stärke, ich finde, Mengenlehre ist so schwer umzusetzen für die Kinder.«

Gerrit:

»Wir fügen es auch mehr beiläufig im Tagesablauf ein: mal sollen die Kinder die Löffel zählen, mal sich, die Gruppe. Oder die Farben sollen bestimmt werden, wenn eine ein ganz buntes Kleid anhat. Sieh das doch nicht so streng. Laß sie doch die Bäume zählen und die Dächer.

Wir haben viel bei Schulreife-Untersuchungen hospitiert. Und da fragt die Schulärztin die Farben der Reihe nach ab, und danach wird die Schulfähigkeit beurteilt.«

Brigitte:

»Wie fühlen sie sich in diesem Beruf?«

Karen:

»Na, ich hoffe, daß ich für immer in diesem Beruf bleibe. Das ist doch mein Traumberuf. Schon seit ich ein ganz kleiner Stippi war. Vielleicht, weil meine Kindergartenzeit so schön war. Mit meinen Puppen habe ich zu Hause nachgespielt, wie es im Kindergarten war. Zwischendurch habe ich noch mal überlegt, aber als ich das in der Schule dann entscheiden sollte, da gabs gar nichts anderes! Ja, es macht mir auch Spaß jetzt.«

Else, 5 Jahre, arbeitet mit Ton

Florian, 4 Jahre, bemalt einen alten Tisch

Jordana, 5 Jahre, malt mit den Händen

Marcel, 3 Jahre, untersucht die Eigenschaften von Ton

Gerrit:

»Spaß macht es mir immer noch, mit Kindern zu arbeiten und ich möchte auch weiterhin mit den Kindern zusammen arbeiten. Dadurch, daß meine Mutter auch Kindergärtnerin war, habe ich schon früh alles kennengelernt, und da wurde dieser Beruf auch mein Wunsch. Meine Tochter möchte auch gerne Erzieherin werden. Man hat doch jetzt mehr Möglichkeiten mit den Kindern, z.B. was zu unternehmen, was früher streng verboten war.«

Brigitte:

»Von Ihrer Leiterin habe ich gehört, daß in Ihrem Haus die untere Etage zu einer Aktionsebene umgestaltet werden soll. Ist das auch Ihre Idee?«

Gerrit:

»Ja. Wir haben es uns schon lange gewünscht, die Räume sind aber jetzt erst frei geworden durch Gruppenreduzierungen. Ich finde es sehr schön für die Kinder, wir werden es voll nutzen. Wir werden uns höchstens da unten streiten, wer als erstes in die Räume gehen darf. Die Kinder wollen auch nicht immer nur an Tischen malen, sondern auch mal auf dem Bauch liegen zum Malen oder an der Wand am großen Brett. Ich hab den Kindern auch erklärt, daß wir dann viel mehr Zeit haben. Wenn wir mal den ganzen Tag was machen wollen, gehen wir da rein.«

Karen:

»Ich weiß noch nicht, ob der andere Raum ein Musikkabinett werden soll, eine Bücherei, noch ein Bastelraum oder ein Raum für große Spiele. Größere Spielgeräte, die wir hier haben, müssen dann nicht mehr auf- und abgebaut und von Gruppe zu Gruppe weitergegeben werden, sondern können in diesem Raum bleiben und von allen genutzt werden. Wir wollen auch so einen Entdekkerraum machen, Naturmaterialien sollen da rein kommen und die Schätze, die die Kinder so finden. So eine richtige Schatztruhe wollen wir anlegen. Ich stell mir das alles sehr schön vor.«

Gerrit:

»Auch z.B. eine Steinsammlung, die verschiedenen Steine, die die Kinder sammeln und die sie dann aufkleben und ausstellen können für die anderen Kinder. Dadurch sollen auch die kleineren Kinder mehr Anregungen durch die Größeren bekommen.

Das fehlt auch bei uns son bißchen, daß wir Ideen und Anregungen bekommen. Wir haben uns zwar die große Reggioausstellung angesehen und waren bei Workshops. Aber wir brauchen noch mehr.«

Steffen
26 Jahre alt, arbeitet in einem Kinderladen in der Tätigkeit eines Erziehers, Altersmischung Zwei- bis Sechsjähriger.

Der Kinderladen besteht seit Mai 1991. Zusammen mit einer Beratungsstelle für Erzieher und mit einer Kinderwerkstatt ist er eine private Einrichtung von Eltern aus der Bewegung »Neues Forum«.

Bei meinem zweiten Besuch haben sich die Kinder ein Indianer-Zelt gebaut und damit gespielt.

Gespräch mit Steffen

»Ich habe ursprünglich den Beruf des Vermessungsfacharbeiters gelernt. Inzwischen habe ich zwei Kinder, der Junge wird 5 und die Tochter ist 1 1/2 Jahre alt.

Mit dem Kinderladen hat es so angefangen: Ich wollte mein Kind hier drin haben. Am ersten Tag, als ich ihn herbrachte, gab es einen kleinen Engpaß und sie haben mich gefragt, ob ich mein Kind wieder mitnehmen könnte, weil die Erzieherin abgesprungen war. Da hab ich gesagt, ich könnte auch ein bißchen bleiben und aushelfen, weil ich bloß vormittags gearbeitet habe und nachmittags Zeit hatte. Dann habe ich 'ne Weile ausgeholfen und dann haben wir uns entschieden, der Vorstand und ich, daß ich hier bleibe.

Ich hab auch mal ein Lehrerstudium begonnen, insofern war das nicht so zufällig, sondern ich hatte damit schon früher geliebäugelt, mit Kindergruppen zu arbeiten, allerdings nicht mit so Kleinen. Und dadurch, daß ich nicht so 'ne dolle Arbeit hatte, die mich gehalten hat, hat sich das hier so angeboten.

Das Wichtigste mit den Kindern ist mir die Vertrauensbasis. Wichtiger als alle Konzeptionen ist es mir, daß die Kinder sich erstmal wohlfühlen, daß sie gerne kommen und sich auch ausleben können.

Das ist nun schon der Knackpunkt mit dem Ausleben, wie weit man das selber trägt und aushält. Es ist schon ein Problem, sich selbst bei Laune zu halten, um jeden Tag mit Kindern arbeiten zu können und auch die Kraft zu behalten. Es ist auch eine enorme Geräuschkulisse, die man hier immer hat, und das habe ich eigentlich vorher unterschätzt. Naja, von daher spinnt sich dann alles so weiter.«

Brigitte:

»Warum sind Sie und ihre Kinder in einem Kinderladen gelandet?«

Steffen:

»Mein Sohn war früher in einer Krippe und das war ganz katastrophal. Er war ein lebhaftes Kind und wurde dann in eine Kammer gesperrt, damit er die anderen durch sein Schreien nicht weckte. Und da habe ich mir eine Arbeit gesucht, daß ich ihn nach dem Mittagessen abholen konnte. So haben wir das die ganzen Jahre gemacht. Er kam ja dann auch in den Kindergarten. Und da hat mich am meisten gestört, wie mit den Kindern im bildnerischen Bereich gearbeitet wurde. Zu Weihnachten hat die Erzieherin den Weihnachtsmann gemalt und die Kinder haben ihn dann eben nachgemalt. Das ist ein Beispiel und so zieht es sich durch alles durch. Das ist eine Sache, die ich ganz unmöglich finde, zumal ich selber auch male und mich damit beschäftigt habe, vorher schon.«

Brigitte:

»Wie sind Sie zum Malen gekommen?«

Steffen:

»Ja, wann habe ich angefangen? Immer schon, so als Kind schon. Also ich hab es als Kind so gemacht, ohne es überzubewerten und ohne überhaupt zu wissen, daß es Leute gibt, die davon leben, daß sie malen. z.B. Ich hab Bilderreihen gemalt, wie Comics. In Zeichnen hab ich immer 'ne Drei gehabt, weil ich dann auch nicht so mit den Farben umgehen konnte, wie die sich das vorgestellt hatten.

Dann gabs mal 'ne Zeit, da hab ich gar nicht mehr gemalt. Und irgendwann, so mit achtzehn, kam ich dann wieder ganz langsam zum Malen, und da habe ich auch gemerkt, daß das etwas sehr Existenzielles ist, sowas für die Seele.

Malen ist 'ne sehr schöne Sache für einen selber, weil man nicht auf Öffentlichkeit angewiesen ist, wie in anderen Künsten, z.B. beim Schreiben. Das ist 'ne Sache, wo man das alles abarbeiten kann. Gestisch und mehr auf 'ne sinnliche Art, nicht so von den Inhalten her, mehr abstrakt.«

Malen und Gesten

»Von daher ist der Bogen zu den Kindern auch wieder da. Und es ist wirklich so: wenn die Kinder malen, gerade die ganz Kleinen, da ist ja der Gestus viel unmittelbarer, als bei den Drei- oder Vierjährigen. So wie ich das beobachtet habe, versuchen die Älteren den Gestus immer mehr zu reduzieren auf 'ne Form. Anfangs ist es ganz ursprünglich, heftige Linien, dann werden Punkte gesetzt. Dann versuchen sie ja doch bald, 'ne Form reinzukriegen, die Linien zu verkürzen, Kreise zu ziehen. Das ist schon ganz interessant zu sehen. Und es ist auch wirklich so, wenn man was Schönes sieht, also wenn Kinder Bilder malen, die einem selber gefallen, und man war nun beim Malen dabei, dann ist es für mich so schön, als ob ich es selbst gemacht hätte.

Kai, 3 Jahre

Und ich hab auch nicht das Bedürfnis, da mitzumalen. Ich kann mich sehr gut daran erfreuen, ohne mitmachen zu müssen, nur dabei sein. Da staunt man dann, gerade bei den ganz Kleinen, den Eineinhalb- bis Zweijährigen, wo man das gar nicht so vermutet hat.

Kinderzeichnungen waren in Zusammenhang mit Kunst immer die Bilder der Vier-, Fünfjährigen. Das Wesentliche, dieses Vorstadium, ist in der Betrachtung immer rausgefallen. Bei meinem ersten Kind ging es auch so schnell vorbei, oder ich habe es auch nicht wahrgenommen, obwohl er ganz viel gemalt hat. Aber jetzt hier bei so vielen Kleinen sehe ich, daß es eine ziehmlich lange Zeit ist, wo sie diese Erfahrungen machen.«

Straßen malen

»Ich finde es gut, sowohl bei den Kleinen als bei den Größeren, wenn man so wenig wie möglich von außen eingreift. Das ist eine Gradwanderung, bei der es auch interessant wird.

Wir sollten für eine Ausstellung Bilder malen lassen zum Thema ›Stadt/Straße‹. Wir sind also in die Werkstatt gegangen. Das sind so die schönen Momente, wo man weiß, was man will, aber man weiß noch nicht so richtig, wie man den Gedanken zu den Kindern transportieren kann.

Nun hatte zufällig ein Kind eine Spielzeugampel mit 'nem Batteriekasten, da drehten die dranrum und es leuchtete von rechts und links, und dann war das natürlich der Aufhänger. Dann haben wir uns sofort darüber unterhalten, wie sie in den Kinderladen kommen: der eine mit dem Fahrrad, der andere mit der U-Bahn. Durch die Gespräche hat es sich dann immer mehr zum Thema verdichtet. Dann hab ich den Vorschlag gemacht, zu malen, wie man in den Kinderladen kommt. Aber das war noch nicht so gut, dann hab ich aber gesagt: ›Wie kommt man denn am Schnellsten zum Kinderladen?‹ Und zufällig sah ich dann auch langformatige Blätter zum Malen im Regal, und die nahmen die Kinder gerne. Einer malte gleich erst mal 'ne Rakete. Der, dem die Ampel gehörte, nahm die langen Blätter und kritzelte sie zu, wie 'ne Straße und wollte noch mehr Blätter haben. Und dann machte einer noch 'ne Kreuzung und einer noch ne Hochstraße, wo er noch was reingeschnitten hat, damit es so durch ging. Sowas ist natürlich schön, wenn man dabei ist, aber nur noch als Begleiter daneben steht und Material zureicht und sagt: ›Willst du noch ein Blatt haben?‹ oder ›Guck mal, da ist noch 'ne andere Farbe.‹ Das sind so die Glücksmomente, wenns so gut läuft. Wenn man selber ausgeglichen ist, dann geht das auch. Daß man reinkommt und guckt: ›Was kann man jetzt benutzen?‹ ›Was ist schon da?‹ «

Das erste Projekt

»Es ging um einen selbst, den Körper. Das war für mich so interessant. Was können die Kinder eigentlich? Auch jeden Tag was Neues aufzubauen, wo man sich auch selber immer wieder was Neues ausdenken mußte. Beim Arbeiten bekommt man dann erst mal so mit, was alles so dazu gehört. Daß es ein Thema ist, das nie zu Ende ist.«

Zusammenarbeit

»Zu zweit kann man ein Projekt machen, das geht relativ gut. Aber ich finde es am besten, wenn ich bestimmte Sachen mit den Kindern alleine machen kann, so mit 10 Kindern. Man nimmt sonst dauernd Rücksicht aufeinander. Wenn man alleine ist, kann man sich selber besser ausprobieren. Man kann auch Sachen machen, die wirklich unorthodox sind. Was gut ist bei einer Zusammenarbeit ist, man kann viel beobachten, wie der andere es macht, auch sehen, wieviel er vorgibt und wo er in die Arbeit der Kinder eingreift.«

Malen

»Beim Malen ging es ganz problemlos. Wir haben einfach nur Farbtöpfe hingestellt und große Pinsel und riesengroße Blätter, die waren so groß wie die Kinder. Das war schon mal was, das kannten sie von zu Hause nicht. Zu Hause ist es wirklich schlecht zu machen bei den meisten. Dann haben die Kinder angefangen zu malen und angefangen zu mischen. So. Das waren schon ganz interessante Sachen, auch für einen selber zu sehen, wie die Kinder damit umgehen. Und die haben ganz tolle Sachen gemacht zum Thema ›Wo wohne ich?‹ ›Wie lebe ich?‹ Das Blatt war so groß, wie ein Fenster und man sollte sich vorstellen, daß man von draußen in sein Zimmer reinschaut. Da waren verschiedene Lösungen. Einer hat dann auch ein Schloß gemalt, das läßt man dann auch so.

Also kein Bild vorgeben: also daß kein Erwachsener sagt, wie der Weihnachtsmann gemalt wird oder sagt: ›Guck doch mal, da fehlt ja noch das Ohr.‹ ›Du hast ja noch keine Augen gemalt.‹ oder ›Da nimmst du mal rot und malst so und so!‹ Und dann wird das Rot da reingemalt vom Erwachsenen. Ich denke, daß das noch ganz viel passiert im Kindergarten.«

Material:

»Mit den Kleinen gehen wir vorzugsweise vom Material aus. Wie gehen von Farbe aus, von Kleister, von Ton, bunten Papieren, da fängt man mit dem Material an.

Nun besteht der Kinderladen erst seit einem Jahr. Bei den Größeren fängt man nun ganz woanders an. Das heißt: man hat ein Projekt »Stadt« oder »Körper«. Und da fließt das Bauen mit ein. Manchmal viel zu hastig, so daß sie das Material nicht mehr gut wahrnehmen. Zum Beispiel bei Tapetenkleister ist mir das aufgefallen, den sie zwar verwendet, aber nicht als Material erkundet haben.«

Sinnliche Erfahrungen

»So wie ich großgeworden bin, da gehörte sinnliche Erfahrung nicht dazu. Es ging vorrangig um das Ergebnis, nicht um die Materialerfahrung. Entweder man mußte es selber machen, oder man kam nie dazu. Man braucht es ja auch nicht, man kommt ja auch ohne das durch.«

Produkte

»Die Eltern erwarten von uns und von den Kindern Produkte. Am Anfang auch die Kollegen. Da hieß es dann: ›Ach du knetest mit den Kindern immer nur.‹ Ja, warum soll ich nicht tagelang mit ihnen kneten, wenn es die Kinder gerne machen?

Das ist auch ein Problem der Eltern, es so richtig zu verstehen. Sie fragen dann, und das Kind ist zwei Jahre alt: ›Ihr habt mit Ton was gemacht? Wo ist denn das, was Ulrike gemacht hat?‹ Es war aber gar nichts da, es gab gar nichts von Ulrike. Sie hat eben nur geknetet.«

Erfolg und Mißerfolg

»Wennn Kinder etwas bauen, haben sie ein Bild vor Augen von dem, was sie bauen wollen. Sie haben ein Bild von dem fertigen Produkt vor Augen, selten von dem Prozeß, der zum Produkt führt. Aber mir ist aufgefallen, daß es für sie kein Problem ist, mit dem Bauen anzufangen. Sie können also problemlos ganz klein bauen und riesengroß denken. Problematisch wird es für sie erst dann, wenn der Erwachsene mit seiner Vorstellung von dem Produkt an die Kinder herantritt.

Ich finde, man muß bei sich selbst anfangen, es zu akzeptieren, daß die Kinder etwas allein gestalten, auch wenn es sich immer mehr von der eigenen Vorstellung entfernt.«

Mutlose Kinder

»Schwierig ist es mit Kindern, die sich selbst nichts zutrauen, die an nichts 'ran gehen. Wie weit soll man sie lassen oder wann soll man doch eingreifen. Bei diesen Kindern den richtigen Bogen zu finden, ist kompliziert. So war das hier auch im Anfang wenn es hieß: ›Wir gehen in die Werkstatt.‹ Dann war das so, wie: ›Wir gehen zum Zahnarzt!‹ Also die Blockade war schon da. Inzwischen ist es aber ganz normal geworden, hierher zu gehen. So brauchen die anderen Blockaden auch Zeit zur Auflösung, daß sie merken, da ist kein Druck da. Sie freuen sich auch, wenn sie was gemacht haben. Das ist jetzt aber nicht allgemein gesprochen, sondern bezieht sich auf einzelne Kinder. Aber da sind dann auch die Eltern, die sofort auf der Matte stehn: ›Ach, das hast du gemacht?‹

Man muß auch selber aufpassen, wenn man das, was das Kind gemacht hat selber gut findet, daß man sich da auch zurückhält, daß man nicht so euphorisch daneben steht, sondern so gelassen wie ein Zen-Buddhist bleibt.«

Uta

26 Jahre, Kindergartengruppe mit 4 behinderten Kindern (Integrationsgruppe)

Uta ist bei meinen beiden Besuchen mit anderen Erzieherinnen und vielen Kindern im Garten, sodaß ich gar nicht überschauen kann, wer zu ihrer Gruppe gehört und auch nicht, welche Kinder behindert oder nicht behindert sind.

Beim ersten Besuch spielen die Kinder im Sand. Sie sagen zu Uta, daß sie Wasser brauchen. Uta holt einen Eimer mit Wasser. Die Kinder machen sich einen Graben, sie wollen einen Bach haben. Aber das Wasser, das sie mit Schaufeln und Förmchen in den Graben schütten, versickert. Sie probieren es immer weiter und Uta holt geduldig einen Wassereimer nach dem anderen. Die Kinder ziehen Schuhe und Strümpfe aus und waten in der Pampe, aus einem Bach ist nichts geworden.

Beim 2. Besuch verändert Uta einen großen Pappkarton zu einem Spielhaus. Dann werden Farbe und Kittel ausgeteilt an die Kinder, die Lust haben, das Haus zu bemalen. Mit den Händen bemalen die Kinder das Dach rot und den Rest des Hauses gelb, sozusagen die Grundierung für die spätere differenziertere Bemalung. Aber erst muß das Häuschen trocknen.

Später erfahre ich, daß an beiden Aktionen alle behinderten Kinder teilgenommen haben.

Gespräch mit Uta

»Ich bin über den Lehrer-Beruf in den Erzieherberuf gekommen. Nach dem Abitur habe ich ein Lehrer-Studium begonnen und auch schon mit dem praktischen Teil, also dem Unterrichten, begonnen. Da habe ich dann gemerkt, daß das nicht der richtige Beruf für mich ist. Ich muß auch von der Sache, die ich mache, überzeugt sein. Wenn ich dann merke, ich schaffe es nicht, muß ich aufhören, weil es mich sonst nervlich ganz fertig macht.

Ich dachte aber, was anderes mit Kindern zu tun, wäre nicht verkehrt. Weil ich einen Sohn habe, der zu dieser Zeit im Kindergartenalter war, konnte ich mir ganz gut vorstellen, mit dieser Altersgruppe zu arbeiten.

Ich habe dann 1987 als unausgebildete Kraft von heute auf morgen im Kindergarten angefangen. Ich wurde auch gleich ins kalte Wasser reingeworfen. Von Tuten und Blasen hatte ich keine Ahnung! Aber es war Kräftemangel und da hieß es: ›Hier ist deine Gruppe.‹ 'Ne Woche lief jemand mal so mit und hat mir Tips gegeben, aber danach mußte ich allein zurechtkommen. Das war ganz schön hart, aber ich hab gemerkt, daß es mir ganz gut von der Hand ging.

Schon ein halbes Jahr später habe ich mich entschlossen, über ein Fernstudium den Beruf des Erziehers zu erlernen, von 1988 bis 1991.«

Fortbildungen nach der Wende:

»Wir bekommen alle Angebote hier in Berlin schriftlich und wir versuchen untereinander abzustimmen, welche Kollegin teilnimmt, damit jede nach ihren Interessen dazu die Möglichkeiten hat. Das kommt gut bei uns an. Es gibt ja so viel Neues, alles auf einmal kann einer gar nicht machen. Und auf Dienstversammlungen sprechen wir dann darüber, damit man weiß, was man sich davon annehmen kann. Da sind wir uns einig und lernen auch von einander. Zum Glück ist das Angebot noch kostenlos.«

Integrationsgruppe

»Eine Sondereinrichtung in unserer Nähe wurde aufgelöst und wir haben vor einem Jahr begonnen, behinderte Kinder nach und nach aufzunehmen in diese eine Gruppe. Jetzt sind es 4 von 15. Wir sind zu zweit in dieser Gruppe.«

Brigitte:

»Warum kamen die behinderten Kinder gerade zu Ihnen?«

»Von den Kollegen war nicht jeder dazu bereit. Aber ich dachte mir: ›Warum nicht? Wenn andere es schaffen, kann ich es auch.‹ Für mich war das wieder mal was Neues. Denn mit der Zeit kehrt bei der Arbeit Routine ein, und da freut man sich, wenn man eine neue Aufgabe hat. Und das ist wirklich eine ganz tolle Aufgabe.«

Brigitte:

»Was ist nun anders?«

»Ja, erst mal die negative Seite: Es ist sehr aufwendig. Es ist nervlich sehr belastend, weil meine Verantwortung und meine Aufmerksamkeit viel stärker gefordert sind, als vorher. Ich muß mich ständig umstellen vom altersgemäß entwickelten Kind zum behinderten Kind, sowohl bei den Forderungen, die ich an das Kind stelle, als auch bei denen des Kindes an mich. Ein behindertes Kind ist auch schwerer berechenbar.

Die positive Seite für mich ist die, überhaupt erstmal Kontakt zu Behinderten zu haben, was ich schon gesucht hatte, aber nie die Möglichkeit fand. Und dann finde ich es unheimlich interessant, das Zusammenleben, das Spiel, das soziale Verhalten behinderter und nicht behinderter Kinder zu beobachten, ob es nun darum geht, daß sie sich gegenseitig beim Ausziehen helfen und falsches Verhalten korrigieren. Marion, ein mongoloides Mädchen, hat ihre Lieblingskinder, von denen sie sich drücken läßt. Von anderen mag sie es nicht, aber bei manchen fühlt sie sich geborgen und bei denen bleibt sie.

Auch wenn ich zurückdenke an die ersten Tage: keins der behinderten Kinder kannte so eine Regel-Einrichtung – entweder waren sie die ganze Zeit vorher zu Hause, oder sie kamen aus einer Sondereinrichtung – da war das Mißtrauen gegenüber den anderen Kindern groß. Und auch wir hatten Angst, daß die anderen Kinder diese Kinder überrennen könnten, weil sie ja doch verletzbarer sind. Nun haben sie sich nach und nach eingelebt. Im Anfang haben sie sich nur zögernd von der Mutter gelöst, und jetzt kommen sie mit einer Selbstverständlichkeit rein. Sie übernehmen nun auch schon Verhaltensweisen der anderen Kinder. Was für die anderen selbstverständlich ist, gucken sie sich ab, und wollen es auch machen, z.B. das Bettenmachen, Tischdecken oder Abräumen. Das sind dann so Momente, ach wie soll ich sagen, da schlägt einem das Herz gleich ein bißchen höher, da merkt man, man hat was zur Entwicklung aller Kinder beigetragen.

Am Anfang denkt man: ›Ach, wie antwortest du auf die Fragen?‹ Wenn nun die anderen Kinder fragen: ›Warum guckt der so? Warum macht der das so?‹ Wie reagiert man darauf? Man will ja die Kinder nicht aussondern, aber sie sind ja nun etwas anders als wir. Komischerweise kamen kaum solche Fragen. Die Kinder wurden akzeptiert, so wie sie sind. Das einzige sind neugierige Fragen. Nadine z.B., ein Spina bifida-Kind, trägt, obwohl sie groß ist, immer Windeln. Da ist man dann gefordert, sich eine kindgerechte Antwort auszudenken, die das erklärt. Es gibt natürlich auch Tage, da haut überhaupt nichts hin.

Ich hoffe ja auch, daß es irgendwann mal finanziell etwas anerkannt wird, daß man so eine besondere Arbeit leistet, denn es ist doch eine zusätzliche Belastung. Alle Erzieherinnen in Integrationsgruppen haben gemeinsam regelmäßige Beratung und Erfahrungsaustausch und auch Fortbildungen zu speziellen Krankheitsbildern. Aber wir haben erst angefangen und dann gelernt. Eigenes Engagement war da gefragt, um sich das Wissen anzueignen.«

Akzeptanz durch die Kollegen

»Wichtig ist auch, daß alle Kollegen in diesem Haus damit einverstanden sind. Wir haben zwar nur diese eine Gruppe, aber ich kann ja nicht die volle Öffnungszeit bestreiten. Im Garten sind wir auch alle zusammen, da müssen die anderen Erzieher auch ein Auge drauf haben. Im wesentlichen sind alle hier im Haus einverstanden.«

Angebote

»Unsere Angebote sind meistens sehr spontan. Entweder äußern die Kinder selber Wünsche, oder wir räumen was hin. Dann werden sie neugierig und wollen mitmachen. Sehr beliebt ist bei uns das Tuschen. Da wissen sie, wo ihre Sachen sind und holen sich das raus. Die behinderten Kinder sind mit die Jüngsten in der Gruppe, also noch sehr unselbständig. Es wäre besser, wenn sie schon alleine an den Schrank gehen würden und sich nach ihren Interessen etwas nehmen würden. Das mit dem Schrank wollen wir demnächst auch ändern. Wir wollen alles sichtbar für die Kinder hinstellen. Nur das, was man sieht, ist ein Anreiz. Das, was hinter der Tür ist, daran denkt man gar nicht so.«

Die behinderten Kinder

»Also, wenn wir alles auf den Tisch stellen, dann sind sie alle gerne dabei, jeder auf seine spezielle Art, z.B. der Brian: Farbe mit den Fingern anfassen, das ist für ihn so wie ›schmutzig machen‹. Der nimmt dann lieber mal einen Stift in die Hand, wie so 'nen Besen, und dann wird drauflos gemalt, oder ein Stück Kreide. Aber Farbe anzufassen, das ist ihm nichts.

Marion malt auch sehr gerne, wobei mir aufgefallen ist, daß sie immer die selbe Farbe bevorzugt, und das ist das Rot. Ob flüssige Farbe oder Stift, es muß immer rot sein. Das ist auch die einzige Farbe, die sie als Wort aussprechen kann. Marion ist mit viel Ausdauer dabei. Was sie so malt, also kreisartige Gebilde, so wie ein Zweijähriges malt, das macht sie unendlich lange und guckt sich das an, guckt sich den Stift an und malt nochmal diesen Kreis, malt in einer anderen Ecke, dreht sich das Blatt um und malt wieder den Kreis. Das beschäftigt sie ungemein, ob es nun der Pinsel oder der Stift ist. Bei Fingerfarbe kommt dann noch dazu, daß für sie interessant ist, was an den Fingern ist.

Bei Nadine kann ich das alles noch nicht so beurteilen. Sie ist erst seit einem Monat hier und muß sich noch in die Gruppe einleben. Sie ist wirklich noch in ihrer eigenen Welt. Sie hat auch noch keine Konzentration und Ausdauer auf ihr eigenes Handeln gerichtet. Sie beobachtet dann die gesamte Situation, daß ist für sie noch interessanter, als sich selber damit zu beschäftigen. Sie muß erstmal alles kennenlernen, die Umgebung, die Kinder. Sie hängt auch noch sehr an zu Hause.«

Musik

»Na ja, Musik, das spricht sie alle an, das haben Sie ja heute auch gesehen. Als ich Gitarre gespielt habe, da haben sie alle zugehört und aufgepaßt und mitgesungen. Wir haben auch Orff-Instrumente, wenn wir die auspacken, dann will jeder mitmachen, und das macht natürlich unheimlichen Spaß. Mit dem Singen kann man die Kinder auch immer wieder beruhigen. Wenn z.B. schlechtes Wetter ist und man merkt, daß die Kinder nicht mehr richtig spielen können dann machen wir zusammen Musik. Da werden sie dann wieder ruhiger, aufmerksamer und zeigen Interesse und Freude. Das Singen und das Musizieren steht hier sehr im Vordergrund. Musik anzuhören ist ihnen nicht so wichtig, selber tätig werden macht Spaß.«

Kleingruppen

»Beim Spielen bilden sich ja sowieso kleine Grüppchen. Und wennn wir etwas mit den Kindern vor haben, dann zwingen wir die Kinder nicht zum Mitmachen. Wir versuchen schon, sie anzuregen. Es gibt ja auch Kinder, die brauchen erstmal ein bißchen Motivation, bis sie bei der Sache sind. Wir arbeiten also dann mit Interessengruppen. Im vergangenen Jahr haben wir die Kinder, die zur Schule kommen sollten, verstärkt gefördert und haben auch ein bißchen überprüft, ob sie für den Schulbeginn gerüstet sind. Die Jüngeren brauchen auch oftmals eine Ecke für sich, ihre Ruhe, Abstand von den Großen. Zwischen den Großen können sie ihre Spielideen nicht immer so verwirklichen. Dann teilen wir die Gruppe, die einen gehen raus, die anderen bleiben hier im Raum.

Manchmal ist es auch zu laut, ein Faktor, den ich früher nicht so bedeutsam gesehen habe. Viele Kinder gibt es, denen es in der Gesamtgruppe einfach zu laut ist. Manche sagen es, andere, die verziehn sich dann. Man wundert sich, daß die dauernd raus rennen und schimpft: ›Du sollst doch hier bleiben!‹ Aber es ist ihnen einfach zu laut.

Mit den Kleingruppen muß man es spüren, je nachdem, wie die Kinder es wollen. Wenn große Unruhe ist, dann stimmt irgendwas nicht.

Manchmal nehmen wir auch die behinderten Kinder raus, wenn es Sachen sind, die für die anderen zu langweilig sind und wenn man sich ganz besonders intensiv mit ihnen beschäftigen will.«

Planung

»Wir planen nicht so langfristig, sondern greifen die Ideen der Kinder auf. Da bekamen wir von einer Mutter ihr altes Brautkleid. Als wir die Kinder fragten: ›Wollen wir mal 'ne richtige Hochzeit feiern?‹, au ja, da war die Freude groß. Und da haben wir mit ihnen eine ganze Woche geplant und überlegt: Was brauchen wir? Was müssen die Kinder von zu Hause mitbringen? Was müssen wir noch basteln? Wie schmücken wir unseren Raum aus?«

Nach Jahreszeiten arbeiten?

»Nein. Wenn einem nichts einfällt, richtet man sich nach Jahreszeiten. Wenn ich nach Hause fahre, komme ich auch an Kindereinrichtungen vorbei. Wenn ich Spätdienst habe, sind die schon im Garten, und dann sehe ich, was dort abläuft. Und da war früher genau das zu sehen, was in dem Erziehungsprogramm drinstand: wenn für diese Zeit im Programm drin stand, Windrädchen zu basteln, dann ließen alle Kinder eben ihre Windrädchen fliegen. Da war alles nach den Jahreszeiten geordnet. Natürlich, wenn sich draußen was interessantes ereignet, sehen wir uns das auch an.«

Berufliche Perspektive

»Also im Beruf bin ich sehr gerne. Aber ich bin mit mir nicht immer so zufrieden. Im Nachhinein seh ich dann, was man noch besser machen könnte. Ich kann mir auch nicht vorstellen, im Kindergarten bis an mein Berufsende zu arbeiten. Ich habe das Gefühl, da muß noch was kommen. Nicht eine ganz andere Richtung. Aber so wie jetzt die neue Aufgabe mit der Integrationsgruppe. Und so denke ich mir, vielleicht gehe ich doch mal irgendwann zu

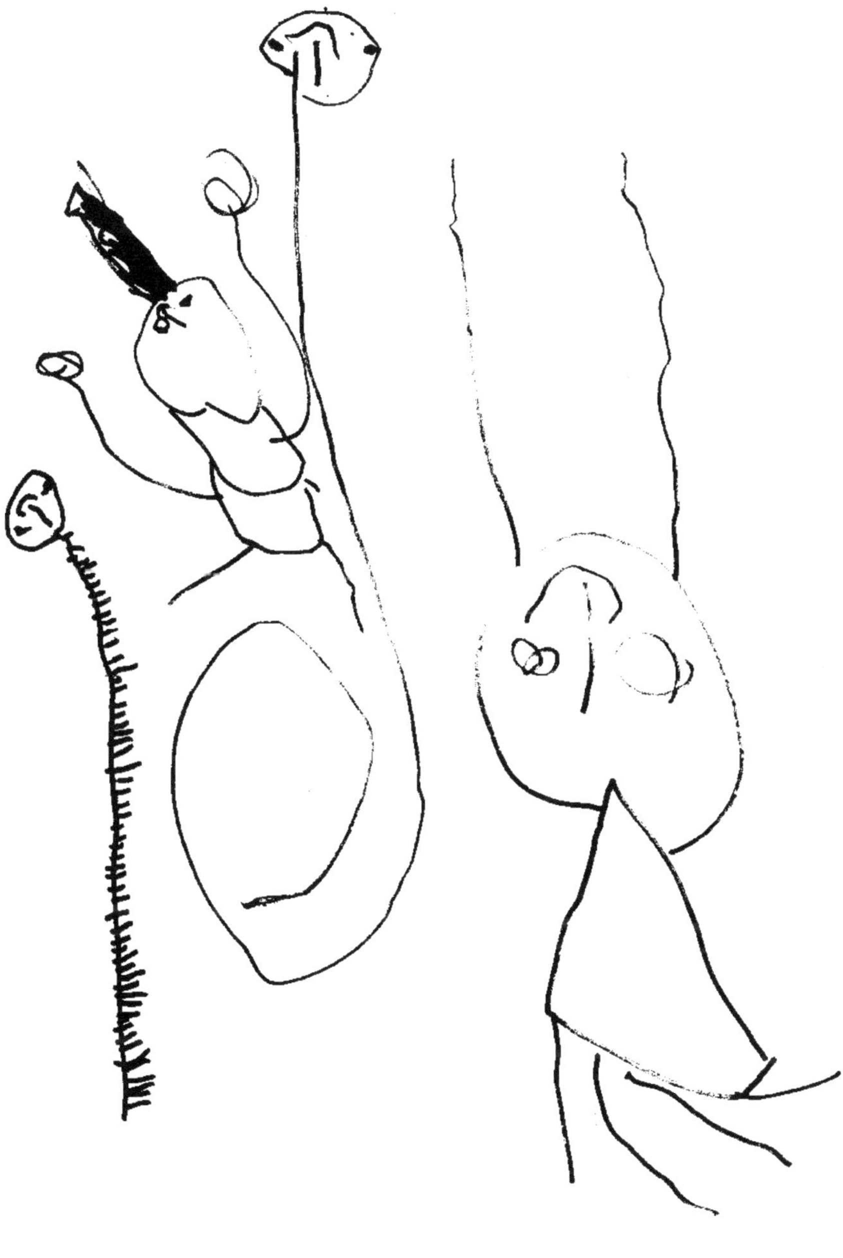

Ulrich, 4 Jahre:
Kapitän Noa, Pythonschlange, Gnu und Tausendfüßler

einer anderen Altersgruppe, vielleicht in den Hort oder ich spezialsiere mich auf ganz kleine Kinder, oder vielleicht in ein Kinder-Krankenhaus. Grundsätzlich macht es mir aber wirklich großen Spaß.«

Meine Erfolgserlebnisse

»Die habe ich, wenn Kinder sagen: ›Machen wir noch mal das und das, weil es so schön war?‹ Oder wenn mir nach dem Urlaub die ganze Schar entgegenrennt: ›Frau T. ist wieder da!‹ Oder wenn Eltern mich ansprechen und zu strahlen beginnen, weil die Kinder zu Hause was Schönes vom Kindergarten erzählt haben. Na ja, das sind für mich sehr schöne Erlebnisse, und das gibt mir dann auch wieder neue Kraft.«

Meine Schwierigkeiten

»Manchmal gibt es Auseinandersetzungen mit Eltern. Jeder hat ja auch eine andere Auffassung, wie er sein Kind erziehen will. Da kann man ja auch nie mit allen gleicher Meinung sein. Oftmals muß ich mich dann verteidigen und zusehen, wie ich mich verständlich machen kann. Meistens sind es nur Lapalien, z.B. beschmierte Kleidung nach dem Malen. Ich denke, das kann man doch wieder auswaschen. Wir haben schon Malkittel, aber manchmal bekommt die Hose eben doch noch was ab. Ich vertrete auch die Auffassung, daß Kinder ein Recht auf ihre Familie haben, also in Urlaubszeiten der Eltern mit ihnen zusammen sind und nicht hier.«

Meine privaten Hobbys

»Ich habe zu Hause ganz viele Pflanzen und es beschäftigt mich, wie die wachsen und gedeihen. Über jedes kleine Blatt freue ich mich, und wenn eine eingeht, ist das wirklich für mich, wie ein kleiner Tod. Ich beschaffe mir auch Literatur dazu und tausche mich mit meiner Mutter aus, die davon auch viel versteht. Ich hab schon bald keinen Platz mehr für noch andere Pflanzen.

Andere Sachen passieren so in Phasen. Manchmal bekomme ich einen richtigen Heißhunger aufs Lesen, da laß ich alles andere stehen und liegen. Oder es gibt eine Zeit, in der ich wie wild häkele. Vom Urlaub habe ich einen Batzen Ton mitgebracht, den konnte man da am Strand sammeln. Mal sehen, was ich daraus machen werde. Und einen Sack Muscheln habe ich für die Kinder hier mitgebracht.«

Rita
37 Jahre alt, Claudia, 26 Jahre alt, tätig in der Krippe, altersgemischt

Rita habe ich kennengelernt durch den Besuch ihrer Ausstellung im Rathaus Tempelhof »Große Kunst der Kleinen«. Da hatte sie mit ihrer früheren Kollegin Maria bildnerische Arbeiten der Krippenkinder in einer sehr schönen Form der Öffentlichkeit vorgestellt.

Getrennt von der übrigen Einrichtung ist die Krippe in einem Bungalow mit Garten untergebracht: kleine Gruppenräume, ein enger Flur und ein kleiner Eingangsbereich, in dem die Eltern die Kinderwagen abstellen, der aber auch als Werk- und Malraum genutzt wird, wenn das Wetter es erlaubt, die Wagen nach draußen zu stellen. Aber im Sommer finden alle Aktionen im Garten statt.

Rita berichtet:

»Vor fünf Jahren haben die Veränderungen hier angefangen. Da hatten wir eine Kollegin als Krippenleiterin, eine Sozialpädagogin, die sich in ihrer Ausbildung mit der Entwicklung des kindlichen Malens beschäftigt hatte und hier auf eine besondere Art mit den Kindern arbeitete. Ich habe beobachtet, wie sie arbeitet, man drückte sich die Nase platt an der Scheibe zu ihrem Gruppenraum und ich habe mir gedacht,: ›Was macht die denn da?‹

Wir waren nicht so kreativ von der Erzieherschule vorbereitet, und da hat es mich interessiert.

Die Kollegin sagte dann: ›Wenn es dich interessiert, komm mal rüber und guck mal!‹ Das war ohne jeden Druck oder jede Belehrung. Na, und dann hat man eben mitgemacht, das waren Sachen mit Farbe, Materialien, Gips. Da ließ sie uns dann bei sich mitmachen, und ich habe dann auch mal Kinder aus ihrer Gruppe genommen, nicht kontinuierlich, sondern ab und zu.«

Unzufrieden im Beruf

»So eine Gruppenöffnung war vorher nicht üblich, das waren ›meine Kinder‹ und das waren ›deine Kinder‹ – und da war die Tür zu bitte schön! Man war bis Dienstschluß immer in seinem kleinen Raum, wie in einer Zelle. Meine Arbeit war für mich zu der Zeit sehr unbefriedigend. Ich war selber nicht in der Lage, die eigenen kreativen Dinge, die ich zu Hause gemacht habe, hier mit rein zu bringen, weil ich mich hier in ein Schema gepreßt fühlte. Es war mir nicht möglich, obwohl ich selber liebend gerne male und mich auch mit Kunst beschäftige. Aber ich konnte hier nichts davon einsetzen.«

Kita-Streik

»Im Kita-Streik 1990 haben wir sehr viel miteinander gesprochen über die

Struktur hier und über meine Unzufriedenheit. Da hat diese Kollegin dann angefangen, mit uns Ideen zu entwickeln: ›Na, wie wäre es denn, wenn wir uns die Arbeit ein bißchen erleichtern würden? Wir mischen die Kinder, wir ändern die Gruppenstruktur, wir öffnen jeweils zwei Gruppen.‹ «

Sich selber ändern

»Dann haben wir gemerkt, wir müssen uns auch ändern. Wer bereit war, so zu arbeiten, der mußte bei sich gucken, ob er das so mittragen wollte. Ich war skeptisch, aber ich dachte: ›Probiere es.‹ Denn ich war ja so unzufrieden hier; ich wollte schon den Taxi-Führerschein machen, um hier aussteigen zu können. Man war hier so allein gelassen, auch mit schwierigen Kindern, das wollte ich nicht mehr.«

Konzept

»M. hat mit uns dann ein Konzept entwickelt. Darin wurde festgeschrieben, daß die Kinder nach ihren Bedürfnissen pädagogisch betreut werden sollen. Das wußten wir ja auch schon von der Ausbildung her, aber wenn man es wirklich ganz ernst nimmt, dann ist das doch anders.

Nach dem Kita-Streik haben dann immer zwei von uns zusammengearbeitet. Dadurch wurde es auch erst möglich, andere Formen der Arbeit einzuführen. Solche Angebote wie das, was wir uns heute ausgedacht hatten, könnte ich nicht alleine mit der ganzen Gruppe machen. Wo bliebe sonst der Rest meiner Kinder? Das Schöne ist, daß die Veränderung durch unsere ganze Krippe gegangen ist, also alle 4 Gruppen erfaßt hat.«

Hand in Hand

»Wir müssen also zusammen planen und Hand in Hand arbeiten. Das darf aber nicht so aussehen, daß nur ich was mache, und meine Kollegin darf mir dann noch die Malkittelchen bringen. Man muß sich wirklich darf einlassen, zu warten und zu gucken: ›Claudia, was hast du für Ideen? Wie wollen wir es denn zusammen machen?‹ Die Absprachen sind ganz wichtig. Man darf auch nicht den anderen schief ansehen und die eigene Kreativität so wichtig nehmen, daß der andere unter Druck kommt. Man muß den neuen Leuten Zeit lassen, man muß selber sehen, wo sie stehen und sie langsam kommen und wachsen lassen. Das ist glaube ich das Beste, daß kein Druck entsteht.«

Claudia:

»Es ist auch nicht gut, sich selber unter Zeitdruck zu stellen. Man muß ein feeling für die Kinder entwickeln, wie die drauf sind. Das ist mir am Anfang schwer gefallen, weil ich auch so ein Schema im Kopf hatte.«

Schema im Kopf

»So ungefähr: im Frühling müssen Frühlingslieder gesungen werden, der Schneemann darf im Sommer nicht mehr an der Wand hängen. Von dieser Jahreszeiten-Gebundenheit muß man sich befreien, das hat lange gebraucht. Aber sie sollen die Jahreszeiten schon kennenlernen, aber an dem Schema sollte man sich nicht so festhalten. Ich habe dieses Schema so in der Ausbildung gelernt. Da kommst du irgendwo nicht so raus. Als ich hier anfing, wurden mir erst mal die Augen geöffnet, daß man sich selbst mal Gedanken macht, daß es noch viele andere Dinge gibt, daß die kleinen Käfer auf der Erde krabbeln und es noch viele schöne Dinge zu sehen sind. Und da lernt ja das Kind auch die Jahreszeiten kennen, denn die Käfer krabbeln nicht im Winter.«

Rita:

»Die ersten Sonnenstrahlen, die nach dem Winter wieder in den Gruppenraum kamen, erinnerten mich an den Frühling und ich hab dannn gefragt: ›Wer hat sie denn auch gesehen, die Sonnenstrahlen an der Wand?‹ ›Und jetzt fällt mir ein, daß ich ein Lied dazu kenne; ach, da ist mir direkt danach, jetzt ein Lied zu singen übers Frühjahr.‹ Also, die eigene Wahrnehmung und die der Kinder ist ganz wichtig. Und das spielerische Vermitteln an die Kinder. So haben wir es in der Ausbildung nie gelernt. Da wurden eben im Herbst die Kastanienmännchen gebastelt und im Winter die Schneemännchen.

Einfühlsamkeit

»Krippenleute, die mit so kleinen Kindern arbeiten, müssen eine besondere Einfühlsamkeit mitbringen. Wer die nicht hat, der kann, glaube ich, hier nicht arbeiten. Der geht auch weg aus der Krippe. Grad bei den kleinen Kindern mußt du ein gutes Gespür für die vielen kleinen Zwischentöne haben.

Und das ist auch wichtig für den Umgang der Kollegen miteinander. Die Atmosphäre unter den Erwachsenen spielt eine große Rolle. Die spüren nämlich auch die Kinder. Das überträgt sich auf die ganze Arbeit.«

Probleme früher

Es gab Zeiten, wo ich jeden Tag hier heulend rausgegangen bin. Ich hatte Probleme mit aggressiven Kindern und war mit denen alleine im Zimmer, den ganzen Tag. Ich wollte auch mit Farbe arbeiten. Aber ich hatte immer den Druck, neun Kinder gleichzeitg zu beschäftigen. Dann hab ich neun Pinsel ausgeteilt, neun Farb-Pucks – na, nun können Sie sich vorstellen, wie das losging: der Pinsel von einem, der flog über den Kopf, der andere piekte dem Nächsten fast ins Auge, ich hab also alles wieder eingesammelt. Abends war ich völlig fertig.

Auch beim Mittagsschlaf hatte ich Probleme. Die Kinder standen einfach auf, dann hab ich gebrüllt und gemeckert. Dann habe ich das mal in der Runde der Kollegen gesagt, und da hieß es: ›Du bist ausgebildete Erzieherin, das mußt du schaffen!‹ Da hat es mir gereicht. Von dem Zeitpunkt an wollte ich nur noch weg. Wenn dann die Frau H. nicht gekommen wäre und sich mehr geöffnet hätte und sich Sachen zur Zusammnarbeit überlegt hätte, wäre ich weggegangen. Und jetzt ist es so: Seitdem wir zu zweit zusammenarbeiten – also, wir haben beide voll zu tun – wird die Last geteilt, man kann abgeben. Jetzt fühle ich mich gut im Beruf.«

Claudia:
»Man ist nicht so fertig. Ja.«

Rita:
»Wir können uns morgens kurz zusammensetzen und überlegen was wir heute machen. Oder wir haben sowieso ein Thema, an dem wir weiterarbeiten. Wir können uns über die Kinder besser austauschen. Man kann also viel intensiver arbeiten.«

Der Vormittag
»Manchmal hat man gar nicht genug Zeit, um alles zu machen, was man will. Man kann ja auch nicht alle Kinder gleichzeitig beschäftigen, um ihnen einen schönen Vormittag mit etwas besonderem zu gönnen. Wir arbeiten in Untergruppen, die anderen Kinder wissen aber auch, daß sie dann morgen dran sind.

Man zieht sich also einzelne Kinder oder kleine Gruppen heraus. Diese Kinder haben dann mehr vom Tag, denn sie können das volle Erlebnis ausschöpfen.«

Claudia:
»Meistens machen wir es so, daß wir Material raussuchen und es auf dem Tisch ausbreiten. ›Wer möchte denn?‹ ›Wer hat denn Lust?‹ Die anderen Kinder spielen weiter. Die Kinder lernen das, sie wachsen in diesen Ablauf hinein. Sie lernen auch, andere nicht beim Arbeiten zu stören. Durch die beiden unterschiedlich gestalteten Gruppenräume haben sie auch genügend Platz, um sich zurück zu ziehen.«

Rita:
»Wir haben unterschiedliche Schwerpunkte. Ich arbeite öfter mit Farben, Claudia mit Ton oder Gips. Das ist ganz wichtig: die verschiedenen Materialien. Wir beziehen viel Material aus Resten. Die Ideen wachsen ja.«

Krippenkind. Bild mit chinesischer Tusche gemalt

Claudia:

»Die Wieder-Verwertbarkeit der Dinge spielt eine Rolle. Wir wollen an die Umwelt denken. Ich spreche mit den Eltern, was sie für uns sammeln können. Aus allem, was sonst zu Hause weggeworfen wird, kann man ja was machen. Es muß nicht immer blütenweißes, teures Papier sein. Wenn Sie sich die Ecke da oben ansehen, dann sind das alles Dinge aus alten Sachen nach dem Motto ›Aus alt mach neu‹. Auch Natursachen, aus denen kann man viel machen. Die Zwiebelschalen haben wir zum Färben gesammelt.«

Rita:

»Wir waren beim Gemüsehändler und haben Gemüsereste bekommen, aus denen wir mit den Kindern Farbe gemacht haben, z.B. Spinatreste und Rote Bete, so ganz verschrumpeltes Zeug; das wär sonst im Müll gelandet.«

Claudia:

»Als Erzieher sind wir ja auch dafür verantwortlich, den Kindern zu vermitteln, nicht nur mit Konsum zu leben, sondern selber etwas zu gestalten mit einfachen Mitteln. Die Eltern bewerten unsere Arbeit positiv und sehen, daß wir viel Material brauchen. Und darum bringen sie uns auch oft was mit. Wenn sie es können, spenden sie auch was in unsere Materialkasse.«

Rita:

Sinne und Wahrnehmung

»Im Krippenalter ist die Wahrnehmung und das Aufnehmen über die Sinne das Wichtigste. Das wollen wir auch fördern, das haben wir uns als Ziel gesteckt. Dafür haben wir die vielen unterschiedlichen Materialien. Wellpappe fühlt sich eben ganz anders an, als Strukturtapete. Wir haben da hinten eine Tastwand mit den Kindern gemacht. Felle haben wir von einer Mutter bekommen. Wir hatten auch das Glück, Perrücken zu bekommen. Das sind Luxussachen für uns, da freuen wir uns sehr. Die bieten wir an, auch nur zum Fühlen.«

Offene Regale?

»In anderen Kitas haben wir gesehen, daß die Materialien viel offener stehen. Bei uns ist das aber nicht so. Bei mir ist das Angst. Ich muß mich ja verantworten vor den Eltern und der Kitaleiterin hier. Und die Eltern sind sehr ängstlich, je kleiner die Kinder sind. Das merken wir schon, wenn wir in der Einlebe-Phase unser Konzept vorstellen: ›Scheren? Um Gottes Willen!‹ Vorher hatten wir mehr im Raum zu stehen, aber die Kinder haben auch schnell das Material ausgeschüttet, und die Kleinsten wollten es gleich in den Mund stekken. Nun bereiten wir also den einen Raum vor und gehen mit einer kleinen Gruppe rein und denen bietet man dann an, sich die Sachen auszusuchen.

Also wir haben schon probiert mit einem offenen Materialangebot, aber es hat nicht gut geklappt. Woanders soll es ganz gut gehen, da würde ich mal gerne gucken. Aber ich bin selber auch ängstlich.«

Claudia:

Eltern

»Das wäre auch mal ein Thema für einen Elternabend, darüber zu sprechen, wie sie solche Sachen zu Hause halten. Das ist vielleicht das Problem, daß sie zu Hause die Kinder an gar nichts 'ran lassen, und dann finden sie es hier total schlimm.«

Rita:

»Aber du hörst ja: ›Die gute Couch und der gute Teppich!‹ «

Claudia:

»Die Eltern müssen auch umdenken. Wenn wir hier in der Eingewöhnungsphase sind, gehen sie immer sehr skeptisch ran. Jedes Jahr bei den neuen Eltern müssen wir es erklären und an so was heranführen. Irgendwann sehen sie es ja doch ein. Die meisten erkennen dann auch die Arbeit hier an. Aber es gibt auch welche, die bringen uns den Pullover ihres Kindes mit einem Farbklecks und wollen ihn ersetzt haben.«

Rita:

»Ich bin dabei immer noch so rücksichtsvoll mit den Eltern, statt cool zu sagen: ›Hier malen die Kinder und so ist das eben.‹ Und dadurch habe ich mehr Probleme.«

Einführungsabend

»Wenn wir für die neuen Eltern den Einführungsabend machen, dann zeigen wir ihnen gleich die Krippe. Und dann sehen sie ja, mit Farbe wird hier gearbeitet und mit anderen Sachen, mit Gips. Dann denken sie oft: ›Wo sind wir denn hier gelandet?‹ Man merkt es nicht immer gleich, denn sie sind froh, daß sie einen Krippenplatz haben. Dann versuchen wir, ihnen nahe zu bringen, wie wichtig die Vielfalt der Materialien ist. Wir erklären ihnen, was hinter unserm Konzept steckt, und daß die Kinder hier nicht nur so beschäftigt werden.

Das war auch damals bei mir die Frage, als ich meine Kollegin Maria beobachtet habe: Warum macht die das denn eigentlich? Und da mußte ich mich dann selber schlau machen und mich mit Kreativität und Wahrnehmung und mit der Arbeit in Reggio auseinandersetzen. Sie hat mir Literatur gegeben und gesagt: ›Nun lies dich mal ein und sieh dir mal die Reggio-Ausstellung an!‹ Da wurde mir klar: die Bedürfnisse der Kinder wurden hier früher nie befriedigt.

Das ist es, was den Kindern am nächsten ist: Wasser, Farbe, Sand und auch andere Materialien.

Ton ist ganz wichtig, ganz wichtig – zum Kneten und Fühlen. Das lieben sie, damit können sie sich stundenlang beschäftigen. Und es nicht wichtig, daß wir Produkte hinterher haben, sondern der Prozeß, dieses Kneten, Fühlen, Formen. Alles läuft bei den Kindern über die Sinne und die Wahrnehmung ab.

Die Kinder sind hier zufrieden. Das merkt man ja auch. Sie kommen gerne. Und sie wissen, hier passiert was, was Spaß macht. Mir macht die Arbeit hier sehr viel Spaß. Ich kann es mir nicht mehr anders vorstellen.

Man findet sich selbst in der Arbeit wieder, man beobachtet die Kinder und entdeckt dabei auch die eigene Phantasie. Man wird angeregt. Manchmal denke ich: ›Was hast du früher hier bloß gemacht?‹ Es war nicht lebensnah. Die Arbeit ist mir so wichtig geworden, daß ich nie wieder anders arbeiten möchte.

Wenn neue Erzieher hier anfangen, die werden vor dieses Konzept gestellt. Und sie werden gefragt: ›Willst du so arbeiten? Entscheide dich!‹ Wir machen die Tür nicht zu. So war es auch bei dir, Claudia.«

Claudia:

»Im Anfang wollte ich nur zwei Jahre Berufserfahrung machen. Jetzt bleibe ich aber. Man muß sich selber Gedanken machen. Ich gehe mit viel offneren Augen durch die Welt, seit ich hier arbeite. Mir ist die Natur bewußter geworden.

Am Anfang war das unheimlich schwer, ich hatte auch gelernt, sich nur mit der eigenen Gruppe im eigenen Gruppenraum zu beschäftigen und die Beschäftigungen mit allen Kindern zusammen zu machen.«

Eigene Kreativität im Beruf

»Als ich Kind war, hat man mir so was wie Ton nie angeboten; also meine Finger-Sensibilität war nicht ausgebildet. Als ich jetzt Ton zum ersten Mal in die Hand nahm, habe ich richtig dieses Gefühl in mir gespürt; diese Sensibilität war verkümmert, verschüttet, und jetzt habe ich sie wiederentdeckt. Es wurde mir bewußt, daß ich in der Kindheit immer nur einen Stift oder einen Pinsel in die Hand bekam. Und der Tonkloß war also was für beide Hände.

Die Kinder weisen mich auch darauf hin, die Natur anders, sensibler, wahrzunehmen.«

Rita:

»Wenn man jeden Tag mit Kindern zusammen ist, geht man bewußter durch die Welt, man ist dichter dran am Leben.

Mit beiden Händen begreift ja das Kind die Welt. Und wie oft hört man: ›Faß da nicht an! Geh da mit den Fingern weg!‹ «

Claudia:

»Das ist schon 'ne Erfahrung als Erwachsener, was es alles noch gibt! Darum ist das mir so ein Bedürfnis, das den Kindern zu geben. Das will ich auch den Eltern klar machen.«

Rita:

»Ich würde es gut finden, wenn die Kinder weiter so sensibel bleiben könnten, wenn diese Arbeit weitergeführt werden würde im Kindergarten und später in der Schule.

Für mich heißt ›Kreativität‹ das Sensibelbleiben für die Umwelt, das Wahrnehmen der Natur. Wir fahren alle gerne in den Urlaub, die meisten machen Fotos und stecken sie dann aber zu Hause in den Kasten. Aber die Erlebnisse umzusetzen in sich und sie an die Kinder weiter zu geben, so will ich das machen. Aber dafür ist auch theoretisches Wissen nötig.«

Magda
50 Jahre alt, arbeitet mit Kindern verschiedener Altersgruppen ihrer Kita im Kinderatelier.

Magda sagt:

»Ich bin erst spät in den Erzieherberuf gegangen, erst mit 38 Jahren. Vorher war ich am Theater, habe da gespielt und getanzt. Aber im Kindergarten wollte ich als Erzieherin eigentlich gar nicht arbeiten. Diese Art, Kinder in Gruppen zu halten und zu beschäftigen, daß war mir persönlich zu eng, zu eng gedacht. Trotzdem habe ich dann im Kindergarten gearbeitet, da konnte ich während der Arbeit meine berufsbegleitende Ausbildung machen. Ich habe auch jahrelang dann so gearbeitet mit allen Kindern am Tisch. Was für ein Wahnsinn! Und ein großer Streß!«

Veränderung

»Seit einem Jahr habe ich meine Arbeit verändert. Ich habe keine eigene Gruppe mehr. Nun mache ich den Frühdienst und bin Springer. Ich mache im Frühdienst immer ein Materialangebot für interessierte Kinder und arbeite mit Kleingruppen in diesem Raum. Dieser große Durchgangsraum ist nie gut genutzt worden und sah auch ganz unfreundlich aus. Meine Leiterin hat das schon lange gestört, und sie hat sich darüber Gedanken gemacht. Es war also ihre Idee, daraus ein Kinderatelier zu machen und mich dort für einen Teil meiner Stelle einzusetzen. Unser Wunsch ist es, daß alle Kollegen diesen Raum für besondere Angebote nutzen.

Wir haben umgeräumt und Material gesammelt. Mit den Kindern entstand der große Drachen und die anderen Dinge, die man hier so sieht. Also, der Raum hat sich sehr vorteilhaft verändert und wird sich auch noch weiter verändern. Ich bin zuständig für die Gestaltung, die Ordnung und mache Angebote.

Diese Angebote mit Kleingruppen mache ich gerne. In diesem Beruf älter zu werden, ist nicht einfach. Man wird oft nervlich überfordert und kann den Lärm auch schwerer ertragen. Es kommen immer nur jüngere Kolleginnen nach, und so fühlt man sich allein.

Die Kinder freuen sich, wenn sie hier arbeiten können. Sie experimentieren sehr gerne mit Farbe. Goldfarbe haben sie besonders gern. Manchmal schneide ich das Papier zu einer Form, ganz großzügig, und sie gestalten dann diese Formen aus nach ihren Ideen, z.B. diesen Weihnachtsbaum. Hieran sieht man auch noch was anderes, was sie gerne tun, nämlich positive und negative Formen aus Papieren schneiden und damit spielen und gestalten.

Ich finde, daß komplizierte Kinder oft besonders sensibel sind, und das zeigt sich in der Art, wie sie etwas gestalten. Hier ist ein Junge, der galt eher als dumm. Zu Hause wird er wie ein Baby gehalten und bekommt übermäßig viel zu essen. Aber hier arbeitet er so intensiv und ist so phantasievoll wie kein anderes Kind. Ich beobachte auch, daß Kinder, deren Eltern aus verschiedenen Kulturen stammen, also Mischlingskinder, sich besonders phantasievoll in Bildern ausdrücken können.

Wenn die Kreativität nicht nach außen dringen kann, wie soll sie sich dann entwickeln? Man muß also alle Ausdrucksformen der Kinder unterstützen. Und das geht in diesem Raum am besten, weil hier so viel Material ist, weil ich nur mit wenigen Kindern gleichzeitig arbeite und weil sie hier auch Zeit haben.

Für diese Arbeit ist die eigenen Wahrnehmungsfähigkeit wichtig und auch, daß man spontan ist. Das bin ich. Früher habe ich meine Kreativität im bildnerischen Bereich nicht ausprobiert. Das Schauspiel und das Tanzen waren meine Ausdrucksformen. Seit ich in Indien war, male ich auch. Von der indischen Kultur, dem indischen Weltbild bin ich sehr beeinflußt, mein Ehemann ist Inder. Beim Malen stehen für mich Kreisformen und Farben im Mittelpunkt, daraus schöpfe ich immer wieder Neues. Ich sticke auch gerne Bilder.

Wenn die Kinder malen, male ich auch für mich. Auch im Frühdienst habe ich meistens eine Beschäftigung. Ich denke, wenn die Erzieherin tätig ist, regt ihr Beispiel die Kinder an, auch selber tätig zu werden.

Die tägliche Begegnung mit Kindern ist wunderschön: von ihnen gehen so viele Anregungen aus, die mich kreativ werden lassen. Und dann kann ich wieder für sie etwas entwickeln. Als nächstes will ich mit ihnen einen großen Wandteppich aus ganz vielen Papieren machen.«

Zusammenfassung

Kreativität im Leben der Erzieherinnen und Erzieher

Ausdrucksformen persönlicher Kreativität

Fast alle haben von dem Lebensfaden »Kreativität« gesprochen, der sich aus der Kindheit weiter zog in das Erwachsenenleben. Über verschiedene Hobbys und künstlerische Tätigkeiten ist berichtet worden: vor allem über das Malen, aber auch über das Nähen oder Sticken, das Verfassen von Kindergedichten oder Prosatexten oder über die Beschäftigung mit Pflanzen, über das Interesse an Ausstellungen und Museen.

Die privaten Formen kreativen Wahrnehmens und Gestaltens scheinen auch die berufliche Tätigkeit zu bereichern. Besonders die, die selber malen, unterstützen die Kinder bei ihren bildnerischen Aktivitäten und sichern ihnen hierfür ihre Autonomie.

Aber nicht bei allen verbinden sich Hobby und Arbeit. Meiner Meinung nach wäre es naheliegend, daß man Kindern die Felder eröffnet, die einem selber Freude bereiten.

Eigene Entwicklung/Veränderungsbereitschaft

Die Chancen, sich im Erzieherberuf persönlich weiter zu entwickeln, habe ich bisher nicht sehr hoch eingeschätzt, resultierend aus der Isolation, die das ganztägige Zusammensein mit kleinen Kindern in einem Raum mit sich bringen kann.

Mit meinen Interviewpartnern habe ich aber andere Erfahrungen gemacht. Die Bereitschaft, über sich nachzudenken und Veränderungen anzustreben war groß und hat mich bei vielen Gesprächen besonders bewegt.

Von den Erzieherinnen im Ostteil Berlins verlangt der Einschnitt durch die Wende eine besonders große Bereitschaft, Erziehungsvorstellungen zu überdenken, das Bild vom Kind zu revidieren, Kenntnisse zu überprüfen und auszuweiten. Mut und Schwung zu Veränderungen und auch die Freude am Experimentieren und an eigener Gestaltung haben mir die Kolleginnen und der Kollege in diesen Gesprächen vermittelt.

Die Interviews ermutigen hoffentlich andere Erzieherinnen und Erzieher, die unzufrieden in ihrem Beruf sind. Denn sie zeigen, daß auch in dieser Institution persönliche Entwicklung und Veränderung realisierbar ist. Manche Veränderung dauert sehr lange, aber sie ist zu jedem Zeitpunkt möglich, in jedem Alter, in diesem Beruf.

.Zufriedenheit im Beruf

Alle Interviewpartner äußerten, daß sie augenblicklich gerne in ihrem Beruf arbeiten würden. Dieses verhältnismäßig hohe Maß an Zufriedenheit hat mich überrascht, denn der Beruf hat große Belastungen. Einige davon werden auch genannt: Lärm, Streß-Zeiten, Isolation, Vereinsamung und nervliche Belastung im Alter, Mangel an Anerkennung, Konflikte mit Eltern, Konflikte mit Kollegen, Finanzmangel.

Gabi drückt es so aus:

» ... wenn ich mir die anderen Berufe genau ansehe, dann denke ich doch, daß wir in unserem Beruf noch eine recht große Freiheit haben. Wie ich mir die Arbeit einteile, wie ich mit dem einzelnen Kind umgehe, ist weitgehend mir überlassen. Das gibt es kaum in einem anderen Beruf ...«

Was gibt mir das Zusammenleben mit Kindern?

Rita und Claudia sagen, daß sich ihre Wahrnehmungsfähigkeit durch die der Kinder intensiviert hat.

Für Steffen ist das Schönste, daß er täglich die Kreativität der Kinder beobachten und erleben kann.

Liesel sagt:

»Wo Kinder aufwachsen, ist das Leben. Das Schönste, was sie dir geben, ist ihre Liebe: sie geben dir Aufmerksamkeit, sie verzeihen dir schnell, sie kritisieren dich nicht – sie sind Wärmespender in unserem Leben.«

Sicht von der Kreativität der Kinder

Die Quellen der Kinder erkennen

In den Gesprächen wurde immer wieder deutlich, daß meine Gesprächspartner die Einzigartigkeit eines Kindes ernstnehmen.

Dazu sagt Liesel:

»Das ist kreativ sein, dieses Verständnis haben für die andere Welt der Kinder. In diese andere Welt zu gucken macht so einen Spaß.«

Rita beschreibt, daß es darauf ankommt, einfühlsam zu sein, die eigene Wahrnehmungsfähigkeit und Erlebnisfähigkeit zu erweitern und genau zu beobachten, um die Vorstellungen der Kinder zu begreifen.

Durch das Gespräch mit Gerrit und Karen zieht sich wie ein Faden die Bemühung, Kinder zum eigenen Ausdruck zu ermutigen und ihre Ideen und Fragen zu verstehen und aufzugreifen.

Weniger Probleme mit Kindern?

Kann es sein, daß kreative und abenteuerlustige Erzieher weniger Probleme mit Kindern haben? Viele meiner Interviewpartner äußerten jedenfalls, daß sie gut mit den Kindern zurechtkämen. Vielleicht freuen sie sich an kreativen Kindern mehr als an den angepaßten Kindern. Vielleicht können sie abweichendes Verhalten besser akzeptieren und sehen sich dadurch weniger in Frage gestellt. Es kann auch sein, daß sie abweichendes Verhalten weniger bemerken und deshalb weniger davon gestört werden.

Wodurch wird Kreativität verhindert?

Zu dieser Frage gibt es eine ganze Palette von Antworten. Sowohl eigene

Fehler oder Schwierigkeiten mit der Kreativität der Kinder, als auch Beobachtungen bei den Eltern oder anderen Kollegen sind in den Interviews aufgeführt worden.

So schildert Jana sehr anschaulich die in ihr widerstreitenden Stimmen zu Anfang ihrer Werkstattarbeit, wenn es um Ordnung ging. Die Ansprüche der Eltern, saubere Kinder am Abend in Empfang zu nehmen, machen Rita, Claudia, Liesel und Uta Probleme. Steffen ärgert sich über die Erwartungen auf »schöne« Bastelergebnisse oder Bilder. Schulreifeprüfungen setzen Karen und Uta unter Druck.

Kritische Meinungen gab es gegenüber dem Verfälschen von Kinderarbeiten, dem Vormalen, dem schematischen Festhalten an Programmen und der strikten Ausrichtung nach Jahreszeiten.

Kreativ arbeiten im Erzieherberuf

Angebote, Projekte

Bei Jana malen die Kinder einen Tisch an,
bei Steffen bauen sie ein Zelt,
bei Magda gestalten sie ein Fabeltier,
bei Liesel erzählen sie Geschichten und spielen im Garten,
Gerrit berichtet von der Erkundung der Schnecke,
Karen vom Wiesenausflug,
Uta hat aus einem großen Pappkarton ein Kinderhaus gemacht, die Kinder bemalen es,
Ritas Kinder tappen in Farbkleckse und bemalen mit ihren Füßen ein Bild,
Gabis Kinder spielen frei im Gruppenraum, sie hat dafür viel geeignetes Material bereitgestellt.

Alle diese Angebote lassen den Kindern Spielraum zum Wahrnehmen, Gestalten, Ausprobieren. Es gibt niemanden unter den Gesprächspartnern, der nicht genügend Ideen hätte für den Tag mit den Kindern. Rita sagt: »Manchmal reicht die Zeit gar nicht aus, um alles zu realisieren, was gut wäre.« Immer wieder wird betont, daß ganz viele Ideen von den Kindern kommen, man brauche nur die Bälle aufzufangen, die sie einem zuwerfen. Jana sagt: »Was vom Kind kommt, kann nicht falsch sein für die Gruppe.« Claudia macht das Angebot davon abhängig, »wie die Kinder drauf sind.« Also sind Beobachtung und Wahrnehmung der entscheidende Punkt für die Angebote. Neben den täglichen Angeboten gibt es auch größere Vorhaben über mehrere Tage oder auch mal über einige Wochen, wenn die Kinder so lange Interesse zeigen. Solche Projekte lassen sich am besten in der Zusammenarbeit mit anderen Kollegen realisieren.

Planung

Planung, Absprachen, das Sich-schlau-Machen, die Organisation von Material und Räumen findet dauernd statt, und zwar zwischendurch, in Übereinkunft und Austausch mit Kolleginnen, auch außerhalb der Dienstzeit.

Produkte

Der Tisch, das Spielhaus, das Zelt, sind Dinge, die die Kinder im Spiel weiter nutzen können. Trotzdem blieben ihnen bei der Herstellung genügend eigene Gestaltungsmöglichkeiten. Andere Dinge verändern und gestalten Räume – die Halle in Janas Kita, bei Magda der große Durchgangsraum.

Kleingruppe

Die befragten Erzieherinnen und Erzieher arbeiten alle mit Kleingruppen. Bei den täglichen Angeboten können die Kinder wählen, ob sie daran teilnehmen wollen oder nicht. Häufig werden Angebotstische vorbereitet, an denen dann nach und nach die interessierten Kinder arbeiten können, und zwar so lange, wie sie selber Spaß daran haben. Die anderen Kinder der Gruppe spielen frei. Besonders günstig für Kleingruppenarbeit scheint mir das Organisationsmodell in der Krippe von Rita und Claudia zu sein, bei dem jeweils zwei Erzieherinnen zusammenarbeiten.

Bedeutung des Teams

Für eine befriedigende und erfolgreiche Arbeit ist die Akzeptanz der Kollegen von großer Bedeutung. Alle Befragten zeigten ihre Bemühungen um ein gutes Arbeitsklima. Gabi findet es wichtig, sich selber abgrenzen zu können, die Grenzen anderer zu respektieren und trotzdem herzlich miteinander umzugehen. Für Rita ist der entscheidende Punkt die Bereitschaft zur Gruppenöffnung und zu gemeinsamen Absprachen und Planungen. Neue Kolleginnen werden danach ausgewählt, ob sie zur Zusammenarbeit in der jetzt praktizierten Form bereit sind.

Steffen beschreibt die Mühen der Zusammenarbeit, denn jeder hat seine eigenen Erziehungsvorstellungen; z. B. greift seine Kollegin eher in das Geschehen ein, er wartet geduldiger die Reaktionen der Kinder ab und hat zu ihren Fähigkeiten mehr Zutrauen.

Für Jana und teilweise auch für Magda ist die Einbindung in die gesamte Erziehergruppe schwierig. Beide arbeiten unter besseren Bedingungen als ihre Kollegen (Vorbereitungszeit, weniger Kinder). Sie haben die Unterstützung ihrer Leiterinnen und den Auftrag, die Kita attraktiver, lebendiger zu machen, also ein Defizit zu beheben. Daraus können Spannungen entstehen. Doch eine

Werkstatt muß in das gesamte Konzept einer Kindertagesstätte integriert werden. Alle Erzieherinnen und Erzieher sollten darüber gemeinsam nachdenken:

Wollen wir die Werkstatt nutzen für besondere Angebote, die sich in den Gruppen nicht realisieren lassen?

Wollen wir hier gruppenübergreifende Projekte machen?

Wollen wir hier besonders problematische Kinder zusätzlich fördern?

Wollen wir den Raum für Kinderausstellungen nutzen, Künstler oder Kunststudenten zu gemeinsamen Aktionen einladen?

Können wir hier mit Eltern werken oder malen?

Können wir Mitarbeiterinnen und Mitarbeiter diesen Raum zum eigenen kreativen Gestalten nutzen?

Literaturverzeichnis

Bücher:

Aebli, Hans: Über die geistige Entwicklung des Kindes. Fischer-Verlag, Frankfurt am Main 1989

Arie's, Philippe: Geschichte der Kindheit. dtv München 1990. Vorwort von Hartmut von Hentig.

Bachmann, Helen I.: Malen als Lebensspur. Verlag Klett-Cotta, Stuttgart 1989

Benesch, Hellmuth (Hrsg): Grundlagen der Psychologie. 2. Bd. »Wahrnehmungspsychologie«. Verlag Beltz, Weinheim 1985

Bettelheim, Bruno: Kinder brauchen Bücher – lesen lernen durch Faszination. dtv München 1982

Beyer, Gert/Knötzinger, Maximilian: Wahrnehmen und Gestalten. Verlag Bardtenschlager, München 1976.

Bodecker von, Annette: Das spielende Kind in seinen Lebensräumen. Luchterhand-Verlag, Berlin 1991

Bodenburg, Inga/Grimm, Gunhild: Zusammenleben mit Kleinstkindern. FIPP-Verlag Berlin 1986

Bower, Tom: Die Wahrnehmungswelt des Kindes. Verlag Klett-Cotta, Stuttgart 1978

Fenek, Georg: Das kreative Kind. Econ-Verlag 1989

Flitner, Andreas: Das Kinderspiel. Verlag Piper München 1973

Frutiger, Dorothe: 13 Dreckgeschichten. Verlag Orell Füssli, Zürich und Schwäbisch Hall 1985

Hermann/Riedel/Schock/Sommer: Das Auge schläft bis es der Geist mit einer Frage weckt – Krippen und Kindergärten in Reggio/Emilia. FIPP-Verlag Berlin 1989

Hoffmann-Pieper/Pieper: Basteln ohne Gift. rororo-Verlag, Reinbek bei Hamburg 1991

Kaplan, Louise J.: Die zweite Geburt. Verlag Piper, München 1983

Keller, Heidi (Hrsg): Handbuch der Kleinkindforschung. Springer-Verlag, Berlin 1989

Kükelhaus, Hugo: Organismus und Technik. Fischer-Verlag, Frankfurt am Main 1979

Kükelhaus, Hugo/Lippe, Rudolf: Zur Entfaltung der Sinne. Verlag Fischer alternativ, Frankfurt am Main 1986

Landau, Erika: Kreatives Erleben. Reinhardt Verlag, München und Basel 1984
Lindner, Roland (Hrsg.): Einfallsreiche Vernunft – Kreativ durch Wissen oder Gefühl? Edition Interfrom
Lusseyran, Jacques: Das wiedergefundene Licht. Verlag Klett-Cotta, Stuttgart 1989
May, Rollo: Der Mut zur Kreativität. Junfermann-Verlag 1987
Mollenhauer, Klaus: Vergessene Zusammnhänge – Über Kultur und Erziehung. Verlag Juventa, München 1983
Montessori, Maria: Das kreative Kind. Herder-Verlag Freiburg 1972
Oerter, Rolf: Moderne Entwicklungspsychologie. Verlag Auer, Donauwörth 1987
Perkins, D. N.: Der zündende Funke. Ullstein-Verlag, Berlin 1984
Piper, Klaus (Hrsg.): Lust am Denken. Verlag Piper, München 1985, hier: Hassenstein: Erkunden, Neugierde, Spielen.
Piaget, Jean: Das Weltbild des Kindes. Verlag dtv/Klett-Cotta, München 1992
Psychologie Heute TB: Thema Kinderpsychologie: Klein sein, groß werden. Beltz-Verlag, Weinheim 1987
Psychologie Heute TB: Thema Intelligenz: Wenn du denkst ... Beltz-Verlag, Weinheim 1987, hier: Gardner und Gruber
Regel, Günther: Bildnerische Erziehung. In: Krippenpädagogik – Lehrbuch für die medizinische Fachschulausbildung. Hrsg.: E. Schmidt-Kolmer, Verlag VEB Volk und Gesundheit, Berlin 1989
Richter, Hans-Günther: Die Kinderzeichnung – Entwicklung, Interpretation, Ästhetik. Verlag Schwann, Düsseldorf 1987
Scheuerl, Hans: Das Spiel. Beltz- Verlag, Weinheim 1990, Bd.1 und 2
Schmeer, Gisela: Das sinnliche Kind. Verlag Klett Extra, Stuttgart 1975
Schmidt, Hans-Dieter/Richter, Evelyn: Entwicklungswunder Mensch. Urania-Verlag. Leipzig, Jena, Berlin 1986
Schneider, Cornelia: Krippen-Bilder. FIPP-Verlag, Berlin 1989
Seitz, Rudolf: Seh-Spiele – Sinn-volle Frühpädagogik. Don Bosco-Verlag, München 1982
Seitz, Rudolf/Beisl, Horst: Materialkiste. Kösel-Verlag, Stuttgart 1986
Selle, Gert: Gebrauch der Sinne. Verlag rororo, Reinbek bei Hamburg 1988
Stern, Daniel N.: Die Lebenserfahrung des Säuglings. Klett-Cotta 1992
Ulmann, Gisela: Kreativität. Beltz-Verlag, Weinheim 1968
Winnicott, Donald. W.: Vom Spiel zur Kreativität. Verlag Klett-Cotta, Stuttgart 1985

Zeitschriften und Broschüren:
»Klein und Groß – Erziehung im Vorschulalter«. Luchterhand-Verlag, Berlin 1991, Heft 8
»Welt des Kindes – Zeitschrift für Kleinkindpädagogik«. Kösel Verlag, Stuttgart, Hefte 5/1985 und 5/1987
»Räume und Sinne«. Amt für Kindertagesstättenarbeit der evang. Kirche, Berlin, Heft Juli 1990
»100 Sprachen hat das Kind«. Dokumentation der gleichnamigen Ausstellung. Hrsg. Senatsverwaltung für Jugend und Familie Berlin, 1992

Fotonachweis:
Gudrun Ebert: Seiten 17, 69, 70, 71, 72.
Brigitte Sommer: Seiten 18, 19, 20, 173, 174, 175.
Susanne Wilhelm: Seite 176.